POCHES ODILE JACOB

CW01562123

SOUFFRIR OU AIMER

**DU MÊME AUTEUR
CHEZ ODILE JACOB**

Une vie en confiance. Dialogues sur la peur et la folie des autres, 2016.

Dr CHRISTOPHE MASSIN

SOUFFRIR OU AIMER

Transformer l'émotion

Préface de
Alexandre Jollien

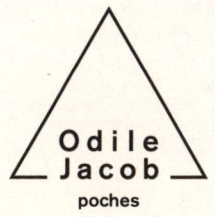

Odile Jacob

poches

© Odile Jacob, 2013, mai 2017
15, rue Soufflot, 75005 Paris

www.odilejacob.fr

ISBN : 978-2-7381-3851-4
ISSN : 1621-0654

Préface

Se libérer, vivre et aimer

Aimer et être heureux relèvent d'un art délicat, précis et essentiel. Tant de dangers guettent celui qui s'efforce d'embrasser de nos jours une voie spirituelle ! Narcissisme, dolorisme, vanité, froideur, idéalisme, tant de tentations l'attendent, prêtes à détourner son élan. Sans compter sur le grand bazar de thérapies tous azimuts qui, aujourd'hui, trouble plus qu'il n'aide les cœurs qui bataillent dans le tourment et la souffrance. Dès lors, quand se lève une voix magistrale et pleine de bonté, il s'agit de s'en réjouir et de l'écouter *à fond*.

La lecture de *Souffrir ou aimer* m'a grandi. D'abord, en révélant ma petitesse, en mettant au jour les refus, la révolte contenus, par peur de déplaire ou par crainte de carrément tomber dans un gouffre sans fond. L'auteur nous conduit comme par la main vers une expérience qui ouvre la vie : apprendre à coexister avec l'émotion, cesser de craindre la peur, de traiter avec mépris la colère et de faire un *triste sort* à la tristesse. L'émotion ne tue assurément pas et la ressentir à fond est, sans conteste, nous prémunir contre ce qui détruit : la rancune, la haine, le dégoût de soi, la jalousie, tout ce cortège qui finit tôt ou tard par élire domicile

en nos cœurs, véritable parasite qui entrave la libre circulation du
« oui ». Vivre l'émotion ce n'est certes pas devenir son esclave, ni
nous transformer en fous furieux. Au contraire, il s'agit d'un exercice d'une infinie tendresse : largement ouvrir les bras sans juger,
avec une infaillible bienveillance à ce qui nous traverse. Voilà
peut-être le sommet du courage ! Mais n'idéalisons pas ! Ce serait
encore un coup du mental.

Au fil des pages, je me suis aussi aperçu que l'amour relève
de la force, de la grandeur et de la douceur. Alors a fusé une
redoutable question : Suis-je assez libre pour aimer véritablement ? Maître Eckhart, dans son premier sermon allemand, évoque l'épisode des Évangiles où Jésus chasse vigoureusement les
marchands du Temple. Il ne tolère pas que l'on enferme l'amour
de Dieu dans du trafic. De même, combien de nos relations à
autrui comportent du donnant-donnant ? Parfois, nous achetons
ou louons de l'affection en jouant des rôles, en faisant ce qui va
amadouer l'autre. Fort à propos, Christophe Massin nous incite à
franchir un cap souverain : ne plus vouloir plaire à tout prix et
aimer gratuitement, sans intérêt. En un mot, il nous convie à un
amour libre et joyeux.

La sagesse reprend un visage humain et souriant. À chaque
page, l'auteur déploie lucidité et bienveillance pour traquer les
illusions et faire tomber, pour de bon et en douceur, les projections qui nous empêchent d'accueillir ce qui, tout simplement,
est. Car, là se joue le drame. Sans cesse, le mental nous rend sourd
à la voix du cœur. Toujours, il refuse, disqualifie la réalité quand
le cœur ne dit qu'un grand « oui ». En somme, les lignes qui vont
suivre nous délivrent et donnent d'emblée le sens d'une vie spirituelle : aimer. Pas à pas, l'auteur avec patience et force nous
montre comment élargir notre cœur.

Chemin faisant, ce livre m'a tout d'abord déconcerté, et heureusement. Le diagnostic est tombé, limpide : je n'aime pas encore
librement la vie. Celui qui souffre veut légitimement se débarrasser de ses mécanismes douloureux. Mais la démarche ici présen-
tée va bien plus loin. Il s'agit rien de moins que de vivre loin des
esclavages, joyeux, et d'aimer la vie. Voilà la sagesse ! Celle qui

découvre la saveur dans le réel et sait apprécier le salé et l'amer sans se limiter au douceâtre.

L'insatisfaction, le mécontentement, la jalousie, la peur ne sont pas des adversaires à terrasser. Sans une authentique et profonde réconciliation avec soi (le pire comme le meilleur) et le monde, aucune joie n'est véritablement possible. Et la vie ne saurait être savoureuse. Artisan patient et bienveillant de cet art du dire oui, sans réserve, à ce que le quotidien propose ou parfois impose, Christophe Massin nous invite à dépasser notre égocentrisme pour nous laisser advenir à qui nous sommes vraiment. Trop souvent, dans la vie spirituelle, nous faisons le beau, souhaitant – soyons vrai – plus plaire qu'aimer en vérité.

Souffrir ou aimer m'est aussi précieux qu'utile. Il incarne le sens de la vie, son accomplissement. Il n'est pas peu de savoir aimer ou plutôt de désapprendre à aimer dans la dépendance, l'exigence et la crainte. Apprendre à aimer, voilà la vocation libératrice et subversive de l'ouvrage ! Oui, subversive car le moi désire être aimé, chouchouté, admiré. Suivre la voie du cœur est si simple et si difficile quand mille et un conditionnements pèsent sur un être. C'est aussi contourner deux redoutables écueils qui entachent bien des esprits qui instrumentalisent la spiritualité pour dorloter de délicats ego : réduire l'humain à la psychologie et nier cette composante essentielle de l'être humain. L'auteur nous rejoint là où nous sommes souvent : dans le refus, l'insatisfaction, tiraillés entre d'accablants idéaux et les faux pas du quotidien.

Il aide à dépister le découragement et la funeste culpabilité et à lever une à une nos aliénations. Plus d'une fois, l'expérience nous montre la difficulté de nous convertir vraiment, la force des habitudes, les erreurs qui n'en finissent pas de se répéter. S'inspirant du lumineux Swami Prajnanpad, l'auteur tire toutes les conséquences de ce constat : « Ne pas voir les choses comme elles sont mais les interpréter en fonction des expériences du passé, le mental ne fait rien d'autre[1]. » Lire et pratiquer *Souffrir ou aimer*, c'est non seulement avancer vers la guérison, mais plus encore

---

1. Swami Prajnanpad, *ABC d'une sagesse*, Paris, La Table ronde, 1998, page 95.

quitter notre tendance congénitale à dire non. Même un ego « guéri » d'un traumatisme d'enfance peut amèrement s'engouffrer dans une scène de ménage et refuser, contre tout bon sens, un feu rouge qui tarde à passer au vert.

Oserai-je dire que le livre que nous tenons en main est une bonne, une très bonne affaire ? Il s'agit non seulement d'un remarquable ouvrage de psychologie mais aussi d'un compagnon éclairé sur les chemins de la sagesse. Christophe Massin dégage un itinéraire, solide, réel, concret, prudent et sage. Et jamais il ne lâche celui qui s'avance sur le chemin du oui. Pour accéder à une plénitude, pour connaître la joie et l'amour, il sied de déposer le mensonge, les cuirasses, les certitudes qui nous coupent de la simplicité de la vie. Offrant plus que du bien-être, il propose un retournement radical et fécond : passer, sans griller les étapes, du patient au chercheur spirituel. Nier ses blessures psychologiques relève de la maltraitance, s'y réduire c'est peut-être le sommet de l'enfermement. *Souffrir ou aimer* accompagne le *progressant* là où il chemine. À trop vouloir être un grand sage, nous passons à côté des tout petits oui à l'instant présent.

Oui, l'acceptation peut bien souvent devenir une exigence de plus : « Je dois dire oui à tout pour que l'autre m'accepte et m'aime enfin. » L'ego est bien coriace. C'est oublier que la levée des refus ne se fabrique pas, elle advient *malgré moi*. La pratique du *lying* peut être le lieu de cette naissance joyeuse et douloureuse. C'est le mental qui, en désirant la lumière sans la moindre part d'ombre, vole une existence vécue à 100 %. Un des grands mérites de l'auteur est aussi de congédier la tiédeur, la méfiance du petit moi pour que nous épousions complètement le monde à chaque instant, sans réserve. Cette célébration de la vie jaillit d'une réconciliation avec tout ce qui habite un cœur et enfante le don libre et joyeux de soi, un autre nom de l'amour.

Je forme tous mes vœux afin que ce manuel de sagesse ouvre le cœur du plus grand nombre pour nous rendre encore plus enthousiastes et dépris de soi sur le chemin de l'amour.

Alexandre JOLLIEN.

Introduction

Chaque être humain rencontre tôt ou tard des vicissitudes dans son existence et les surmonte comme il le peut. Si le mal-être, la souffrance perdurent, si les échecs dans la vie affective ou professionnelle se répètent, il commence à s'interroger sur son impuissance à changer. Pourquoi souffre-t-il, pourquoi ne parvient-il pas à réaliser ses désirs ni à construire, pourquoi se trouve-t-il en proie au doute, à l'insatisfaction, au manque ? Creusant cette question avec un thérapeute, il aboutira généralement au fait qu'il s'est senti mal aimé, qu'il a connu des abus, des carences, des pertes ou des ruptures affectives. Le lien central entre ces manquements à l'amour et la souffrance apparaîtra inévitablement.

Lorsque je suis moi-même arrivé, à l'âge de 20 ans, au constat que j'avais besoin d'une aide pour m'en sortir, j'étais étudiant en médecine et, dans cet environnement, une psychanalyse aurait semblé la réponse la plus évidente, d'autant que j'avais déjà lu un certain nombre d'ouvrages de Freud. Pourtant, je ne me suis pas engagé dans cette voie, pressentant qu'elle ne correspondait pas complètement à ce que je portais en moi. Sans me l'être formulé explicitement, et alors que j'adhérais à la vision de Freud sur nos zones d'ombre, il manquait pour moi à son approche la dimension positive du charisme potentiel de l'homme.

C'est la lecture d'un livre d'Arnaud Desjardins[1] sur l'enseignement de son maître indien, Swami Prajnanpad, qui a produit le déclic déterminant. J'y trouvais à la fois le climat d'une ouverture spirituelle et, en même temps, des éléments précis pour aborder le fonctionnement de mon psychisme, y compris dans sa dimension émotionnelle et inconsciente. En parallèle de cette lecture, j'ai commencé à rencontrer en Orient des sages qui rayonnaient d'une qualité de joie, d'amour et de sérénité que je n'avais jamais perçue jusque-là chez un être humain. Leur témoignage venait confirmer ce que je lisais car, de nature sceptique, j'avais besoin de voir de mes yeux pour être convaincu. Leur existence témoignait qu'une transformation intérieure était possible et que celle-ci les avait libérés de l'assujettissement à la souffrance, malgré les épreuves que certains avaient pu traverser.

Je percevais en revanche qu'ils ne m'apportaient pas nécessairement des réponses que je pouvais utiliser dans mon quotidien, même si leur rayonnement me touchait profondément. Soit le contexte culturel et rituel, le langage métaphorique ou religieux m'apparaissaient trop étrangers ou incompréhensibles, soit j'entendais des discours qui me rappelaient désagréablement le catéchisme de mon enfance. Le langage de Swami Prajnanpad tranchait totalement par son accessibilité, sa clarté et sa précision. Je pouvais me l'approprier directement et commencer à en appliquer les indications, tel que j'étais, sans adopter un credo étranger ni devoir correspondre à un quelconque idéal.

Il avait élaboré cette approche avant la Seconde Guerre mondiale : on peut imaginer combien elle était novatrice et audacieuse

---

1. Réalisateur, Arnaud Desjardins (1926-2011) s'est intéressé aux spiritualités orientales auxquelles il a consacré films et livres. Il est devenu le disciple d'un maître hindou, Swami Prajnanpad (1891-1975), qui enseignait un yoga de la connaissance, l'*adhyatma yoga*, et a introduit et transmis cet enseignement en France. Il a publié de nombreux ouvrages sur celui-ci à La Table ronde. Un autre disciple français, Daniel Roumanoff a rassemblé et publié les lettres et les entretiens enregistrés de ce maître (L'Originel). Swami Prajnanpad, outre sa réalisation spirituelle, présentait la rare particularité de réunir une vaste culture sanskrite, une formation scientifique en physique et un sens aigu de la psychologie.

pour l'Inde de l'époque, comme elle l'était encore, pour la France des années 1970, quand je l'ai découverte auprès d'Arnaud Desjardins qui la transmettait à son tour, après la mort de son maître. J'ai pu expérimenter d'abord pour moi-même cet alliage de compréhension du psychisme et d'ouverture à la dimension spirituelle qui a transformé, au fil du temps, ma vie intérieure. Puis j'ai souhaité approfondir cette articulation originale entre psychothérapie et spiritualité et en faire le cœur de ma pratique comme psychiatre et thérapeute.

Depuis trente ans, je reçois des personnes qui sont arrivées à ce constat : « Il doit y avoir quelque chose en moi qui ne va pas, je ne me comprends pas et j'ai besoin d'aide. » Chacune attend de cette démarche l'apaisement de sa souffrance et la possibilité de réaliser des désirs fondamentaux. Dès le premier entretien, je peux avoir un aperçu de la relation de cette personne avec elle-même : s'aime-t-elle ? La réponse qui me vient souvent, c'est : « Peu… mal… pas du tout. » Elle « se méconnaît et se dévalorise, elle se maltraite sans s'en rendre compte, voire elle se hait ».

L'un des aspects auquel je suis particulièrement attentif concerne le rapport qu'elle entretient avec ses émotions. Il est rare que celui-ci se révèle véritablement positif. Entre ceux qui sont coupés de leurs émotions et ceux qui, à l'opposé, sont submergés par elles, la proportion de ceux qui vivent en bonne intelligence avec celles-ci reste minoritaire. De fait, la plupart des personnes qui viennent en thérapie voient l'émotion comme une perturbatrice dont il faut se débarrasser. On peut comprendre cette représentation négative, puisque l'émotion bouleverse le cours de notre vie psychique qu'elle domine sur le moment. Elle échappe à notre volonté de contrôle et nous fragilise dans nos rapports sociaux.

Or *ce n'est pas tant l'émotion qui est fauteuse de troubles que la mauvaise relation que nous entretenons avec elle* : c'est sa répression qui engendre des perturbations mentales et physiques durables. La présence des émotions et, surtout, leur circulation fluide sont donc des caractéristiques essentielles de la bonne santé psychique. Je constate que certains, ayant déjà accompli un travail thérapeutique sérieux dans d'autres cadres, savent bien analyser leurs fonctionnements et les expliquer en faisant des liens significatifs avec leur passé, mais plafonnent dans leur processus de changement. Ils restent cantonnés à un plan verbal intellectualisé et manquent d'une connexion profonde avec eux-mêmes. C'est seulement lorsqu'ils contactent simultanément la représentation mentale *et* le ressenti émotionnel et corporel qui lui est associé que le changement peut se produire. L'émotion ressentie dans le corps apporte la saveur d'authenticité qui suscite l'adhésion : « Oui, c'est cela qui m'a atteint, blessé et a engendré telle et telle conséquence… »

Enfin, l'émotion recèle un grand potentiel : grâce à elle nous prenons conscience de ce qui nous touche, en positif comme en négatif, et nous entrons en contact avec notre sensibilité. Elle est la voie directe et incontournable d'accès au cœur, elle est le matériau brut à transformer par le travail intérieur, en des sentiments plus ouverts et stables comme l'amour, la joie et la sérénité. Tous ces éléments m'ont conduit à reconnaître à l'émotion une place centrale dans le processus qui mène à la libération de la souffrance. De même, l'expérience m'a convaincu que l'intégration d'un travail en profondeur sur les émotions et d'une pratique spirituelle, dans une démarche unique, permet un cheminement abouti, d'abord pour apaiser la souffrance, puis pour transformer durablement la vie émotionnelle en une vie intérieure riche, heureuse et aimante :

– *Le versant thérapeutique guérit d'avoir été mal ou pas aimé et de ses conséquences*, à savoir, souffrir de ne pas s'aimer soi-même, de peiner dans l'existence et d'être dépendant des autres.

– *Le versant spirituel fait découvrir ce qu'est aimer,* qu'il s'agisse de soi-même, des autres ou de la vie, car seul l'amour apporte une joie durable et toujours renouvelée dans le cœur.

Swami Prajnanpad résumait de manière lapidaire les grandes étapes de la transformation intérieure : « Moi seulement ; moi et l'autre ; l'autre et moi ; l'autre seulement[2]. » Je m'appuierai, dans mon exploration, sur ces étapes : la première consacrée à la souf-

---

2. Swami Prajnanpad, *source orale* (Arnaud Desjardins).

france qui nous focalise sur nous-même (moi seulement), la deuxième, à la relation (moi et l'autre ; l'autre et moi) sous l'angle de l'émotion, la troisième, à l'amour (l'autre seulement). Pour appuyer mon propos de manière plus vivante, je l'illustrerai par le cheminement d'un homme et d'une femme. Ils sont chacun, pour leur sexe, représentatifs de la progression et des difficultés rencontrées par ceux qui effectuent ce parcours avec moi.

Première partie

MOI SEULEMENT

« L'ego c'est la voix du passé… rien d'autre
que des émotions refoulées insatisfaites.
C'est l'émotion insatisfaite qui pleure…
aussi l'insatisfaction est le symbole de l'ego[1]. »

Commençons par la thérapie proprement dite, les soins particuliers que réclame la souffrance psychique. La personne arrive avec ses blessures, elle s'est sentie mal aimée et attend écoute et compréhension pour voir clair en elle-même et sortir du marasme. Progressivement, elle va être amenée à découvrir que sa souffrance n'est pas une fatalité, mais le produit d'un dysfonctionnement qui concerne sa vie émotionnelle. Ce trouble lui-même en engendre d'autres, en cascade, perturbant profondément sa vie.

Je me limiterai à ce qui correspond au champ de ma pratique, le registre d'une souffrance qui demeure en deçà de la pathologie psychiatrique nécessitant un traitement médical. Il s'agira donc d'une souffrance en rapport avec les vicissitudes de l'existence, avec une enfance qui n'a pas été harmonieuse et dont les séquelles viennent handicaper l'épanouissement d'une vie adulte.

1. Swami Prajnanpad, *ABC d'une sagesse*, *op. cit.*, page 59.

Pourquoi la souffrance ? « Être séparé de ce qu'on aime est souffrance, être confronté à ce qu'on rejette est souffrance », répondait le Bouddha. Lorsque nous faisons l'expérience d'une souffrance forte et durable, nous incriminons habituellement l'événement déclencheur : je souffre parce que j'ai été mal traité par l'autre, parce que j'ai perdu un proche, une position, la santé, parce que j'ai échoué, etc. Donc je souffre du fait de l'autre, de la société, de la vie, qui me frustrent de ce que je veux ou m'imposent des difficultés dont je me passerais. Si mon conjoint me trompe et me délaisse, il est évident que je souffre parce qu'il ne m'aime pas ou plus. Si je rate mon permis après avoir investi du temps et de l'argent en leçons de conduite et n'avoir commis qu'une erreur minime à mes yeux, c'est la faute de l'examinateur. Si on me découvre un cancer, je me demanderai pourquoi la vie m'inflige ça, pourquoi moi ? Même si nous ne le pensons pas explicitement, l'idée d'une injustice, d'un coup immérité, flotte à l'arrière-plan dans notre esprit. L'autre, la vie, pour m'infliger une chose pareille, *ne m'aiment pas*. Autrement dit, je me sens aimé si l'autre ou la vie répondent à mes attentes. Le langage le reflète bien : « La vie me sourit, la vie s'acharne contre moi. »

La souffrance traduit le manque d'amour dont je suis l'objet, comme, inversement, le bonheur naît du sentiment d'être aimé par l'autre ou par l'existence qui comble mes aspirations. Ce schéma élémentaire provient en droite ligne de l'enfant qui réagit selon un mode binaire, se sentant aimé quand ses attentes sont prises en compte et interprétant le « non » et les limites comme une dureté ou une méchanceté à son égard. Il lui faudra le recul des années pour percevoir l'amour parental derrière les limites et les frustrations imposées pour l'aider à grandir. Devenus adultes, nous admettons que la vie comporte sa part de difficultés qui nous font mal, quand elles restent dans des proportions tolérables que nous parvenons à négocier. Nous traversons l'épreuve sans être brisés ni détruits. Lorsque la souffrance nous submerge, cela signifie que les fondements plus anciens de notre psychisme s'activent et infiltrent notre manière de prendre les choses. Nous retrouvons ce mode binaire, soit de manière très évidente (« rien ne va, je n'ai pas de chance, la vie est contre moi »), soit de manière plus cachée et rationalisée (cela s'exprime alors par des considérations désabusées, critiques, sur l'existence, la société, l'autre sexe). La souffrance marque un degré de plus dans une situation qui nous affecte : elle nous déborde et nous effondre, elle dure trop longtemps, s'enlise et semble excessive pour un regard extérieur.

Donc que l'autre ou l'extérieur déçoivent notre attente, nous le prenons comme du non-amour et nous souffrons. Il est plus évident de le reconnaître pour les déboires amoureux et relationnels – là, nous faisons aisément le lien, « l'autre ne m'aime pas comme je veux et j'ai mal » – que pour des problèmes socio-professionnels. Pourtant en y regardant de plus près, si mon banquier refuse de combler mon découvert, si je n'ai pas la promotion souhaitée ou que mon chef me met trop de pression, est-ce que je me sens aimé ?

Quand la personne qui souffre en attribue au fond d'elle-même la responsabilité à la vie ou à l'autre, il en ressort une conséquence directe implacable. Elle ne pourra cesser de souffrir qu'à la faveur d'un retournement extérieur. Je vois ainsi des blessures d'une rupture amoureuse jamais cicatrisées, dix ans, vingt ans après. L'autre est parti, sans retour en arrière, la souffrance, elle, est restée intacte. *Tant que l'extérieur porte la cause de la souffrance, tout espoir d'amélioration en dépend.* Celui qui souffre demeure impuissant et tributaire du sort, il en est réduit à attendre des jours meilleurs.

Comme en mathématique, un problème insoluble signale un problème mal posé. Y aurait-il une erreur dans les prémisses ? Reprenons l'énoncé de départ – par exemple, je souffre parce que mon conjoint m'a quitté. La logique en semble simple et indiscutable, c'est quand même normal de souffrir dans ces conditions ! Non, c'est normal d'avoir mal, d'éprouver de la peine, de la colère, mais ce n'est pas normal de vivre des mois d'enfer intérieur et de ne pas s'en relever. Quelque chose d'excessif se manifeste, dépassant une réaction bien compréhensible. La blessure simple s'infecte, suppure et ne cicatrise pas. Entre ces deux faces de l'alternative, quel élément va déterminer la bascule ? J'étais, ou je me croyais aimé(e) par l'autre et je ne le suis plus, donc je souffre et souffrirai tant que je ne recouvrerai pas cet amour. Et même si, d'aventure, l'autre revenait (cela arrive parfois !), son retour ne garantirait pas mon bonheur pour autant. J'ai perdu confiance, je me méfie, je lui en veux de m'avoir fait souffrir.

Je veux souligner ici un aspect essentiel pour guérir la souffrance, en pratique : si la souffrance manifeste une complexité infinie sur le plan mental, elle peut se résumer à cette dimension centrale du non-amour au plan émotionnel. Nous avons donc tout intérêt à l'aborder par l'émotion, nous risquerons moins de nous perdre dans le dédale des explications psychologiques.

La souffrance,
un manque d'amour de soi

La souffrance aurait-elle une autre cause ? Dans cette première vision des choses, je redeviens aussi démuni qu'un enfant qu'on abandonne, sans ressource personnelle consistante. L'enfant attend un soutien indéfectible de ses parents, preuve tangible de leur amour, car il ne dispose pas d'une capacité psychique et physique suffisante pour affronter l'existence. Chez lui, le besoin d'être aimé correspond à une nécessité objective pour être conforté, rassuré et se construire. En intériorisant ce qu'il reçoit d'amour de ses parents à travers leurs actes et leurs attitudes, il développe au fil des années sa propre capacité à faire face. *Quand je souffre, l'impasse tient à ce que, dans mon fonctionnement émotionnel, je m'identifie encore à la position de l'enfant dépendant de l'autre.* Je ne peux rien pour moi ou pas suffisamment pour me sortir du bourbier. Autrement dit, cela ne m'effleure même pas que m'aimer moi-même pourrait peser fortement dans la balance. M'aimer veut dire, comme pour le parent envers son enfant, éprouver un sentiment bienveillant à mon égard et agir d'une manière qui réponde à mon besoin du moment. La personne qui souffre n'envisage pas cette possibilité, tant son attente se focalise sur l'extérieur. Le manque d'amour de la part de l'autre dissimule le manque d'amour de soi.

On peut traverser une vie entière, convaincu que les autres, la vie nous sont adverses sans réaliser que l'amour qui nous fait cruellement défaut est le nôtre. Nous ne pouvons compter sur un amour indéfectible des autres et, quand bien même nous aurions cette chance, la mort y mettra un terme. Le seul amour qui puisse nous accompagner durant toute notre vie adulte est celui que nous nous portons. Il nous préserve de la souffrance.

Le désamour de soi apparaît au grand jour pour une bonne proportion de ceux qui souffrent car ils s'accusent eux-mêmes de leurs échecs. Celui qui a été plaqué se trouve nul, indigne d'amour. Il ne vaut rien pour qu'on l'abandonne ainsi. Il se déteste d'être ce qu'il est, il déteste sa vie, il se fait des reproches et s'en veut. Il se déteste tant parfois qu'il en sombre dans la dépression, rejette sa vie et en arrive à vouloir se supprimer. À ce stade, le désamour dépasse largement l'absence de bienveillance envers soi-même et devient un sentiment négatif très actif. On constate d'évidence que la souffrance augmente en proportion de ce désamour. Dans la haine de soi, elle culmine et prend une tournure pathologique. Nous pouvons observer autour de nous ce parallélisme entre la joie de vivre et l'amour de soi, entre la souffrance et le non-amour de soi.

On objectera qu'on ne fait pas exprès de ne pas s'aimer, que cela dépasse la volonté consciente et qu'une personne en pleine crise risque même de s'enfoncer davantage si on lui dit que sa souffrance tient à son manque d'amour pour elle-même. Une insuffisance de plus, une culpabilité de plus… Passer du désamour à l'amour de soi suppose un cheminement délicat et subtil qui prend du temps. Ce changement requiert de faire appel à toutes nos ressources, tant cognitives qu'émotionnelles et corporelles. Puisque décréter qu'il faut s'aimer pour cesser de souffrir ne produit guère de résultats, j'ai choisi d'aborder les choses sous

un angle différent. Plutôt que de partir de l'amour de soi qui apparaîtra à beaucoup comme un concept trop flou, je décrirai les
caractéristiques du non-amour de soi. Une fois identifiées, ces
attitudes négatives envers soi-même deviennent plus accessibles à
la mise en cause.

CHAPITRE 1

L'origine de la souffrance

« Soyez d'abord convaincu que toutes vos souffrances viennent de vos attirances et de vos répulsions[1]. »

Pourquoi m'apparaît-il nécessaire de distinguer souffrance et émotion ? D'abord, parce que ces deux réalités ne se recouvrent pas, l'émotion comportant un éventail de ressentis positifs. Mais même les émotions dites négatives (tristesse, colère, peur) ne se confondent pas avec la souffrance. Grâce à un travail intérieur, on expérimente la possibilité d'éprouver ces trois émotions sans souffrir.

Des définitions plus précises se révèlent indispensables en pratique, pour bien distinguer les étapes de la transformation depuis le début. Tout événement ayant un certain impact sur nous engendre un ressenti dont la coloration varie du plus sombre au plus lumineux, du plus désagréable au plus heureux. Le désagréable s'étale du gris clair au noir, avec toutes les nuances intermédiaires : de l'ennui, du mal-être à la souffrance insupportable. Étant sensibles, à moins de nous anesthésier, nous ne pouvons éviter de ressentir ce qui nous affecte physiquement et psychiquement. Notre réaction comporte un mélange de sensations et

---

1. Swami Prajnanpad, *ABC d'une sagesse, op. cit.*

d'émotions que nous qualifions de bonnes ou mauvaises, d'agréables ou désagréables. C'est la pensée qui fonctionne en catégorisant ces paires d'opposés, bien/mal, beau/laid, agréable/désagréable, gentil/méchant, etc. La catégorisation repose sur une paire plus fondamentale, biologiquement ancrée en nous, le couple plaisir/douleur-souffrance.

L'étymologie de « souffrir » indique que nous *subissons* une situation qui s'impose sans notre consentement et qui pèse sur nous. Cette situation peut aussi bien être extérieure – je me sens rejeté par une personne que j'aime – qu'intérieure – j'ai des accès d'angoisse incontrôlables, alors qu'il ne se passe rien de spécial dans mon existence. *Je définirai la souffrance comme ce mélange complexe d'émotions, de sensations et de pensées, dans le registre du désagréable, et déclenché par une situation que nous subissons.* Plus intense qu'une réaction, elle dure aussi davantage, épuisant notre énergie. Elle nous mine et atteint notre élan vital.

L'émotion ne dispose pas non plus d'une définition scientifique consensuelle, même si son importance dans la vie psychique, comme moteur dans l'adaptation aux modifications de l'environnement, est reconnue depuis Darwin. Je me baserai sur ce que chacun peut constater par lui-même empiriquement. *L'émotion correspond à une variation de notre ressenti intérieur plus éphémère déclenchée par un événement qui se détache de la routine.* Elle s'accompagne de modifications physiologiques plus ou moins perceptibles et tend à modifier notre comportement en nous poussant à réagir.

Émotions primaires et secondaires

On peut distinguer une gamme très variée de climats émotionnels, mais la pratique thérapeutique m'a conduit à m'appuyer sur la distinction entre deux grandes catégories d'émotions :

– Les émotions *primaires* ou fondamentales présentes dès la naissance, avant toute mentalisation. Leurs caractéristiques sont reconnaissables par tous, au-delà des différences culturelles, et nous savons même les percevoir chez certains animaux. Ce sont la peur, la tristesse, la colère, la joie, le dégoût, la surprise. Elles ont chacune leur tonalité particulière, incluant un ressenti spécifique et un schéma de réaction.

– Les émotions *secondaires* qui apparaissent dans le cadre des relations avec autrui et où la pensée intervient sous la forme d'un jugement ou d'une comparaison. Ce sont la honte, la peur du jugement d'autrui et du rejet, le dégoût de soi. Dans cette catégorie, j'inclus également des sentiments tels que la culpabilité, l'envie, l'humiliation, la jalousie, la haine qui présentent des caractéristiques communes avec les émotions secondaires : la relation avec autrui, la pensée et le jugement y jouent un rôle central.

Selon ces définitions, l'émotion douloureuse, composante simple et temporaire, ne se confond donc pas avec la souffrance, plus complexe et durable. Nous verrons qu'il est possible de vivre la colère sans souffrir, la tristesse sans souffrir et la peur sans souffrir. Toute émotion s'accompagne de sensations physiques plus ou moins intenses. Ces dernières ne constituent donc pas l'élément qui crée la différence.

C'est un fonctionnement particulier de la pensée qui provoque le basculement dans la souffrance. Les personnes qui entreprennent un travail avec moi peinent à distinguer souffrance et émotion. Pourtant, le passage d'un état de souffrance à des émotions déterminées constitue une étape fondamentale. Si quelqu'un recherche une aide, c'est que, au minimum, il se trouve confronté à une difficulté qu'il ne parvient pas à surmonter. Cela ne signifie pas pour autant qu'il ressente consciemment la souffrance qui l'habite dans toute son ampleur. Habituellement des défenses se sont mises en place pour l'atténuer ou l'occulter complètement, avec des mécanismes de compensation et d'évitement.

Souffrance sourde ou lancinante

Recevant pour la première fois Adam, je suis intrigué. Voilà un homme d'une belle prestance physique, au visage intelligent, éclairé par des yeux verts et un sourire charmeur, chez qui rien ne trahit une souffrance. Je lui demande ce qui l'amène à me rencontrer. Il rougit un peu et cherche ses mots : « Je ne suis pas satisfait de ma vie. » Peu à peu son expression devient plus fluide, il me parle d'une psychanalyse qui a duré plusieurs années et qui lui a beaucoup apporté pour mieux se comprendre et faciliter ses rapports avec les femmes. Maintenant, il a l'impression de stagner depuis un an et de tourner en rond dans le même discours. De quoi se trouve-t-il insatisfait ? « De ma vie amoureuse et de mon travail. J'ai une relation avec une femme depuis deux ans mais je ne vis pas avec elle, je n'en suis pas amoureux alors qu'elle est très attachée à moi et voudrait un enfant. Moi, j'ai déjà une fille de 12 ans – j'ai divorcé il y a neuf ans – et je ne suis pas sûr de vouloir un autre enfant et encore moins de m'engager davantage avec cette femme. Sinon, je travaille dans l'informatique et je m'y ennuie de plus en plus, j'ai l'impression de m'étioler. De toute façon, c'est même plus que ça, je me demande quel sens a ma vie, ce que je fais sur Terre, si j'ai quelque chose à y faire… J'ai besoin d'un autre horizon, je ne sais pas trop comment dire. Je trouve que je ne ressens pas grand-chose et, par moments, j'ai l'impression d'être sec, à côté de la vie, à regarder les autres. »

On ne peut pas dire qu'Adam souffre d'une manière évidente. Chez lui, la souffrance se manifeste a minima, à travers cette insatisfaction, comme un inconfort qui ne le laisse pas tranquille – un abcès profond, bien enkysté. Il dort la nuit et n'est pas taraudé par l'angoisse ni par des sentiments dépressifs. L'inconfort suffit pour l'inciter à chercher et à bouger. En même temps, son pouvoir de séduction sur les femmes, une certaine réussite socioprofessionnelle, le rassurent et lui renvoient une image plutôt flatteuse de lui-même. Du fait de ces points d'appui importants, son besoin d'aide va se révéler marqué par l'ambivalence au fil des séances suivantes.

Il s'interroge, il ne va pas si mal, est-il vraiment nécessaire de se relancer dans une thérapie ? De toute façon il ne croit pas au grand amour. Peut-être que rien n'a de sens. Durant toute cette première phase, la souffrance, pas plus que les émotions, n'affleure ouvertement. Il soulève beaucoup de questionnements sur un plan assez général, fait part de ses doutes. Quelles expériences personnelles le conduisent à se poser ces questions sur la vie amoureuse ? Il évoque des séquences du passé, comme des tiroirs qu'il a l'habitude d'ouvrir, étant rompu à ce genre d'exercice après ses années d'analyse : un premier amour à 19 ans où la jeune fille l'avait quitté au bout d'un an, ce dont il avait beaucoup souffert… la médiocre relation de couple de ses parents qui n'offrait pas un exemple très encourageant… Il fait ces liens sans émotion particulière ni sans en être véritablement éclairé, alors que les connexions semblent pertinentes. En l'écoutant, je perçois une souffrance sourde, qui transpire à travers tous ses doutes. Rien n'est pleinement heureux dans sa vie, il se dit qu'il pourrait et même devrait l'être, son existence assez libre ne le confrontant pas à des épreuves ni à des soucis importants. En y regardant de plus près, il se le reproche sans le reconnaître explicitement.

Avec Ève, je découvre un tout autre tableau initial, la souffrance se montrant d'emblée.

Quand elle entre dans mon bureau, je la sens très émue, intimidée, comme si elle s'attendait à ce que je la rabroue. C'est une femme qui doit avoir la quarantaine. Ses vêtements dissimulent sa féminité plus qu'ils ne la mettent en valeur. Elle a un visage agréable, sympathique mais son regard triste et un sourire qui s'excuse lui donnent une expression plutôt douloureuse. Quand je m'enquiers de sa motivation, elle me dit qu'elle suit une démarche spirituelle depuis longtemps, d'abord la prière chrétienne, puis qu'elle a fait beaucoup de yoga, lu de nombreux ouvrages de spiritualité et participé à différents stages de développement personnel. Manifestement, c'est une femme intelligente et sensible, mais qui semble manquer grandement de confiance en elle, ce qu'elle annonce comme l'une des choses dont elle souffre : « J'ai beaucoup de freins. » Qui l'empêchent de réaliser quoi ? « J'ai 39 ans et ma relation avec les hommes, ça ne va pas. Je voudrais avoir un enfant avant qu'il soit trop tard. » Elle semble au bord des larmes. Son dernier compagnon qui l'a quittée récemment n'en voulait pas et vient pourtant d'en avoir un avec une autre femme. Elle pleure pendant un moment. « Ce n'est pas la première fois, déjà à 20 ans j'ai été enceinte et j'ai dû avorter parce que mon ami de l'époque refusait complètement cette grossesse, et ça s'est répété à 32 ans avec un autre homme. » Elle travaille, dans le milieu de l'édition, sous la responsabilité d'une femme un peu plus âgée qui se montre très exigeante avec elle. Elle aime ce qu'elle fait mais vit mal les remarques de sa supérieure, d'autant plus qu'elle déborde déjà largement son temps de travail. Un mot arrive très vite dans sa bouche – échec – et ce mot cristallise autour de lui un ensemble complexe douloureux. Il suffit qu'elle le prononce pour que les larmes commencent à couler. Elle se désigne comme la fautive de cet échec. Pourtant, ce qu'elle me rapporte de sa vie témoigne d'une expérience humaine riche. Elle a accompli des choses professionnellement, voyagé, et su s'entourer de solides amitiés. Malgré sa timidité elle s'ouvre assez rapidement et ne doute pas que je puisse l'aider. Elle attend même beaucoup de cette démarche et de mon aide.

Chez Ève, la souffrance se montre dès le premier entretien, à fleur de peau. La plaie est ouverte et tout, dans la forme, diffère de ce qu'exprime Adam. Au-delà de ce contraste, nous retrouvons les caractéristiques communes de la souffrance : son contour est flou, elle a des racines qui s'enfoncent profondément, reliant souvent plusieurs situations. Le vécu émotionnel est constitué d'une sorte de magma à tonalité sombre dont Ève ne mesure pas l'exacte amplitude. La tristesse prend le devant de la scène, en relation avec un sentiment de rejet par son ex-ami et son désir frustré de maternité, suivie de près par l'angoisse, la peur d'échouer complètement dans sa vie. On peut également déceler de la honte, du ressentiment, de la jalousie.

Pour Adam, c'est une grisaille qui ternit sa vie, sans plus, où il devient plus difficile de distinguer les nuances émotionnelles. Il n'est certes pas joyeux et le terme qui me semblerait le plus approprié, au-delà de l'ennui qu'il nomme lui-même, c'est le mécontentement, forme mineure de la colère. Un mécontentement contre quoi, contre qui ? La vie ? les femmes ? lui-même ? Son attitude laisse aussi transparaître de la méfiance, qui appartient à la famille de la peur, et certains de ses propos suggèrent un vrai fond de culpabilité. Dans son corps, il ne sent rien de spécial, peut-être quelques tensions musculaires, alors qu'Ève souffre de manifestations corporelles bien tangibles, une boule dans la gorge, une oppression dans la poitrine.

Le refus de l'émotion cause
la souffrance

Une tonalité négative infiltre le discours de ces deux personnes. Cette tonalité signe la présence de la souffrance, à la fois à travers le plan verbal et aussi non verbal, distillant une musique reconnaissable, même sans les paroles – la musique de la négativité.

Cette manière négative d'aborder et de penser la réalité, Swami Prajnanpad l'appelait *mind* que ses élèves français traduisaient par le substantif « le mental ». Il en donnait cette définition lapidaire : « Le mental ne peut ni voir ni accepter ce qui est. Il rejette ce qui est et s'efforce de mettre autre chose à la place[2]. » Autrement dit, dès que la réalité nous confronte à une situation qui ne correspond pas à notre attente, nous nous crispons et rejetons ce qui arrive – c'est le refus ; d'autre part, nous nous cramponnons mentalement à ce qui, selon nous, aurait dû se produire – c'est « l'autre chose » produit par notre imaginaire. Si je découvre que quelqu'un qui avait accepté d'effectuer une tâche urgente

---

2. *Ibid.*, page 95.

pour moi ne l'a pas accomplie, je peux identifier ce double mouvement en moi : d'un côté, le refus – je ne peux pas admettre qu'il
n'ait rien fait – de l'autre, la création de ma pensée – je répète à
l'envi qu'il aurait dû le faire, que c'est incroyable, que moi, quand
on me demande quelque chose d'urgent je le fais ou je préviens,
etc. La conjonction de ces deux aspects, refus *et* crispation sur ce
qui aurait dû se produire selon mon idée, produit la tension négative de l'émotion. La perception du fait réel s'impose sans relâche
à mon esprit et je la chasse chaque fois en réaffirmant ce qui
aurait dû être.

Dans le langage courant, la négativité dépeint une attitude
où la personne ne relève que ce qui va mal et tend à détruire ou
minimiser les aspects positifs. Elle critique et se plaint, et n'envisage rien de bon pour le futur. J'utilise ce terme de négativité en
m'appuyant sur l'aspect essentiel établi par Swami Prajnanpad.
Quand le Bouddha affirme que la souffrance prend son origine
dans le désir, Swami Prajnanpad montre, sous un angle complémentaire, que la souffrance naît de la négation de ce qui est.
Selon cette perspective, toute souffrance dérive du refus initial
d'un aspect de la réalité, qu'il soit intérieur à la personne ou extérieur. Elle est produite par ce fonctionnement négatif de la pensée, le mental. « Le mental reçoit des coups et se sent blessé parce
qu'il s'attend à ce que le monde extérieur se conforme à son désir.
Tant qu'il n'est pas convaincu que tout ce qui est à l'extérieur est
différent [de ce qu'il veut], le mental recevra des coups à chaque
instant[3]. »

*Dans la souffrance, on refuse non seulement la situation mais
aussi l'état émotionnel pénible qu'elle déclenche*. Ce point essentiel
marque la différence avec l'émotion simple. On se débat à la fois
contre l'extérieur et contre soi-même. On voudrait ne pas ressentir ce qu'on ressent. Le refus initial de la situation demeure rare-
ment seul et entraîne avec lui le refus de l'émotion qui surgit,
puis une cascade d'autres refus. Si je ne trouve pas les clés de la
voiture au moment de partir au bureau alors que mon timing est

---

3. *Ibid.*, page 97.

juste, je commence par refuser de ne pas en disposer immédiatement, puis je réalise que je prends du retard, cela me stresse et je
le refuse aussi ; je m'énerve contre ma femme que je ne trouve
pas assez coopérante dans ma recherche et qui peut-être les a
rangées je ne sais où – je refuse son attitude. Je la refuse plus
encore, quand triomphante et excédée, elle me montre qu'elles
me narguaient quasiment sous mon nez. Je suis vexé et je ne veux
pas l'admettre. Je pars précipitamment et dévale l'escalier, manquant de renverser la voisine. Encore un ou deux grains de sable
et malheur à qui se trouvera sur mon passage : dans cet état je
n'admets pas de rencontrer le moindre obstacle. Quant au vécu
intérieur, il ne brille pas par sa sérénité, je suis tendu, exaspéré,
prêt à exploser, et je déteste être ainsi. Souffrance peut sembler
un bien grand mot, mais en quelques minutes, pour un incident
mineur, j'ai basculé dans un état très désagréable qui, pour un
regard extérieur (celui de l'épouse !) ne se justifie pas. Autrement
dit, je pourrais en faire l'économie.

Un témoin neutre s'exclamerait : « Ne te mets pas dans un
état pareil ! » Cette simple remarque relève bien le fait que ce n'est
pas l'événement (la perte des clés) mais la manière dont je le
prends qui engendre ce maelström : *je n'admets pas mon émotion*
de contrariété et tout dérape à partir de là. Pourquoi et comment
vais-je donc m'infliger un tel traitement ? Je me focalise uniquement sur l'extérieur : j'ai besoin de mes clés et je ne veux rien
savoir d'autre. Si elles me trahissent en ne se montrant pas immédiatement, scandale, la vie me met des bâtons dans les roues, juste
au mauvais moment. Je commence à me sentir victime d'une mal-
chance, voire à incriminer quelqu'un.

Quand l'existence se montre contraire à mon but du moment,
puisque celui-ci me semble légitime, elle se trompe. Pour
reprendre Héraclite[4], dans *mon* monde, mes clés s'offrent à mes

---

4. « Les hommes éveillés vivent dans le monde, les hommes endormis vivent
chacun dans leur monde », Héraclite. « Vous vivez toujours dans votre monde et
non pas dans le monde, parce que vous cherchez toujours à vivre dans le monde
qui vous plaît », Swami Prajnanpad, *ABC d'une sagesse*, *op. cit.*, page 70.

yeux dès que j'en ai besoin, je ne suis pas en retard même si je pars à la dernière minute, ma femme est aidante et compréhensive, la voie s'ouvre devant moi quand je suis pressé, etc. En clair, comme la vie m'impose injustement une situation qui me perturbe, il est naturel que je m'insurge et que je refuse : « Non, ça ne devrait pas être ainsi. »

Sans être atteints de mégalomanie, nous attendons que les événements et les autres se comportent selon notre désir du moment (Bouddha et Prajnanpad se rejoignent). Nous estimons implicitement qu'ils *devraient* se conformer à nos attentes, c'est-à-dire *autrement* qu'ils ne l'ont fait. Puisqu'il y a erreur, je n'ai pas à céder mais au contraire à résister et à prouver à l'autre, à l'extérieur, sa faute. Ces clés, quelqu'un les a prises ou bien ne les a pas remises en place mais je ne conçois pas une seconde que, si, elles sont bien là, juste cachées par une revue. Je ne réalise pas que j'aurais juste besoin d'accepter que je sois contrarié et stressé, ce qui me détendrait rapidement.

Le refus de cette émotion initiale entraîne tous les autres refus et crée la souffrance. Plus l'enjeu de notre attente nous importe, plus fort sera le refus. Si j'ai travaillé des mois comme un forcené pour réussir un examen essentiel, lorsque je ne vois pas mon nom sur la liste, le refus éclate avec une grande intensité. « Oh non, ce n'est pas vrai, ce n'est pas possible, avec tout ce que j'ai travaillé, c'est trop injuste ! » Mon psychisme est écartelé entre la réalité telle qu'elle est (je suis recalé) et la réalité telle qu'elle devrait être selon moi (je suis reçu). Cet écart produit initialement une émotion, la déception, elle-même composée d'un mélange de tristesse et de colère. Ces dernières me submergent et je rejette cet état pénible qui s'impose.

Si je ne refusais pas ces émotions, je pleurerais, crierais puis m'apaiserais. Mais tant que, dans ma pensée, je me crispe sur la situation « j'aurais dû avoir mon examen », je les néglige. La vérité de la situation revient inlassablement, relançant alors le processus de la souffrance. Le refus transforme le coup de poignard de la déception brutale en une plaie béante qui ne peut cicatriser car chaque « non » retourne le couteau. Au lieu d'apaiser l'émotion en l'acceptant, il l'aggrave. Ce point est fondamental, tant que ce refus persiste, la souffrance n'a aucune chance de s'éteindre. L'expérience me rappelle quotidiennement que l'être humain – y compris quelqu'un qui fait une démarche thérapeutique –, tout en réclamant la cessation de sa souffrance, n'est pas disposé pour autant à mettre en cause ses refus. *Quand l'acceptation de la situation se révèle impossible, il faut commencer par l'acceptation de l'émotion qui lui est associée.*

J'ai choisi ces deux exemples des clés et de l'examen pour leur simplicité. Le point de départ est clairement identifié et l'analyse du refus qui cause la souffrance assez facile. En revanche, lorsque j'écoute Ève, bien que je reconnaisse la musique du refus, puis-je affirmer pour autant ce qui cause son tourment ? Dès le premier entretien, les refus de sa situation apparaissent nombreux et importants : ne pas avoir d'enfant et avoir dû avorter, ne pas rencontrer un homme désireux de créer une famille, avoir été délaissée au profit d'une autre qui, en plus, sera comblée par une maternité, ne pas se sentir reconnue par sa responsable et être exploitée, etc.

Ces refus se font écho les uns aux autres mais l'un d'entre eux prédomine-t-il ? Les éléments manquent à ce stade pour répondre. Notons qu'ils concernent tous des situations faisant intervenir l'extérieur, les autres, et qu'elle leur attribue implicitement sa souffrance : s'il en était autrement, elle serait heureuse. Dans cette optique, on pourrait penser, « la pauvre, elle n'a vraiment pas de chance », ce qu'elle pense elle-même vraisemblablement.

Extrapolons plus avant le raisonnement qui pourrait se formuler en arrière-plan : la vie est mal faite, elle interdit à une femme qui rêve de fonder une famille de le faire, un désir pourtant bien légitime. Si la vie n'est pas en défaut, les hommes sembleront des coupables tout désignés. Nous sommes bien dans une dynamique négative qui laisse peu d'espoir, à moins d'un miracle. Le changement vers le positif dépend entièrement de l'extérieur.

L'autre piste, celle du refus de soi-même et de ses émotions, mérite d'être explorée. Ève ne s'aime ni ne s'accepte ; elle se juge négativement et ne se fait pas confiance. Elle pense qu'elle a fait des mauvais choix par incapacité à en faire de bons, notamment dans sa vie amoureuse. La faute revient sur elle puis oscille à nouveau vers l'extérieur. Mais lorsqu'elle s'accuse ainsi, elle se sent impuissante face à une fatalité qui l'entraîne dans des « galères ».

Subir, c'est souffrir

Je souligne cette impuissance qui caractérise la souffrance : qu'il s'agisse de quelque chose en nous sur lequel nous n'avons pas de contrôle ou d'une situation à l'extérieur qui s'impose contre notre gré, nous subissons. *C'est un cercle vicieux, nous subissons parce que nous refusons et nous refusons parce que nous subissons.* Il faut en même temps pondérer ce tableau, en relevant qu'Ève reconnaît sa difficulté et son besoin d'aide. Je la sens très déterminée à voir en face ce qui fait mal.

Et Adam, que refuse-t-il ? Le doute et l'insatisfaction signalent le fonctionnement du mental. L'insatisfaction refuse la réalité présente, exigeant mieux à la place, quant au doute il manifeste une division intérieure. « Le mental lui-même est compliqué... Il s'exprime par des contradictions : un "oui" avec un "non", un doute et une indécision[5]. » Est-ce que cela s'applique à lui ? Comme souvent la réponse sera oui et non.

Une insatisfaction peut tenir au constat qu'une situation, telle qu'elle est, doit changer, et cela ne comporte aucune négativité. Au contraire, je prends acte qu'un changement est nécessaire et m'en donne les moyens. Je me dispute sans cesse avec mon conjoint devant les enfants. Je constate que ce comportement nuit aux enfants, j'accepte que j'y aie ma part de responsabilité et je suis donc motivé pour cesser de leur infliger ce spectacle.

L'insatisfaction d'Adam provient à la fois d'un constat – il bute sur ses limites et veut y remédier – mais aussi d'un refus.

---

5. *Ibid.*, page 96.

Ainsi, quand il dépeint ses relations avec les femmes et son amie actuelle, le refus de leurs attentes à son égard se traduit par un ton agacé et des jugements. Son insatisfaction la plus marquée le met lui-même en cause, et visiblement de manière chronique. Il devrait être plus brillant, charismatique, doué, irrésistible... Il se refuse tel qu'il est, se jugeant insuffisant, pas à la hauteur de son idéal. Il méconnaît et réprime ses émotions. De même, son doute joue plus un rôle destructeur que moteur, en niant une dimension affective et sensible en lui-même, et la possibilité de changer vraiment.

Retenons que la souffrance se développe parce que les émotions déclenchées par la situation douloureuse sont refusées. C'est la relation avec l'émotion qui doit changer en priorité. Le refus de l'émotion équivaut au non-amour envers soi. Comme je ne me sens pas aimé par la vie, je ne veux plus aimer, ni moi ni le reste, mon cœur se barricade. Aussitôt que mon cœur se ferme, il emprisonne la douleur émotionnelle et elle va l'oppresser. La vie, sans le cœur, perd son sel et son sens. Si à ce stade on dit à la personne en souffrance « arrêtez de refuser », elle ne peut l'entendre, cela ne parle qu'à sa tête.

C'est au cœur fermé qu'il faut s'adresser en lui permettant d'extérioriser ce qu'il renferme d'émotions réprimées. La personne a plus besoin d'empathie, d'amour, que d'explications sur son fonctionnement. Le travail va donc se concentrer sur la dimension émotionnelle, pour permettre au cœur de s'alléger et de se rouvrir. Il faut débrouiller l'écheveau complexe d'émotions emmêlées et de pensées négatives qui constituent la souffrance. La mise en cause du refus et la démarche d'acceptation viendront plus tard.

CHAPITRE 2

Reconnaître ses émotions

« Voyez et reconnaissez[1] ! »

Les premiers pas du travail sur les émotions vont consister à repérer les moments et situations où l'émotion affleure, pour l'identifier. En effet, la personne ressent des tensions, un malaise, sans savoir véritablement qu'elle est envahie par une émotion ni par laquelle. En dehors des grands débordements au cours desquels on reconnaît facilement la colère, le désespoir, la panique, il faut souvent l'aide du thérapeute pour pointer et nommer l'émotion, quand elle se mélange à d'autres et à des jugements, dans les états de souffrance. Adam manque de contact avec ses émotions tandis que celles d'Ève la prennent à la gorge. Pourtant, l'un comme l'autre ont besoin de parvenir à une identification précise, préalable indispensable pour les exprimer.

Avec Adam, je vais être à l'affût des plus petites émergences émotionnelles. Il arrive un jour en racontant qu'il a eu la veille une discussion désagréable avec son amie à propos des vacances d'été. Elle lui demandait ses projets car elle avait envie de partir avec lui. Il était embarrassé, voulant garder sa liberté de décider à la

---

1. Swami Prajnanpad, *source orale* (Arnaud Desjardins).

dernière minute et lui avait répondu de manière très floue. Elle s'était mise à pleurer et lui avait reproché de ne pas l'aimer. Un peu gêné, il avait gardé le silence puis essayé de l'apaiser et avait finalement abrégé la soirée. « Je n'aime pas ce genre de discussion, c'est une prise de tête. Les femmes, il faut toujours qu'elles sachent à l'avance. » Il embrayerait volontiers sur des considérations générales sur l'autre sexe mais je l'arrête pour l'interroger sur ce qu'il ressent. « C'est toujours comme ça. Avec mon ex-femme, c'était pareil. » Je dois revenir plusieurs fois à la charge et finalement lui tendre une perche : « Vous semblez contrarié. » « C'est quand même normal, on ne peut pas discuter tranquillement, cela prend des proportions... » Il ne peut s'arrêter sur ce qu'il ressent, les pensées et les jugements occupant son espace mental. Il convient finalement qu'il a été « un peu agacé ». Je perçois aussi de la tristesse dans son visage mais cette émotion semble hors de sa conscience. Il faudra un certain nombre de séances pour que ses agacements deviennent plus conscients. Il réalise qu'avec son amie, c'est souvent le cas. Une autre fois, elle s'est emportée – elle ne supportait plus la situation – et l'avait planté là, en plein milieu d'un dîner au restaurant. Qu'avait-il ressenti ? « Pas grand-chose. Je ne vais pas vous dire que j'aime ce genre de situation. J'avais l'air un peu con. J'ai vu que le serveur et d'autres dîneurs me regardaient. » Là encore, il mit un certain temps à reconnaître d'abord un brin de culpabilité, en voyant qu'elle avait l'air vraiment malheureuse. Il fut plus facile d'admettre qu'il lui en voulait de mettre ainsi la pression. Enfin, il hésitait entre honte et humiliation vis-à-vis des témoins de cette scène « indécente ». Plus tard, il s'aperçut qu'il y avait eu, bien enfouie, la peur qu'elle rompe leur relation. Dans cette phase du travail thérapeutique, il doutait ensuite d'avoir vraiment ressenti de l'émotion et la minimisait par des propos banalisants. En revanche, il appréciait de reconnaître ses agacements et me les signalait, de lui-même, avec satisfaction.

Habituellement, dans la démarche, les émotions ne reviennent pas en bloc mais successivement et chacune en fonction de son statut particulier pour la personne. Pour Adam, l'agacement a vite refait surface, car compatible avec son contrôle. Mais l'agacement ne pouvait grandir au point de devenir une vraie colère, trop dérangeante. Ses jugements sur la tristesse et la peur (il se serait trouvé minable) en bloquaient quasiment l'accès. Les larmes restaient efficacement endiguées – il n'avait pas pleuré depuis des années, peut-être bien depuis la fin de son premier amour. Il était bien différent d'Ève qui savait facilement reconnaître et nommer ses émotions, à l'exception de la colère, mais qui se trouvait souvent submergée par un tel flot qu'elle y perdait le recul et la lucidité. La palette émotionnelle d'Adam semble rétrécie, et celle d'Ève incomplète.

Le moi émotionnel et son prisme

La nature nous a dotés d'états émotionnels différents qui participent à notre vie relationnelle et à notre adaptation à l'environnement. Leur variété constitue doublement une richesse, à la fois par les possibilités d'interaction et de réponse qu'elle peut inspirer et par la gamme presque infinie de ressentis qu'elle nous procure. Déjà, les émotions les plus archaïques liées aux situations de stress qui s'étendent de la peur à l'agressivité englobent quantité de variantes. Elles-mêmes déclencheront plusieurs registres de comportements – fuite, agression, inhibition, ruse. La diversité se manifeste plus encore dans les émotions sociales qui nous relient les uns aux autres en modulant à l'infini la texture, la saveur des interactions.

La métaphore des couleurs convient bien pour illustrer l'étendue de notre registre émotionnel. Chaque coloration émotionnelle fondamentale se décline de la nuance la plus légère à la plus foncée : prenons par exemple la couleur *colère* en graduant du faible au très fort : légère impatience – agacement – énervement – indignation – exaspération – colère franche – fureur – rage folle et violence physique. La colère peut non seulement se décliner sur ce mode chaud mais encore sur un mode froid, ravalé : distance – fermeture – raideur – réprobation muette – condamnation – rejet – violence verbale. La chaleur correspond à une manière très physique de vivre l'émotion alors que la froideur correspond à sa mentalisation (elle se traduit par des pensées et des mots). Quant à la force de l'émotion, elle se mesure à sa durée et à l'intensité des manifestations physiques et psychiques.

Deux couleurs émotionnelles peuvent se mélanger, comme dans la déception qui allie colère et tristesse : si quelqu'un me déçoit, je suis à la fois mécontent de lui, et triste qu'il ne corresponde pas à mon attente. Colère et dégoût peuvent produire le mépris alors que mêlé avec la tristesse, le dégoût deviendrait plutôt de la pitié : si une personne m'a trompé et a profité de ma bonne foi, je suis en colère mais si, en plus, elle a usé de procédés mesquins, ce qu'elle a montré d'elle me dégoûte et je vais l'écraser de mon mépris. Dans la pitié, l'état dans lequel elle se trouve me fait de la peine (tristesse) mais en même temps je ne voudrais surtout pas être à sa place et j'éprouve une part de dégoût, de répulsion (on peut l'observer face à l'infirmité, à la maladie). La peur et la tristesse se retrouvent ensemble dans la détresse qui mélange le désespoir et l'angoisse d'être démuni dans la situation.

Chaque être humain a son propre nuancier d'émotions et tend à se cantonner dans un répertoire plus ou moins limité. Dans une démarche de connaissance de soi, il est essentiel de reconnaître les caractéristiques de notre *moi émotionnel*, c'est-à-dire cet assemblage particulier des différents registres émotionnels qui nous distingue, ainsi que notre manière de les vivre et de les exprimer. Déjà, l'expérience des émotions fondamentales joie-tristesse-colère-peur-dégoût m'est-elle familière ? En manque-t-il une au tableau ou bien est-elle à peine représentée ? Son absence ne signifie pas que j'en sois exempt mais seulement que je ne la perçoive pas dans le champ de ma conscience. Puis, dans chaque couleur, est-ce que je me trouve plutôt du côté des nuances atténuées ou au contraire des plus intenses ? M'est-il aisé d'exprimer chacune des émotions, certaines sont-elles censurées ?

Le tableau ci-dessous peut vous aider à vous représenter votre moi émotionnel actuel.

	Colère, agressivité	Peur, anxiété	Tristesse, découragement	Joie, excitation	Dégoût
Je peux reconnaître et accepter en moi	0-1-2-3	0-1-2-3	0-1-2-3	0-1-2-3	0-1-2-3
Je peux exprimer	0-1-2-3	0-1-2-3	0-1-2-3	0-1-2-3	0-1-2-3

Entourez le chiffre qui vous correspond, pour chaque émotion : 0 = pas du tout ; 1 = difficilement ; 2 = facilement ; 3 = très facilement.

Adam ne sentait pas de tristesse en lui au présent et affirmait de bonne foi ne trouver en lui que la coloration « colère » sur des modes mineurs et froids (agacement, impatience, raideur, condamnation). Pourtant, je voyais dans son visage à certains moments une expression mélancolique. Son paysage émotionnel reflétait une certaine grisaille. Son moi émotionnel se caractérisait donc par des mouvements de faible amplitude, seulement perceptibles pour une colère intériorisée et des moments de joie et d'excitation assez contenus. Deux émotions fondamentales, peur et tristesse, manquaient quasiment au tableau. Elles existaient dans son souvenir (tristesse franche) ou maintenant sous une forme atténuée (morosité). Il pouvait éprouver du dégoût, face à sa vie professionnelle et à certains hiérarchiques. Quant à la peur, il la reconnaissait dans des situations de danger physique et la percevait vaguement quand il appréhendait de rester dans son insatisfaction – « ça craindrait de rester comme ça ! ».

Pour Ève, le contact avec la tristesse et la peur était acquis d'emblée sur un mode majeur et chaud (un désespoir et une angoisse avec un vécu corporel intense). Je pouvais m'interroger à la fois sur leur intensité (étaient-elles excessives parce que dramatisées ?) et sur leur caractère envahissant, au détriment des autres couleurs émotionnelles. Elle connaissait des moments de joie franche, mais plus rares actuellement, car étouffés par la tristesse et la peur. Je notais une quasi-absence de la colère dans le champ de sa conscience – où cette colère était-elle passée ? Quand on lui faisait du tort, elle était encore plus malheureuse et cherchait absolument à obtenir des explications – pourquoi l'autre la traitait-il ainsi ? Ses dernières colères remontaient à sa petite enfance et elle le savait parce que ses parents le lui avaient rapporté. Elle connaissait le dégoût, surtout vis-à-vis d'elle-même, de sa vie amoureuse et, par moments, de son corps. Avec Ève, un travail d'une autre nature devait donc être entrepris : un rééquilibrage entre les émotions fondamentales, une dédramatisation de la peur et de la tristesse, une attention plus grande aux potentialités de joie et des fouilles archéologiques pour exhumer sa colère… Faire ce diagnostic donne la perspective de la tâche à accomplir pour rendre sa juste place et son intensité à chaque émotion. Mais quand, comme Adam et Ève, certaines émotions n'apparaissent pas du fait d'une répression, comment les reconnaître ? Le dynamisme émotionnel se communique aux deux autres pôles, physique et mental, en y créant symptômes et tensions qu'on peut décoder.

Identifier les émotions réprimées

On peut identifier l'émotion grâce à la nature des perturbations physiques et mentales que provoque sa répression. Le ressenti corporel que procurent leurs manifestations physiologiques, nous donne des indications assez précises. Les émotions constituent deux paires opposées : la colère et la joie, chaudes et expansives, la tristesse et la peur, froides et intériorisées. Leur localisation les réunit aussi par paires contrastées, colère et peur qui siègent au ventre, tristesse et joie, au cœur. Dans le développement de chaque émotion, nous pouvons percevoir le foyer de départ et le mouvement de diffusion au reste du corps.

– *La colère* est une émotion hautement dynamique et expansive qui réclame que nous nous affirmions, en posant nos limites ou en demandant un changement. Quand elle est réprimée dans son mouvement, tensions et douleurs s'accumulent dans le corps. Nous sommes épuisés lorsque nous la réprimons, expliquant certains « coups de pompe » incompréhensibles. Dans la relation avec les autres, la colère réprimée engendre deux attitudes principales, se renfermer et bouder, ou prendre les autres à témoin pour les convaincre du préjudice que nous subissons, récriminer, se plaindre, critiquer. Sur le plan mental, la pensée rumine à propos du sujet déclencheur, refait le dialogue s'il s'agit d'un conflit interpersonnel, fait l'inventaire des défauts de l'autre. Si elle est davantage réprimée, elle se retourne contre soi-même, par de l'autocritique, de la dévalorisation, des reproches, de la culpabilité. Ce sont typiquement les aspects qu'on retrouve dans la position de victime, avec l'absence d'affirmation, la difficulté à poser ses limites. La colère réprimée attire fréquemment l'agressivité des autres, ce qui plonge la personne dans une totale incompréhension : elle a le sentiment de n'avoir rien fait pour susciter ça.

– *La peur* nous glace et nous paralyse. Sa répression laisse pour séquelles, un froid intérieur, une envie de se rétracter, une grande fatigue, une respiration thoracique superficielle, une voix détimbrée, un regard fuyant, une maladresse et une tendance à nous faire mal. Soit nous voyons de l'urgence à agir, à intervenir compulsivement soit, au contraire, nous voulons fuir l'action, éviter les confrontations, et perdons tous nos moyens. Nous sommes agités. Nous perdons le fil de nos pensées et trébuchons sur les mots. Nous n'allons pas vers les autres ou nous nous raccrochons à eux. En effet, nous cherchons à être rassurés, aidés, protégés, à nous mettre à l'abri. Sur le plan mental, la peur réprimée se traduit soit par des blancs, une dispersion, soit par la pensée anxieuse qui anticipe négativement le futur, avec une forte recherche de contrôle pour se rassurer. Il faut vérifier, devancer, ne laisser aucune marge à l'imprévu. Autre aspect très important, la peur réprimée engendre des comportements d'évitement.

– *La tristesse* apporte une sensation de pesanteur, de ralentissement, de froid, une tendance au repli qui se renforce quand nous la réprimons. Nous sentons un vide et le mouvement nous coûte. Au maximum, elle nous rend complètement statiques, prostrés. Nous vivons au ralenti avec une gestuelle minimaliste. Nous nous tenons à l'écart des autres, repliés dans notre solitude, et parler nous coûte. Pourtant, au fond, nous avons besoin de contact et de réconfort, voire de consolation. Sur le plan mental, la tristesse ralentit le flux des pensées. Celles-ci vont ruminer des thèmes négatifs, désabusés, voire désespérés. C'est ce qu'on observe dans la dépression où la tristesse imprègne tout mais ne se libère pas.

Grâce à ce travail d'identification à travers les manifestations indirectes qui signalent les émotions réprimées, on arrive progressivement à les reconnecter. La démarche n'a pas une efficacité globale, chaque couleur émotionnelle demandant une approche spécifique. Le travail de groupe, par le contact avec les émotions des autres et la force des interactions, participe à cette reviviscence émotionnelle. L'énergie dégagée par le groupe constitue, en effet, un contrepoids puissant aux résistances.

Première réconciliation
avec les émotions mal-aimées

Lorsque, avec Adam ou Ève, nous constatons ensemble le peu de place de certaines émotions ou leur apparente faiblesse, je les invite à en explorer les raisons. Quel jugement ont-ils sur cette émotion ? Leur évoque-t-elle quelqu'un plus particulièrement ?

Différents conditionnements interviennent dans notre rapport avec chaque émotion. Ils sont alimentés par des influences qui dépassent le cadre de la famille nucléaire – notre milieu social, les stéréotypes masculins et féminins véhiculés par notre société, notre éducation religieuse, notre culture. Ces conditionnements doivent également être identifiés et leur puissance mesurée, afin d'amener la personne à les questionner et à juger par elle-même de leur pertinence. Prenons l'exemple si banal de la colère, condamnée chez les femmes qui passent sinon pour des sorcières, et de la peur et des larmes traditionnellement dangereuses pour la virilité. Ces représentations négatives auront une incidence très variable d'un individu à l'autre et jusque dans la même fratrie, suivant les renforcements créés par le contexte familial.

> Dans la famille d'Adam, sa mère a été submergée par le déses-
> poir quand son mari l'a quittée – sa sœur et lui pleurent rarement
> et difficilement. Ils ont en commun une méfiance instinctive de ce
> qui ressemblerait de près ou de loin à une plainte, les rendant
> assez froids à cet égard. La fille laisse facilement déborder sa
> colère, elle a pris l'exact contre-pied de sa mère qui la ravalait,
> alors que le fils manifeste son agressivité sur un mode secondaire,
> par des piques ou par un humour caustique. Un contexte familial
> identique suscite des modalités réactionnelles différentes et sou-
> vent opposées.

LA TRISTESSE

La dépression d'un des parents provoque fréquemment des réactions durables et variées vis-à-vis de la tristesse. Une personne juge ainsi sévèrement les « pleurnichards » qui geignent et s'attendrissent sur leur propre sort, excédée d'avoir été prise en otage, comme confidente obligée des lamentations maternelles. Pleurer, pour elle équivaudrait à une lamentable faiblesse, à un pathos ridicule. Une autre, telle un bon saint-bernard, s'efforcera de réconforter et de consoler ceux qui sont tristes, jugeant qu'ils sont vraiment à plaindre mais ne s'autorisera pas pour autant la tristesse, synonyme de faiblesse. Elle se doit d'être forte, de soutenir les autres qui en ont plus besoin qu'elle et ne peut se laisser aller. Le fait de comprendre d'où provient le jugement négatif sur la tristesse contribue déjà à le relativiser mais ne suffit pas pour le déraciner. Il faut aussi changer de regard sur cette émotion en différenciant tristesse simple, plainte victimisante et dépression qui sont confondues en une seule entité repoussante. Se laisser aller à la tristesse n'est pas sombrer dans la dépression ni se complaire dans la plainte. Surtout, la personne peut réaliser qu'elle-même fait les frais de cet anathème : en niant cette émotion et en serrant les dents pour la ravaler, elle se prive déjà de la détente bénéfique apportée par les pleurs. Elle doit lutter contre elle-même chaque fois qu'elle est touchée. De plus, cet endurcissement la tient subtilement à l'écart des autres et l'isole. Dans son for intérieur, bien qu'elle s'en défende, elle vit une profonde solitude qui accroît sa tristesse. L'aider à réaliser que son attitude manque de douceur envers elle-même et empêche les autres de lui témoigner une sollicitude et une chaleur réparatrices lui ouvre une nouvelle perspective. Sa tristesse lui signale qu'en personne sensible, elle a besoin de se traiter et d'être traitée avec plus de douceur. Elle peut transformer l'équation où, dans son histoire, la tristesse équivalait à de la faiblesse, et y voir maintenant la manifestation de sa sensibilité.

LA COLÈRE

De la même manière, nombre de personnes ont souffert des emportements colériques d'un de leurs parents, souvent leur père, et ont pris en horreur la colère. Suivant leur histoire, elles diront qu'elle est mauvaise parce qu'elle les a terrorisées, folle parce qu'elle se déclenchait sans aucune logique apparente, ridicule parce qu'elle se déchaînait pour des broutilles, destructrice parce qu'elle s'accompagnait de violence verbale ou physique, laide parce qu'elle défigurait le visage en masque grimaçant. L'amalgame le plus fréquent confond colère et violence verbale. Sous le coup de l'émotion, le colérique a déversé des jugements très blessants et proféré des menaces. Ces paroles violentes laissent des marques indélébiles qui ont installé l'équation colère = destruction. Il est donc impératif de rejeter complètement la colère. S'y autoriser reviendrait à ressembler à ce qu'on a détesté. Un tel effet repoussoir construit un barrage étanche à tout débordement. Si, toutefois, cela se produisait, la personne s'en voudrait terriblement et redoublerait d'effort pour éviter un nouvel accident. La faire changer d'optique et lui montrer la colère sous un autre jour demande d'être très convaincant… Je lui dirai d'abord que la colère peut se dissocier totalement de la violence verbale et même que cette dernière provient d'une répression de la colère. En effet, cette émotion à haute charge énergétique exerce une telle pression quand elle est refrénée dans son expression directe qu'elle cherche à se soulager par le canal des mots. Ceux-ci dépassent alors la pensée et deviennent cinglants. Donc, oui, je partage son désaveu de la violence verbale mais je lui présente le rôle nécessaire de la colère, que je compare aux gardiens du temple – comme ces rois courroucés représentés aux quatre points cardinaux des mandalas bouddhistes. La colère est là pour se préserver et se défendre des agressions et protéger ce qui nous semble essentiel ou précieux. C'est notre force tutélaire. Elle nous permet de dire « non », « stop » à ce qui menace de nous nuire. Elle nous incite à résister à l'injustice, aux mauvais traitements, à l'indignité et aux abus. Son autre grande fonction se manifeste quand nous avons à affirmer avec force quelque chose qui nous apparaît vital ou pour le moins indispensable – aller demander une augmentation ! Quand nous avons à faire entendre notre voix dans un contexte peu propice ou hostile, elle nous inspire l'audace et la détermination nécessaires. Dans ces deux fonctions, elle apporte le tonus et le dynamisme dont nous avons besoin pour ne pas nous résigner ni subir.

LA PEUR

La très mauvaise cote de popularité domine pour la peur, surtout en raison du ressenti pénible qu'elle provoque et de la perte de moyens qui l'accompagne. La peur fait peur, ce n'est donc pas tant qu'on la juge mais qu'on cherche à éviter de la ressentir. L'idée que cela risque d'aggraver la situation et d'attirer ce qu'on redoute s'oppose fortement à la laisser monter. La crainte est double, intérieure et extérieure – d'une part si la peur m'envahit elle m'annihile intérieurement et, à son extrême, l'angoisse me convainc d'une mort imminente – d'autre part, à mesure qu'elle augmente, je suis d'autant plus certain que le pire va réellement se produire : si j'ai peur du cancer et que cette peur me submerge, je ne crains plus d'avoir le cancer, je l'ai, c'est sûr ! Le jugement s'attaque plutôt à celui qui l'éprouve qu'à l'émotion elle-même : on s'accuse de lâcheté, de faiblesse, de pusillanimité.

Socialement, le stéréotype qui la tolère mieux pour le sexe faible reste actif, et nombre de femmes l'admettent et l'expriment sans complexe. Comme son caractère irrationnel chez l'enfant met à épreuve la compréhension et la patience des parents, celui-ci se sent rejeté avec ses angoisses insistantes, et jugé comme un trouillard. L'opinion des autres, notamment pour les garçons adolescents, joue aussi un rôle important. Celui qui se montre timoré risque une forme d'exclusion, voire des brimades physiques. Pour être accepté par le groupe, il est conduit à dissimuler sa peur. Réconcilier une personne avec sa peur réclamera encore d'user de persuasion. Cette sale peur qui lui semble plus nuisible qu'utile, joue pourtant un rôle indispensable : signal pour avertir des dangers, elle lui rappelle sa vulnérabilité, ses limites. Les jugements dévalorisants dont on s'accable n'aident en rien, bien au contraire. Plus on se trouve minable, lâche, moins on sera en mesure de dépasser ses craintes. L'enfant qui redoute l'eau a-t-il besoin qu'on le rudoie, qu'on lui fasse honte pour apprendre à nager ? Je souligne que celui qui a peur ne le fait pas exprès – il peut seulement constater qu'elle est là, il n'y est pour rien. Il n'a qu'un seul pouvoir, c'est de l'admettre, s'il désire la traverser. Pour cela il a besoin d'être conforté et encouragé. Le courage c'est déjà d'accepter de ressentir la peur, avec sympathie pour soi-même.

LA JOIE

On peut s'étonner de trouver la joie parmi les émotions réprimées avec lesquelles il convient de se réconcilier… Quels préjugés pourraient venir à son encontre ? Certaines personnes qualifieront la joie de puérile, de superficielle avec l'idée qu'elle fait paraître plus ou moins niais – l'imbécile heureux. À l'inverse, la souffrance, les grands doutes autocritiques, la capacité à déceler les failles et les insuffisances autour de soi témoigneront de plus de profondeur et d'intelligence. « Dans la vie, quand on voit ce qu'on voit et qu'on entend ce qu'on entend, il y a bien plus de sujets de s'affliger que de se réjouir ! » D'autres préjugés négatifs étouffent parfois la joie : tout moment de joie se payera par du malheur derrière et, de toute façon, elle ne durera pas. En la réprimant, on s'évitera des ennuis ou une désillusion. La joie attire, de la part des autres, jalousie et agressivité qui atteindront de plein fouet dans un moment où l'on s'ouvre. Elle est dangereuse, on va nous en vouloir, nous punir, mieux vaut la refréner. La joie est coupable quand les autres souffrent, on doit donc se l'interdire. Des vicissitudes personnelles et des croyances familiales se trouvent généralement à l'origine de ces préjugés qui deviennent des vérités générales.

Ève avait une mère dépressive qui considérait comme une trahison que sa fille puisse s'amuser, rire quand elle-même souffrait. Elle la culpabilisait par des remarques perfides : « Tu n'as pas de cœur, tu ne m'aimes pas, quand je serai morte tu verras ce que tu m'as fait, etc. » Comme adulte, ses moments de joie s'obscurcissaient rapidement de culpabilité – n'était-elle pas égoïste, futile ?

Adam partageait plutôt le premier point de vue, joie = un manque d'intelligence et un côté gentillet. En ces cas, il s'agit de montrer le caractère précieux de la joie, pour soi et en relation avec les autres. La joie nous ouvre et nous dilate, elle se vit dans l'instant présent auquel elle nous ramène. Elle exprime notre spontanéité et stimule nos penchants créatifs. Éminemment communicative, elle nous pousse au contact et au partage, en associant les autres à ce qui nous réjouit, elle inspire fête et célébration. Sans elle, l'ennui nous guette, la vie devient morne.

LE DÉGOÛT

Le dégoût s'accompagne de sensations pénibles qui peuvent conduire à en réprimer l'expérience, en général sans y parvenir

complètement. Son expression peut être entravée pour s'être révé-
lée dangereuse, notamment quand elle s'adressait à une personne
qui l'a suscité : si, dans un rapport de force défavorable, j'ai subi
un traitement indigne de la part de quelqu'un et que je lui exprime
mon dégoût, il y a de fortes chances pour qu'il me le fasse payer.
Cette émotion signale des situations qui vont profondément à
l'encontre de notre sensibilité. Il va se manifester dans des situations d'injustice flagrante, face à des comportements pervers,
méchants, incestueux. Le dégoût, comme une sentinelle, nous
avertit du caractère malsain et nous enjoint de nous soustraire à
ce contexte délétère et de nous tenir à distance. Malheureusement,
dans ces situations où un enfant est victime de comportements
pervers, le dégoût entache tout et englobe souvent aussi la victime.
Il se sent sali, indigne, souillé et en arrive à se dégoûter lui-même.
On retrouve cette réaction chez des adultes, par exemple chez des
femmes qui ont été violées. Le dégoût se mêle à la honte. C'est
d'autant plus fréquent quand l'agresseur lui-même signifie son
mépris et son dégoût pour sa victime, en reportant sur elle toute la
culpabilité. C'est elle qui est méprisable, sale, minable, objet de
rebut. Dans ces cas, il ne s'agit pas tant de se réconcilier avec cette
émotion que d'aider d'abord la personne à se dégager du dégoût
d'elle-même et à le retourner à l'agresseur, en réalisant que c'est le
comportement de ce dernier qui l'a suscité. Seulement lorsqu'elle
aura retrouvé le sens de sa dignité, pourra-t-elle se sentir pleinement en accord avec son dégoût vis-à-vis du comportement dégra-
dant qu'on lui a infligé.

Enfin, le dégoût de soi provient parfois d'actes qu'on a soi-
même commis et dont on réalise après coup combien ils ont été
destructeurs pour soi ou pour d'autres. Je pense ainsi à des personnes qui sous l'emprise d'une dépendance, alcool ou drogue,
en sont arrivées à faire n'importe quoi, se traitant de façon indigne ou maltraitant leurs proches. La fonction positive du dégoût
est d'aider à rejeter ces comportements (et non soi-même, ce qui
conduirait à une impasse), pas tant pour des raisons morales
– ce qui conforterait les jugements et donc une division inté-

rieure – mais par ce qu'ils heurtent la sensibilité et l'amour le plus élémentaire de soi.

Le dégoût peut enfin être inculqué par les autres et ne pas nous appartenir. Par exemple, deux jeunes enfants expérimentent entre eux un jeu sexuel et y prennent un plaisir sans arrière-pensée. Si l'adulte qui les surprend manifeste un puissant dégoût accompagné de jugements, les enfants risquent fort de reprendre à leur compte dégoût et jugements. Ces différents exemples montrent la nécessité de discriminer entre des situations où le dégoût appartient à la personne et joue son rôle de sentinelle, et celles où il doit être « rendu » à ceux qui l'ont inculqué.

La réconciliation avec nos émotions marque un tournant capital, puisque la souffrance prend sa source dans le conflit avec elles. Changeant de regard sur elles, nous cessons de les traiter en ennemies et les reconnaissons comme l'expression vivante de notre sensibilité. Au lieu de souffrir nous ressentons pleinement comment les événements nous affectent, et nous apprenons à laisser l'émotion circuler librement.

CHAPITRE 3

Le travail sur les émotions

« Abolissez la distance entre vous et votre émotion [1]. »

Au début de la démarche, la vie émotionnelle présente un mélange de complexité et de confusion, le fameux magma de la souffrance, sourde ou aiguë. Il s'agit donc de restaurer un fonctionnement simple tel qu'on peut l'observer chez un petit enfant, mais avec la conscience de soi d'un adulte. La réaction du petit enfant est immédiate, sans détour, transparente, l'émotion se montre puis retombe rapidement. Un vrai rire peut succéder aux larmes en quelques instants car l'enfant vit dans le présent.

Transposé à l'adulte : si une situation me touche émotionnellement, je peux le reconnaître aussitôt, identifier l'émotion qui surgit, la ressentir et la vivre, entendre le message qu'elle me délivre pour agir, sans me laisser emporter par elle, et finalement la laisser se dissiper complètement. La page est tournée, il ne persiste aucune charge émotionnelle. Beaucoup d'entre nous se trouvent bien éloignés de cette simplicité, au départ de leur cheminement. La spontanéité représentera donc l'aboutissement d'un travail intérieur de clarification et de fluidification.

---

1. Swami Prajnanpad, *source orale* (Arnaud Desjardins).

Habituellement, quand nous sommes percutés, commentaires et jugements ouvrent le bal. L'émotion est occultée puis, avec un délai de retard, elle commence à transpirer à travers un malaise, des pensées qui tournent en rond, des tensions physiques. Nous ruminons, projetons des réactions en nous faisant des « films ». À l'inverse, quand l'émotion nous emporte, nous réagissons sans discernement. Après, nous culpabilisons en nous reprochant ce débordement, ou cherchons au contraire à le justifier, en accusant l'autre. Même si la décharge produit un soulagement immédiat, il restera les effets négatifs de cette réaction sur l'autre. Cette même réaction ne demandera qu'à se répéter et aura tendance à s'amplifier (il suffit d'observer les conflits conjugaux qui rejouent inlassablement le même scénario pour être convaincu). Il n'y a pas de véritable résolution ni d'apaisement en profondeur.

J'utilise souvent une métaphore pour illustrer ce qui doit changer : au lieu de voir nos émotions comme des gêneuses ou des ennemies, *il s'agit d'apprendre à les traiter comme un parent aimant traite son enfant.* Un enfant attend d'être accepté tel qu'il est, entendu dans ses demandes, et compris sans jugement. Nos émotions réclament de nous la même approche. Il s'agit d'un processus éducatif mariant la compréhension, la sensibilité et la pédagogie. Swami Prajnanpad parlait de se « déséduquer », en se délivrant de nos conditionnements négatifs, pour rééduquer ses émotions avec amour.

L'enfant détrôné par un cadet ne sait pas dire à ses parents son inquiétude, sa détresse, il va le manifester par des comportements régressifs ou agressifs. Un parent non sensibilisé peut réagir en le rudoyant, lui faisant la morale ou en le punissant, aggravant sa détresse. De même, si à l'âge adulte nous nous retrouvons dans une situation qui éveille notre jalousie, nous pouvons nous juger, avoir honte et culpabiliser, tout en versant dans des réactions inappropriées. Notre jalousie, comme l'enfant, réclame notre attention bienveillante. Le travail sur les émotions transforme notre relation avec elles, en modifiant au fil du temps notre attitude qui devient ouverte, curieuse de comprendre, attentive, sensible. Notre intention change de cap et cesse d'être méfiante et répressive.

Le sens de cette démarche

Entreprendre ce travail sur les émotions requiert d'en clarifier la finalité – à quoi veut-on parvenir – et une cartographie du chemin à parcourir – quelles étapes doit-on traverser ? La finalité de celui qui entreprend une thérapie vise l'apaisement de sa souffrance. Implicitement, cela signifie généralement pour lui la disparition des émotions qu'il juge désagréables et leur remplacement par des émotions plus heureuses. Cela ne correspond pas exactement à la démarche que je propose : *pouvoir vivre la gamme complète des émotions heureuses et malheureuses mais sans souffrance*. La disparition de la souffrance provient de la transformation de la relation intérieure avec les émotions. Ce changement consiste en une simplification et en une purification qui permettront de les accepter.

SIMPLIFIER

Chaque être humain porte en lui un nombre restreint de grandes problématiques émotionnelles qui sont comme les branches maîtresses de l'arbre. Celles-ci se ramifient en s'exprimant sous des visages différents dans des situations variées, rendant leur origine commune méconnaissable. Il s'agit donc de revenir à ces problématiques essentielles.

Imaginons une personne marquée par une problématique d'abandon. L'insécurité affective liée à l'abandon va non seulement se manifester de manière évidente dans sa vie amoureuse mais peut également s'insinuer plus discrètement dans des aspects touchant la vie matérielle et la vie professionnelle. Un versant du travail thérapeutique élaguera le nombre des problématiques apparentes en regroupant celles qui émanent d'une même source,

ici, l'abandon. On remontera donc des rameaux aux branches maîtresses. Simplifier, à l'instar de l'enfant, amène également à lever
les obstacles et censures qui créent des détours et des complications, en cultivant activement une attitude plus fluide d'ouverture,
en acceptant de se laisser toucher. Une problématique s'accompagne de nombreuses pensées dans lesquelles on se perd facilement,
alors qu'au niveau émotionnel, on débouche sur une coloration
unique. Le cœur est plus simple que la tête…

PURIFIER

La simplification va de pair avec la purification, comme en
chimie où l'on décompose un corps complexe en corps simples
afin d'isoler et de purifier ces derniers. Pour suivre son cours
naturel, qui est de s'exprimer et de partir, une émotion ne doit pas
être mélangée à une autre : si je suis à la fois triste et en colère,
l'expression simultanée de ces deux émotions m'empêchera de les
vivre pleinement chacune. Elles persisteront alors beaucoup plus
longtemps. Lorsqu'on observe attentivement une personne animée de ces deux émotions, on notera que d'un instant à l'autre,
l'une prend le pas sur l'autre, et réciproquement, en alternant sur
des périodes parfois très brèves. Il est donc nécessaire que la personne choisisse clairement à quelle émotion elle va donner la préférence pendant le temps dont celle-ci a besoin pour se libérer. Ce
point se révèle essentiel en pratique, car beaucoup de personnes
vont exprimer des émotions mêlées et, de ce fait, n'en viennent
jamais à bout. C'est précisément le cas quand la négativité et la
souffrance dominent, tout particulièrement quand elles s'asso-
cient à un positionnement intérieur de victime. Le processus de
purification porte évidemment aussi sur les pensées et jugements
intriqués à l'émotion. Tous ces aspects mentaux doivent être identifiés, verbalisés afin qu'ils s'éliminent progressivement et laissent
entièrement la place au ressenti émotionnel pur. Nous reviendrons plus loin à ces questions, si importantes en termes d'efficacité de la démarche.

Rendre à l'émotion son intensité réelle

La réconciliation préalable avec les émotions en disgrâce dégage le terrain pour les aborder plus en profondeur. L'identification de la censure et de son origine, une transformation positive de leur image, ne suffisent pas pour parvenir à une acceptation pleine et entière. Elles créent les dispositions intérieures favorables qui permettront de se laisser aller à l'émotion sans retenue et à l'exprimer. Dans ce but, le ressenti doit préalablement s'approfondir – étape intermédiaire encore requise, en découvrant la mesure réelle de l'émotion. L'arme favorite de la pensée répressive est d'induire en erreur sur l'intensité véritable en magnifiant (c'est atroce, terrible, dramatique) ou en diminuant (ce n'est rien, pas grave, ça m'est égal). Le plus souvent la pensée minimise et banalise.

Adam en était le spécialiste : quand je voyais qu'il était affecté et le lui disais, il commençait toujours par noyer le poisson : « Moi, contrarié par mon boss !? Vous savez, ce type c'est un carriériste manipulateur, il y en a un certain nombre dans la boîte. Ces gens-là ne m'intéressent pas. Vous ne croyez quand même pas qu'un mec comme ça va me perturber. – Pourtant, qu'il ait critiqué et barré votre projet pendant des mois et maintenant se l'approprie, comme s'il en était l'auteur, ne vous contrarie pas le moins du monde ? – Il n'en vaut pas la peine. Il fait ça avec les autres. – Mais quand même, souvenez-vous qu'il y a cinq minutes, vous me disiez que vous étiez complètement démotivé. » Il finissait par admettre qu'il était « un peu contrarié » alors qu'il avait en fait envie d'exploser. Il sous-estimait constamment sa colère, sauf quand il abordait des sujets qui ne le touchaient pas personnellement comme la politique. Là, à l'inverse, il revendiquait sa colère contre telle ou telle ineptie ou injustice, et en surestimait l'importance. Je lui demandais de quantifier l'intensité de son émotion, pour développer ses antennes sensitives. Peu à peu, Adam se rendait compte de son mécanisme répressif ; il avait parfois un aperçu fugace de l'intensité réelle, comme un puits dont il aurait entrevu le fond, l'espace d'un instant. « Je ne peux pas ressentir plus, maintenant, mais je sais que c'est plus fort. » Surtout, au lieu de marchander avec moi, pied à pied, avant de concéder à regret une émotion, il la recherchait lui-même et sollicitait mon aide pour s'en rapprocher davantage. Il voulait désormais ressentir sans frein et, malgré sa sincérité, il peinait devant sa ligne Maginot. Il parvenait à reconnaître que non seulement la conduite de son patron le contrariait, mais l'avait rendu furieux. Son mépris contre lui était devenu de la rage. Lorsqu'il en parlait, son corps réagissait fortement, il était tendu comme un arc. « J'ai envie de lui foutre mon poing dans la gueule ! » Effectivement l'envie de frapper grandissait et il flanqua une raclée de coups de poing rageurs à un coussin que je lui avais proposé pour cela. Chaque coup était ponctué d'un rugissement : « Ah, le salaud ! Tiens, prends ça ! » À mesure qu'il exprimait par les gestes et les cris, une jubilation traversait sa fureur. Évidemment, cette expression ne résolvait rien magiquement mais elle avait changé la dynamique de la situation. En découvrant la pleine mesure de sa colère, il se sentait en phase avec lui-même, habité par une force et une détermination nouvelles pour lui. Inutile de préciser que pour en arriver là chez quelqu'un d'aussi contrôlé, il avait fallu des mois et des mois de travail patient et obstiné pour lever des barrages qui se reconstituaient sans cesse.

Rendre à l'émotion toute son ampleur est donc un cheminement qui se fait par étapes où l'on déconstruit les défenses qui l'entourent. Ce temps est indispensable pour que le fonctionnement vis-à-vis de l'émotion évolue en s'assouplissant, car il représente la maturation nécessaire au plein accord pour s'ouvrir et ressentir. On pourrait aller plus vite en poussant fortement la personne dans ses retranchements, en la provoquant, mais son émotion la déborderait malgré elle, ce qui risquerait de renforcer ses défenses. Les rêves d'Adam, comme c'est souvent le cas, avaient précédé la reconnaissance consciente de l'ampleur de la colère. Il se promenait dans des endroits glauques, avec une ambiance hostile ; des hommes cherchaient à l'agresser et il se battait avec eux de plus en plus violemment, au fil du temps. Dans les derniers rêves, il lui arrivait de massacrer l'un de ses ennemis en le frappant comme un sauvage. Parfois, en état de veille, il pressentait un animal qui grondait au fond de ses tripes.

Accéder à la douleur émotionnelle

Constatant que cette fureur, qui avait été longue à se montrer, revenait à la séance suivante avec une insistance croissante, je devinais qu'elle dépassait cet événement professionnel. Ce phénomène très fréquent se rencontre quand une émotion semble excessive au regard de la situation qui l'a déclenchée. On perçoit alors deux niveaux d'émotion, le plus immédiat, en relation directe avec la situation actuelle et un autre niveau, subconscient, ou en rapport avec le passé. Il s'agit donc de s'ouvrir à cette deuxième strate dont l'intensité semble au départ totalement irrationnelle et incompréhensible. Souvent l'émotion du passé se révèle beaucoup plus douloureuse, par son lien avec des enjeux affectifs importants. Elle présente une parenté avec l'émotion actuelle, à la fois par sa nature et aussi par des ressemblances symboliques ou réelles entre les situations présente et passée.

Adam était vraiment ulcéré d'avoir donné le meilleur de lui-même pour ce projet, malgré les obstacles et de se trouver dépossédé au lieu d'être reconnu. Comme la colère ne désarmait pas, il devenait évident qu'il fallait pousser plus loin. À la rage se mêlaient le dégoût, la déception. Une douleur commençait à lui tenailler le ventre et ses cris perdaient de leur agressivité. Il avait mal. Par bribes, une situation de son enfance émergea. Du patron il était passé à son beau-père et c'était lui, le salaud. Qu'avait-il fait ? « Il m'a dépossédé… Il me l'a prise… Il se croit tout permis… Il fait dire à ma mère qu'on lui doit tout… Je le déteste… J'ai envie de le tuer. Quand mon père est parti, j'ai tout fait pour aider maman… Elle m'appelait son petit homme. Quand "monsieur" est arrivé, il se prenait pour le sauveur, mais c'est pas vrai ! » Adam contractait une colère beaucoup plus douloureuse. Son beau-père, à ses yeux, usurpait une reconnaissance et une place qui lui étaient dues à lui. Tous ses efforts pour aider sa mère quand son père les avait quittés ne comptaient plus et le nouveau venu se pavanait, prétendant ramener le bonheur dans cette maison. Il fallait déborder de gratitude envers l'intrus, l'usurpateur. Il en était ulcéré, comme s'il avait été balayé d'un revers de main et remplacé sur le podium. L'autre lui volait sa mère et son aura de chevalier servant. L'égocentrisme du beau-père accaparait toute la reconnaissance. La douleur faisait alterner la rage et la détresse de se trouver impuissant, d'avoir à se plier quand tout son être refusait. Maintenant il en mesurait toute l'intensité dans son cœur et dans son corps qui protestait et se tordait. Je compare souvent nos souffrances émotionnelles à des poupées russes qui s'emboîtent, ou à un oignon. Adam avait accédé à une couche plus centrale, celle à laquelle il pouvait parvenir à ce moment de son évolution.

Traverser les résistances

Comment étions-nous passés de l'émotion actuelle à celle du passé ? Il n'y a pas eu de technique spéciale, de transe quelconque, mais la mise en œuvre de la clé fondamentale qu'est, pour cette démarche, l'acceptation. Que veut dire accepter ? Il s'agit d'inverser le sens du courant psychique centrifuge qui cherche constamment à s'éloigner de cette douleur, à la tenir à distance. Cette tentative d'échapper à la douleur est un fait psychique fondamental universel. Trois facteurs principaux l'orientent ainsi, afin qu'elle ne remonte pas à la conscience, des pensées, des émotions secondaires et des barrages corporels. « L'obstacle est le refus à tous les niveaux, dans le corps, le cœur et le mental, ce qui donne des états déformés, déviés, exagérés du corps, du cœur et du mental, et des maladies[2]. » Il va donc falloir déjouer tout ce qui éloigne (centrifuge) et favoriser ce qui rapproche et permet l'émergence

---

2. Swami Prajnanpad, *La Vérité du bonheur. Lettres à ses disciples (III)*, Paris, Éditions Accarias-L'Originel, 1990, page 23.

(centripète), en œuvrant sur les trois plans, corporel, émotionnel et mental.

LEVER LES OBSTACLES MENTAUX

Un premier bastion de résistance se manifeste sur le plan mental par des pensées qui s'opposent à ressentir l'émotion.

> Pour Adam, la douleur criait en arrière-plan « j'ai mal » et appelait vers elle le courant psychique, et la pensée répliquait constamment, « non, je n'ai pas mal », « ce n'est rien, je m'en fous ». Il se défendait par le mépris de son patron – « un type comme ça n'a pas le pouvoir de me faire souffrir ». Cette résistance consciente était renforcée en souterrain par la rébellion contre le beau-père. Comment admettre d'éprouver une souffrance en relation avec cet homme ? C'était d'autant plus intolérable. Déjà, il ramenait tout à lui ! Adam ne voulait surtout pas s'humilier en lui montrant quoi que ce soit. Il fallait au contraire s'endurcir, se fermer et lui prouver ainsi qu'il n'avait aucun pouvoir. Ça lui rendait la monnaie de sa pièce : « Tu n'es qu'un étranger. » Ces pensées avaient probablement dû affleurer la conscience dans l'enfance mais avaient basculé dans l'inconscient. Elles sont remontées à la surface pour bloquer le processus, lorsque le courant a commencé à s'inverser. Adam ne pouvait passer à travers, déjà parce qu'elles ne se formulaient pas explicitement dans sa conscience. Quand je voyais sa difficulté à s'abandonner à la douleur, je l'interrogeais sur ce qui l'arrêtait, et ainsi ces pensées ont pu s'exprimer. Pour permettre au processus d'acceptation de progresser, il était nécessaire d'aller dans leur sens. Oui, il était compréhensible que l'enfant ait voulu se défendre de cette manière. Sinon Adam aurait eu le sentiment de se renier et que je sois devenu l'allié de son ennemi d'alors. Il avait étayé un pan de son identité en se durcissant, pour préserver un îlot de résistance à l'envahisseur. Maintenant, en s'ouvrant à ce qu'il ressentait, il pouvait ne plus l'envisager comme une capitulation. Il percevait qu'il avait intérêt, au contraire, à recouvrer cette part de lui enfermée depuis si longtemps.

Ce point se révèle très important sur un plan pratique. *Une démarche d'acceptation ne doit jamais donner le sentiment qu'on se fait violence*, ni qu'on va contre soi-même en se forçant. Sinon, il ne s'agit pas d'acceptation mais plutôt d'une forme de résignation. La révolte et le ressentiment qui alimentent le refus ne s'éteignent pas en un instant, dans la majorité des cas. Si on cherche à les raisonner, à démontrer leur inanité face à une situation inéluctable, on ne fait qu'enfouir le refus plus profondément et à le recouvrir d'une couche de « pseudo-acceptation ». C'est seulement quand on a protesté de tout son être, qu'on consent réellement à lâcher. Il nous faut nous montrer complètement solidaires de la part de nous-mêmes qui s'est sentie offensée, jusqu'à ce qu'elle se sente totalement entendue et reconnue, et s'apaise. *Accepter est une ouverture, une détente et non un combat.* Toute résistance a eu son sens, même si elle apparaît inopportune et contre productive aujourd'hui. L'adulte de maintenant le comprend avec son cœur en revoyant l'enfant qui se débattait avec ses moyens d'alors. Ainsi, chaque courant contraire s'inverse pour finalement rejoindre le courant centripète du « oui » à ce que l'on ressent.

FRANCHIR LE BARRAGE DES ÉMOTIONS SECONDAIRES

Pour franchir les obstacles mentaux, il faut aussi s'occuper de libérer les émotions secondaires comme la honte ou la culpabilité. Nous avons évoqué plus haut que les jugements alimentent le conflit avec l'émotion primaire et favorisent sa répression. Ils entretiennent en outre les émotions secondaires qui représentent un second barrage.

Les échecs sentimentaux d'Ève et sa solitude lui faisaient honte. Cela proclamait qu'elle n'était pas digne d'un amour véritable et ne pouvait attirer que des hommes qui se serviraient d'elle. La honte faisait obstacle à plusieurs niveaux, déjà pour aborder le sujet de sa vie sentimentale, puis pour aborder la douleur de la solitude. Elle avait honte de ce qu'elle était et de sa vie, honte d'être mal. Les jugements contre elle-même pleuvaient… « Je suis nulle… une pauvre conne… je me fais toujours avoir… j'ai tout raté… on n'en a rien à fiche de moi. » Elle ne méritait pas la moindre empathie, et son désespoir, pas davantage. La culpabilité renforçait encore la difficulté : si elle en était là, c'était par sa faute, elle n'avait pas su mener sa vie ni faire de bons choix. Avec la haine d'elle-même lui venaient des images suicidaires. Dominée par ces émotions secondaires, elle ne pouvait plus rentrer en contact avec sa sensibilité ni accéder à l'émotion primaire de désespoir. Le contact avec les autres en était également empêché. Chacune des émotions secondaires devait donc être identifiée, nommée, reconnue et acceptée : oui, elle avait honte, oui, elle s'en voulait. Ensuite, je lui demandais d'observer les répercussions de ce cocktail d'émotions négatives et de jugements sur son corps et son énergie. Elle était obligée d'en constater les effets désastreux – elle avait mal partout, une énergie à zéro, un effondrement total. En se maltraitant ainsi, elle croyait faire preuve de lucidité et se fustiger pour son « bien »… Observant que cela lui faisait perdre toute confiance en elle, toute impulsion à aller de l'avant, elle devait se rendre à l'évidence – cette manière était absolument contreproductive. De même, lorsqu'elle touchait son désespoir, elle pouvait sentir l'immense différence entre l'ouverture à sa vérité profonde et le cauchemar entretenu par les émotions secondaires. Celles-ci apparaissaient maintenant comme un nuage noir obscurcissant son esprit et cachant ce qu'elle avait dans le cœur.

Honte et culpabilité se dissipent naturellement quand le jugement perd sa puissance de conviction. À mesure que la confiance grandit dans la relation thérapeutique, la personne parvient à les traverser. Elle sent que je suis à ses côtés et qu'elle n'a pas à redouter mon jugement. Dans ce contexte protégé, elle peut montrer ses failles, ce qu'elle aime le moins en elle, exprimer ses émotions négatives tout en se sentant accueillie. Elle apprend ainsi à s'en dégager. Mais le chemin pour s'en affranchir passe par une autre grande étape, la confrontation à autrui.

En effet, ces émotions secondaires se sont créées à l'origine dans les interactions avec les autres et se dénoueront complètement à leur contact. La thérapie de groupe représente ce que la personne redoute spontanément le plus : s'exposer au regard, montrer ce qu'elle croit être abominable ou misérable, encourir le risque du jugement et du rejet. En même temps, le groupe détient un magnifique pouvoir de guérison sur ces émotions négatives. Mais comme tout traitement puissant, il demande une solidité suffisante pour s'y soumettre.

Le travail sur la honte comporte souvent un aspect spectaculaire. S'exprimer dans le groupe quand on est habité par la honte revient à s'exposer de soi-même au pilori. Je vois ainsi la personne à moitié pétrifiée, parlant sur le ton d'un condamné à mort, la tête courbée et le regard fiché dans le sol. Si elle reçoit des encouragements pour aller au bout de ce qu'elle a à exprimer, la honte lui monte au visage qui s'empourpre, et peu à peu ses yeux quittent le tapis, sa tête se redresse et je l'invite à rencontrer le regard des autres. Dans ce moment crucial, la honte se consume sous le feu des regards. On pourrait le comparer à la cautérisation qui assainit une plaie. En allant à l'exact opposé du mouvement d'évitement dicté par la honte, la personne prend le risque d'être ce qu'elle est, avec ses émotions, sa fragilité. Elle réalise que l'opprobre dont elle se croit l'objet de la part des autres provient en réalité de son propre jugement. Elle peut alors recevoir l'empathie dont elle manque. Ce travail sur la honte et la culpabilité prend une importance centrale pour ceux qui portent une accumulation de souffrances et n'éprouvent majoritairement que des sentiments négatifs à l'égard d'eux-mêmes.

ACCEPTER DANS LE CORPS

Le corps se défend également contre la douleur émotionnelle. Ces défenses, en grande partie inconscientes, vont se manifester d'autant plus qu'on se rapprochera du point sensible.

Un homme sent monter un malaise croissant. Il exprime son inquiétude devant des symptômes de tétanie qui l'envahissent malgré lui. Il se tord, lutte contre ce qui lui arrive mais en vain et dit d'une voix rauque et angoissée : « Je ne sens plus mes mains, mes doigts se paralysent. » Après un long moment ainsi, il se met à pleurer doucement puis de plus en plus fort et, finalement, à sangloter. La résistance du

corps a fini par céder et l'émotion coule à flots : « Je lui ai fait du mal. »
Il se sent terriblement coupable (l'émotion secondaire qui fait barrage) puis profondément désolé (la douleur émotionnelle) d'une injustice qu'il a commise, enfant, contre sa sœur. Il est intéressant de noter que la défense corporelle était associée à la culpabilité. Dans cette émotion, on ne peut assumer ce qu'on a fait, le mental dit : « Non, je n'ai pas fait cela, ce n'est pas possible », et le corps se tétanise dans le refus. La fin de la lutte du corps a coïncidé avec le moment où il a admis ce qu'il avait fait, ouvrant ainsi la porte à la peine qu'il en avait.

Ces manifestations de tétanie surviennent fréquemment lors de premières expressions émotionnelles. Leur caractère angoissant incite fortement la personne qui les subit à stopper immédiatement le processus – ce qu'elle ferait si je ne l'encourageais pas à persévérer. Une séance ne suffit pas toujours à épuiser ces barrages qui demandent alors à s'exprimer plusieurs fois avant d'arriver à l'émotion.

Comme je l'évoquais plus haut, certaines pensées ne sont pas les seules à faire barrage, la répression joue également à travers le corps. Celui-ci se rétracte et se tend pour repousser instinctivement la douleur émotionnelle. La respiration s'entrave, le diaphragme se bloque. Toutes ces tensions corporelles vont servir à endiguer l'émotion puis à la verrouiller pour prévenir tout débordement futur. Quand une situation actuelle vient la solliciter, la prisonnière s'agite dans ses oubliettes et parvient à sortir, comme un diable d'une boîte, en surprenant ses geôliers qui s'efforceront de l'emmurer encore plus radicalement. L'acceptation va donc demander qu'ils desserrent leur emprise alors que justement des ordres inconscients l'interdisent. L'expérience m'a enseigné qu'on ne pouvait édicter volontairement la détente qui relaxerait la prisonnière. Le plus souvent, il faut passer par l'inverse, c'est-à-dire une exacerbation de la tension. Dès qu'on commence à se rapprocher de l'émotion, la tension du corps s'accentue. Elle nous signale que nous allons dans la bonne direction, là où il ne faut surtout pas aller. Il est nécessaire de laisser le corps réagir sans retenue et s'opposer de toutes ses forces, jusqu'à ce qu'il s'épuise et cède. Là

aussi *le processus d'acceptation passe par un refus pleinement vécu
et exprimé*. Quand on a pu mettre toute son énergie physique à
refuser la douleur émotionnelle, on finit par s'incliner devant son
caractère inéluctable. Seules des personnes déjà très entraînées à
cette démarche arrivent à faire l'économie de ce renforcement de
la tension et accèdent directement à la douleur émotionnelle.

L'équivalent corporel de l'acceptation, ce sont la détente profonde et l'ouverture. Le corps doit faire l'objet d'une attention dès
le début de la démarche. Il est essentiel que la personne cultive
son écoute des fluctuations même minimes de son ressenti. En
effet, on peut *penser* avoir accepté une émotion et se leurrer complètement. Le corps sert de pierre de touche pour tester l'authenticité de l'acceptation. Lorsque ce processus a engagé pleinement
la personne, le corps se modifie d'une manière perceptible pour
elle et souvent pour l'extérieur. L'expression du visage change, la
respiration devient plus fluide.

Donc tout au long des séances, l'attention au corps doit suivre
en parallèle les développements du processus psychique, en
veillant à leurs interactions – les mots et images qui déclenchent
des sensations, des tensions et, en sens inverse, les états du corps
qui évoquent des images et impressions mentales. De la sorte,
représentations mentales, émotions et sensations retrouvent leurs
liens naturels : la remémoration d'une situation douloureuse
ancienne ou plus récente réunit alors le corps, le cœur et la tête.
L'acceptation pleine et entière doit impliquer ces trois dimensions.
Au fil des séances, la personne perçoit une gamme toujours plus
étendue de nuances dans ses ressentis corporels et émotionnels.
Le corps, se sentant écouté, se met à parler de plus en plus fort. La
pratique m'a montré qu'il ne fallait pas se hâter pour interpréter
ces signaux mais attendre qu'ils prennent spontanément leur sens.

RETROUVER LE MOUVEMENT NATUREL DU CORPS

Laisser le corps aller au bout de ses réactions sans intervenir ni pour les modérer ni les augmenter s'avère souvent étrange,
éprouvant, angoissant. Il faut accepter de lâcher le contrôle

volontaire, tout en restant totalement conscient. Le corps, sous l'effet de l'émotion, a besoin de bouger, gesticuler, se crisper, de prendre une posture particulière ou de répéter un certain geste. Cela s'impose spontanément, la volonté n'intervient pas, son seul pouvoir serait de stopper le processus.

> Un homme qui avait subi de son père des violences physiques répétées me racontait que lorsqu'il était battu, il devenait inerte et ne criait même pas. Comme cela se faisait souvent à cette époque, son père exigeait même qu'il vienne se présenter devant lui, sans se protéger, pour recevoir les coups. Évidemment, son mouvement naturel aurait été de chercher à parer les coups, de fuir et de se cacher. Il lui restait, comme seule échappatoire, de s'insensibiliser et de « quitter » son corps. De fait, au départ du travail thérapeutique, ce qu'il ressentait dans son corps semblait inexistant pour lui. Quand il sentait venir l'impulsion d'un mouvement, son jugement l'arrêtait – c'était ridicule, dangereux. Il craignait mon jugement et mes réactions et surtout de perdre le contrôle, de devenir fou, voire de mourir. Ces résistances se sont levées progressivement, l'autorisant à bouger, à faire du bruit sous l'emprise de ses émotions.

Accepter l'émotion demande de lever l'interdit qui a coupé le mouvement vital. Le fait de l'encourager participe à la libération émotionnelle. Surtout, cela permet à la personne une acceptation de sa vérité subjective. Elle se sent enfin en phase avec ce qu'elle est. Elle s'ouvre à la douleur émotionnelle, non pour s'en débarrasser mais pour l'accueillir. Tout ce tumulte réveille la respiration qui reprend plus d'amplitude et de souplesse. Le corps redevient plus sensible, plus vivant et réactif, il s'anime véritablement, se réchauffe. Le plaisir du mouvement se retrouve et s'installe d'une manière plus durable. Une confiance s'établit envers les réponses instinctives du corps.

Le contrôle de l'émotion

Lorsque tant d'émotions si fortes ont été réprimées depuis l'enfance, il arrive que leur intensité et leur puissance menacent l'équilibre psychique. Si le moi manque de ressources pour contrôler, éventualité fréquente pour des personnes *borderline*, le désespoir ou l'angoisse risque de le submerger. La violence qui se réveille comme un volcan fait craindre des passages à l'acte. La relation thérapeutique joue alors un rôle déterminant dans cette période d'une grande incertitude et fragilité. Il est indispensable qu'une confiance se soit établie auparavant et que la personne me sente véritablement à son côté, que je sois présent pour l'accompagner et la soutenir dans cette descente aux enfers.

Autant qu'il est possible, le démantèlement des défenses mentales et corporelles ne doit pas outrepasser un rythme tolérable pour la personne. Autrement dit, la personne a besoin de sentir que c'est elle qui ouvre les portes à l'émotion et non celle-ci qui les enfonce contre son gré. Ce point est capital car il gouverne toute la démarche du début à la fin. Il s'agit d'une réconciliation profonde avec l'émotion et non de simples décharges émotionnelles à visée cathartique. Bien sûr, la progression connaît inévitablement des à-coups, des moments de débordement que la personne apprend à endiguer avec mon aide.

Pour ceux qui bénéficient de bases plus solides, ces périodes d'instabilité restent passagères, tandis que les plus fragiles affronteront de véritables traversées avec de nombreuses tempêtes, sur des mois ou plus. La personne doit expérimenter qu'elle peut, à son choix, arrêter le flux émotionnel et y revenir.

Cet entraînement s'effectue durant les séances où des allers-retours avec des temps de verbalisation installent une confiance dans le processus et dans la possibilité de contrôle. De même, en fin de séance, la personne apprend progressivement à quitter assez rapidement le registre émotionnel pour retrouver le cours de son quotidien.

Le « oui » à l'émotion est donc inséparable du « non » pour parvenir à la modulation de son expression en fonction du contexte. Le oui et le non interagissent simultanément – plus j'accepte l'émotion, plus je deviens capable de l'arrêter sans pour autant la réprimer ; et plus je m'assure que je peux la maîtriser, plus j'aurai de confiance pour m'y abandonner sans retenue. L'apprentissage d'un véritable contrôle des émotions dépend de la solidité du moi mais aussi des points d'appui que la personne peut trouver en elle (ressources, intérêts, but) et autour d'elle (ses relations, son travail).

CHAPITRE 4

Libérer l'intellect du mental infantile

« Vous pensez que vous voyez
et vous ne voyez pas que vous pensez[1]. »

Une personne en souffrance peut jouir de grandes capacités intellectuelles et les manifester dans différents domaines de la vie et pourtant, dans le champ spécifique de sa souffrance, son intellect perd de sa lucidité et de son acuité. Elle part de prémisses fausses, raisonne mal, tourne en rond. Dans les premiers entretiens, quand la personne apporte des échantillons vécus, elle réalise parfois que tout un pan de sa pensée ne se fonde que sur de l'irrationnel, ou que son comportement la dessert. Elle se plaint d'être épuisée, déprimée mais elle n'avait jamais réalisé qu'elle se harcelait sans cesse de reproches, ne se trouvant jamais à la hauteur malgré ses efforts incessants. Une autre ayant une opinion très négative sur les conflits découvre les contorsions auxquelles elle s'oblige pour les éviter. Un troisième s'estime gentil et ne comprend pas pourquoi on l'agresse jusqu'à ce qu'il réalise la violence refoulée en lui. Grâce aux interactions avec le thérapeute, l'intellect éclaire ces zones obscures de confusion et perce à jour leur caractère erroné.

---

1. Swami Prajnanpad, *source orale* (Arnaud Desjardins).

Nous avons déjà abordé précédemment l'importance de la mise en cause des jugements pour dégager la voie à l'expression des émotions ; puis, tout au long de la démarche, car *chaque jugement témoigne d'une résistance qui signale immanquablement l'existence d'une émotion réprimée*. Il faut le rendre conscient et permettre son expression afin de le dépasser. Les jugements enserrent la personne dans une cotte de mailles qu'il faut détricoter inlassablement. Swami Prajnanpad posait d'entrée une mise en cause radicale du jugement : « Êtes-vous prêt à voir en vous [ce que vous considérez comme] le pire du pire et [ce que vous considérez comme] le meilleur du meilleur[2] ? » La manière dont il posait la question en laissait bien sentir le sérieux. Il avertissait que cette démarche allait pulvériser toute image de soi, positive ou négative. Notons au passage que le jugement positif ne bénéficie pas d'un meilleur sort puisque lui aussi déforme la vision des choses telles qu'elles sont...

Dégager l'intellect
de l'emprise émotionnelle

> « Ne pas voir les choses comme elles sont,
> mais les interpréter en fonction des expériences
> du passé, le mental ne fait rien d'autre[3]. »

Le travail sur les aspects mentaux intervient constamment, sans préjuger de la place centrale accordée à l'émotion. L'interconnexion si étroite entre ces deux dimensions les rend inséparables : la pensée produit l'émotion et l'émotion produit la pensée. Swami Prajnanpad considérait qu'un mental infiltré d'émotions ne peut voir lucidement et n'accède au mieux qu'à une compréhension très superficielle. Il faisait donc précéder le travail sur les

---

2. *Ibid.*
3. Swami Prajnanpad, *ABC d'une sagesse, op. cit.*, page 95.

représentations mentales par celui sur les émotions. « Quand l'émotion retrouve sa place normale, l'intellect fonctionne avec clarté, vivacité et spontanéité[4]. »

L'émotion retourne à cette place quand elle a été reconnue, vécue et exprimée. On ne cherche pas à l'éliminer, bien au contraire, on l'aide à suivre son cours naturel jusqu'à son terme, pour qu'elle cesse d'interférer. La fluidité émotionnelle nourrit l'intellect, le rend plus sensible et perceptif. Elle lui est donc nécessaire pour déployer toute son envergure.

Dans cette phase thérapeutique, on va travailler à partir de situations actuelles pour détecter ces conditionnements psychiques hérités du passé qui alimentent la souffrance.

Une femme me rapporte qu'elle supporte mal de voir des couples s'embrasser et se caresser en public. Ses jugements déferlent en rangs serrés – visiblement un sujet sensible ! Invitée à approfondir, elle sent l'émotion apparaître, du dégoût et de la colère. Les jugements deviennent plus crus et s'accompagnent d'un dégoût plus intense qui lui soulève le cœur. Des images du passé reviennent à sa conscience. Sa mère avait parfois des aventures passagères et, dans leur logement exigu, elle entendait ou voyait. Ce qui la choquait le plus était de voir sa mère dans les bras d'un homme qui manifestement ne la respectait pas. En explorant ces jugements elle a compris qu'elle jugeait son propre désir en l'assimilant à ce qui l'avait profondément choquée. Une inhibition durable de sa vie amoureuse en avait résulté. Le travail sur sa représentation de la sexualité a permis de distinguer l'objet véritable de son dégoût : être confrontée contre son gré à l'intimité sexuelle de sa mère et ressentir que cette sexualité se vivait en l'absence de sentiments. Cela lui faisait mal et dégradait l'image maternelle. Elle découvrait que c'est ce contexte qui était en cause et non la sexualité elle-même. Le travail sur l'émotion a permis à sa pensée d'effectuer un discernement, d'ordonner dans sa tête ce qui était irrationnel et confus. Le cœur apaisé et la tête plus claire, elle sentait l'élan de laisser parler à nouveau son désir.

---

4. *Ibid.*, page 24.

Préciser les enjeux de l'émotion

L'intellect joue un rôle capital pour extraire du matériau brut de l'émotion l'enjeu qu'elle signale. Quand enfin les barrages cèdent, l'émotion se dévoile et elle pleure, crie, déjà pour se dire « j'ai mal, je suis en rage, j'ai peur ». Le malaise confus de départ se dissipe, remplacé par une couleur émotionnelle bien définie. L'étape suivante consiste à faire parler l'émotion car elle délivre un message. Elle signale que l'événement déclencheur a touché un point sensible pour moi, comme l'avertissement de la douleur sur le plan physique. Elle demande à être interrogée, comme un parent le ferait avec son enfant : qu'est-ce qui m'attriste, me rend furieux ? Je me sens seul, abandonné, on se moque de moi, untel m'a trompé, je ne vais jamais y arriver ?

Au moment où la verbalisation parvient après plusieurs tâtonnements à retranscrire précisément le message émotionnel, l'intensité atteint son acmé. Le point sensible est repéré et la charge commence à se libérer. Si on s'arrêtait là, on se cantonnerait à une simple catharsis soulageant la tension mais ne nous prémunissant pas d'une récidive. L'émotion sollicite notre attention afin que nous nous ajustions à la situation, elle attend une réponse pertinente et sensible de notre part.

François porte en lui un fond de mélancolie. Il décrit sa relation de couple avec sa femme dont les colères le heurtent chaque fois. Elle lui reproche de ne pas prendre soin d'elle alors qu'il a le sentiment d'être très à l'écoute de ses demandes. Il ne sait pas quoi faire, entre attendre que l'orage passe et protester, auquel cas elle renchérit et crie encore plus fort. Sa tristesse dit deux choses : « Je me sens impuissant et je me sens seul, pas reconnu. » Quel est le point le plus sensible ? Quels que soient ses efforts pour bien faire, cela ne va pas, il n'est pas reconnu et on l'agresse : « Je ne suis pas à la hauteur. » Au moment où il le formule, il fait le lien avec son travail où il vit la même chose. Nous touchons donc un point sensible plus central, mélange de dévalorisation et d'isolement. Ici intervient le dialogue avec l'émotion en suivant deux directions complémentaires, le passé et le présent. Commençons par le passé – ce sentiment lui apparaît-il familier ? Oui, il concerne la relation avec son père, très impatient et colérique. Son père bricolait beaucoup dans leur maison et lui, petit garçon, rêvait de l'aider, mais ne recevait que des rebuffades. Il voulut démontrer qu'il saurait se débrouiller seul et se lança dans la fabrication d'un coffret. Très fier, il montre son assemblage à son père qui fait une moue méprisante : « Regarde-moi ça, c'est fait n'importe comment, ça ne tiendra pas ! » Joignant le geste à la parole, il donne un coup au coffret qui part en morceaux : « Tu vois, quand je te le dis, bon à rien ! » Une somme d'événements de nature identique avait jalonné son enfance. Une émotion poignante le saisit – cette recherche passionnée d'être avec son père, et de n'avoir essuyé que sarcasmes, agressivité…

La voie du passé recèle une mine d'éléments essentiels dans la connaissance et la compréhension de soi-même. Ces lignes de force de notre construction psychique se révèlent par flashes et nous découvrons ce qui mène notre existence en souterrain. L'intellect voit, comprend et embrasse une trajectoire de vie d'un seul regard. De là, il peut amorcer une réflexion fructueuse, déjà en élucidant l'influence du conditionnement sur des moments clés du passé, comme une orientation professionnelle ou des choix amoureux.

Puis cette mise en perspective aboutit à la période actuelle, la piste du passé rejoint celle du présent. Que dit l'émotion de François sur le présent ? Qu'il endure un sentiment d'impuissance face aux accès colériques de sa femme et qu'il est peiné de ne pas être reconnu. Premier choc, il discerne l'amalgame dans son esprit entre l'image de son père et celle de sa compagne. Une prise de conscience très dérangeante qui le trouble… « Oh non, je n'ai pas épousé mon père ! »

Les allers-retours entre le passé et le présent, entre l'émotion et la compréhension vont nécessiter une tranche importante de travail thérapeutique, pour libérer la douleur affective intense de cette relation avec son père et pour démêler l'écheveau complexe des implications qui en résultent. Concernant le présent, je ne suivrai qu'une piste, son sentiment d'impuissance actuel.

Pourquoi reste-t-il démuni face à son dragon conjugal ? Enfant, il ne pouvait s'élever contre son père, il aurait déclenché un surcroît de violence, il ne pouvait que subir ; puis à l'adolescence, le ton avait monté entre eux, il avait été victime de trop d'humiliations et avait commencé à haïr son père. Ce dernier avait voulu le frapper lors d'une algarade où il se rebiffait, et ils en étaient venus aux mains. Il avait ressenti une telle vague de haine, une envie soudaine de le tuer, qu'il avait coupé court. Il n'avait eu de cesse ensuite de quitter la maison au plus vite. La seule issue qui lui restait avait été l'éloignement. Son impuissance présente contient toute cette histoire. Le passé le convainquait de l'absence d'issue satisfaisante : subir sans rien dire plutôt qu'un passage à l'acte, ou partir mais il n'en avait pas envie. Effectivement, il restait encore aujourd'hui dans la position du fils qui n'avait pas le choix et ne pouvait que subir la maltraitance paternelle en attendant d'être grand… Cette croyance fausse devait être démontée pour qu'il réalise la vérité présente – il n'est plus un enfant impuissant.

Cette évidence ne prend force qu'après tout ce parcours. Le corollaire de cette vérité – il dispose de ressources – demande aussi à être prouvé et ressenti pour qu'il soit convaincu. En y regardant de plus près, tout ce qu'il avait tenté avec sa femme visait à ce qu'elle ne se mette pas en colère. Il essayait d'aller dans son sens, de prévenir ses attentes, quitte à se compliquer la vie. Or non seulement cela ne prévenait pas les colères, mais semblait les provoquer. Je lui fais remarquer que c'est le propre d'un enfant de chercher ainsi à satisfaire ses parents et qu'il ne récolte de cette manière que de la frustration. Ce qu'il cherche à éviter occulte ce qu'il veut. Quand je lui demande ce qu'il veut, lui, il reste d'abord perplexe. Il veut que « ça se passe bien » – trop général ! Nous avons donc exploré ensemble, en reprenant des moments précis de sa vie de couple afin de déterminer son désir. Envisager les choses ainsi le déroutait, mais il admettait pourtant avoir des envies qu'il s'autorisait davantage lorsqu'il se retrouvait seul. La présence de sa femme les repoussait à l'arrière-plan, dans l'expectative d'un moment opportun où elle lui en laisserait l'espace. Un premier enjeu de sa tristesse était de reconnaître l'identification dévalorisante au garçon rejeté : comment être joyeux dans cette peau-là ! Puis de percer le caractère illusoire de son impuissance. Impuissant à moduler les humeurs de sa femme, oui, comme quiconque à manipuler les états de l'autre ; mais jamais impuissant à se prendre lui-même en compte ni à initier une action. Il a donc cessé de se focaliser sur les tensions et récriminations de son épouse. Plutôt que vouloir les désamorcer en prenant sur lui, il a cherché d'abord à être bien, à déterminer ce que lui-même voulait. Cela le conduisait à exister davantage en face d'elle, à la fois plus détendu et plus vivant. À sa grande surprise, la relation conjugale s'en est notablement améliorée.

L'intellect pilote donc de bout en bout l'exploration de l'enjeu émotionnel : quelle émotion, pour quel événement, pourquoi cette émotion, et quel enseignement en retirer pour retrouver une réponse ajustée. La tristesse incite donc François à se situer autrement, ce qui, par voie de conséquence la dissipera naturellement.

Cerner les stratégies du mental infantile

L'intellect, pour jouer son rôle de pilote dans la démarche, doit s'émanciper de la pensée émotionnelle dérivée de l'enfance – le mental. Si sa définition générique est de refuser la réalité telle qu'elle est, il comporte sur le plan psychologique plusieurs aspects de fonctionnement : suivant les cas, il interprète, projette, déforme, invente de toutes pièces, manipule comme un faussaire qui glisse des faux billets dans des vrais ; il veut avoir raison, n'écoute pas et se justifie ; il saute aux conclusions sans se donner la peine de vérifier. Le travail de groupe offre un champ fantastique pour le saisir en action. Quelques échantillons…

L'INTERPRÉTATION

Elle joue continuellement : une personne sensible au rejet comme Ève, en décèlera des preuves chaque fois que l'autre ne se montre pas expressément chaleureux – il ne m'a pas saluée, pas regardée, pas souri, il est vite passé à quelqu'un d'autre, il ne m'a pas demandé comment j'allais. Le discours est aussi interprété avec ce radar qui scrute tout indice. Après un accompagnement rapproché de plusieurs mois, correspondant à une phase de crise, je la trouve plus détendue et lui propose d'espacer un peu les séances. « Ce n'est pas parce que je vais mieux, mais parce qu'il en a marre de moi », interprète-t-elle. Certains, quand j'évoque la fin de la thérapie le prennent ainsi ou pensent qu'ils sont en échec et que je les sanctionne.

LA PROJECTION

La dynamique du groupe active fortement les phénomènes projectifs bien connus de la psychologie. Elle permet ainsi de revivre des relations significatives du passé : dans ce contexte particulier, l'inconscient, avec une intuition remarquable, sait trouver la personne qui colle juste au processus psychique du moment, en rappelant la mère dépressive, le père violent, le petit frère qui a pris la place, l'ex-mari séducteur, etc. Je relèverai néanmoins un aspect très important concernant le mental. Même si nous admettons que nous ne sommes pas exempts de projections, nous sommes persuadés de voir les autres assez objectivement.

Le groupe permet de faire cette expérience de manière d'autant plus spectaculaire que la projection a été intense et négative. Lorsque la personne vit pleinement sa projection, l'exprime, et la connecte avec son origine, l'émotion retombe et la représentation mentale change. Je l'invite à regarder la personne qui en a été la cible et elle découvre le visage de l'autre différent de ce qu'elle avait cru. Quand nous sommes animés par un mouvement d'attirance ou de répulsion nous prétendons d'autant plus savoir qui est l'autre. Il s'agit de nous réapproprier tout ce que nos pensées positives ou négatives prêtent à l'autre et qui nous appartient en réalité. L'idée très répandue qu'on ne supporte pas chez l'autre les parts de soi qu'on rejette s'est vérifiée tant de fois sous mes yeux !

> Irène est excédée par Lucie qui, selon elle, capte l'attention du groupe avec son pathos. Elle affirme qu'elle voit la source de cette projection, sa sœur qui « faisait l'intéressante » avec ses parents et ces naïfs tombaient dans le panneau. Je trouve un hic dans cette analyse pourtant très vraisemblable : son agressivité ne désarmant pas d'un iota, quelque chose manque à sa prise de conscience ! Les autres membres du groupe, en l'entendant, échangent entre eux des sourires amusés, ce qu'elle finit par remarquer. Elle les interpelle, agacée : « J'ai dit quelque chose de drôle ? – Oui, ça ne te rappelle pas quelqu'un d'autre ? – Je ne vois vraiment pas. – Tu as fait ton autoportrait, tu ne te rends pas compte ? Dès que quelqu'un s'exprime tu le ramènes à toi ! » Le choc est rude et la prend à revers car elle attendait que le groupe fasse chorus avec elle contre sa rivale. Pourtant ces feed-back modérés restent sur un registre malicieux. Piquée au vif, elle contre-attaque (le mental se justifie et veut avoir raison) : le groupe est bien comme ses parents qui protégeaient toujours sa sœur et la punissaient elle, injustement. Il y avait sûrement du vrai, mais elle s'en servait pour éluder une mise en cause trop perturbante et vexante (le mental utilise du vrai pour faire passer le faux).

Ce dernier piège est l'arme favorite des vieux routiers de la thérapie. Ils connaissent leur histoire sur le bout du doigt et disposent ainsi d'un répertoire de reparties qui justifie leurs réactions et attitudes inadéquates. Dans le cadre de la thérapie ou avec leur entourage, ils ont leurs alibis. On leur rappelle leur père, leur mère, leur sœur, on leur fait exactement la même chose, ils ont de quoi le prendre mal. Le passé permet de détourner la question qui se pose au présent. Avec un peu de perfectionnement, ils savent aussi retourner la situation et sortir une interprétation sauvage à

celui qui les interpelle : « Tu m'utilises pour défouler ton agressivité refoulée, tu projettes ta mère sur moi. »

> Irène, après sa défensive de victime, se crispe sur ses posi-
> tions, puisque ce groupe est partial, elle n'a pas sa place, elle va se
> taire (la mauvaise fois du mental). Le groupe maintient le contact,
> je l'invite à exprimer ce qu'elle ressent. Elle se sent mal et aussitôt
> l'argumentation repart. Elle fait la comptabilité de ses temps de
> parole, de ceux de Lucie pour démontrer au groupe son erreur (le
> mental n'écoute pas, se focalise sur un détail pour détourner le
> débat). La patience et la bienveillance finiront par avoir raison de
> cette artillerie. On touche l'obstacle qui empêche la prise de
> conscience : un mélange de honte et de culpabilité. Elle a toujours
> jugé sa sœur, et son injure favorite contre elle – madame fait son
> intéressante – lui était définitivement accolée. Attirer l'attention,
> c'est mal, c'est méprisable c'est être sa sœur qu'elle déteste, c'est
> définitivement « non ! ». En même temps, mise au pied du mur de
> reconnaître sa recherche constante d'attention lui fait terriblement
> honte, elle se voit soudain petite, misérable.

Le groupe, pour observer ces fonctionnements du mental,
fournit un apport irremplaçable. Plus que la thérapie individuelle,
il suscite des situations déclenchant des réactions émotionnelles
variées et offre un contexte où elles pourront être décortiquées.
Ce qui peut échapper à l'attention du thérapeute ne se soustraira
pas à celle d'une douzaine de personnes. Chacun apporte un mor-
ceau de puzzle qui permet de retracer précisément l'enchaînement des faits. Comme le disait Swami Prajnanpad, le mental (et
non la personne !) doit être accablé avec des faits.

LA DÉFORMATION

Le mental déforme, autrement dit entend ce que son émotion du moment veut entendre, en négatif comme en positif. Un
exemple sensible s'est présenté à moi à plusieurs reprises quand
une femme vivait un transfert amoureux. C'est un moment délicat pour la relation, où une réaction trop distanciée de ma part

risquerait de blesser celle qui prend le risque d'exprimer son élan et où une attitude plus chaleureuse pourrait laisser supposer une réciprocité. Le mental dans ce genre de situation interprète et déforme facilement. Une femme a ainsi entendu que j'éprouvais une attirance pour elle et que je n'y cédais pas pour des raisons morales. Dans ma réponse je n'avais nullement parlé de cela. Une autre avait enregistré une série de gestes anodins, regards, qu'elle avait amplifiés en une série d'avances de ma part. À l'inverse, dans le négatif, notamment en cas de conflits au sein du groupe, les propos proférés par l'adversaire se retrouvaient exagérés. L'un avait entendu des insultes qui n'avaient pas été prononcées, l'autre reprochait un geste transformé par sa dramatisation en acte de violence. Certaines personnes « écorchées » déforment beaucoup ce qu'on leur dit, le retraduisant dans leur négativité autocritique.

L'INVENTION

Plusieurs fois, des personnes qui se sentaient acculées par une mise en cause, au sein du groupe, ont nié des faits évidents, inventé une raison pour se justifier ou accusé quelqu'un pour se défausser. Le trouble émotionnel dans lequel elles se trouvaient les mettait aux abois et autorisait tous les moyens disponibles pour éviter d'être confrontées, à la différence d'un mensonge délibéré qui obéit à une stratégie consciente (dont l'infidélité conjugale fournit des exemples typiques).

LE FANTASME PRIS POUR RÉEL

Autre forme de production imaginaire plus complexe, les faux souvenirs en thérapie, dont on a parlé à propos des abus sexuels aux États-Unis, ne concernent pas que des revendications judiciaires pour réparation. Ici, le questionnement devient plus subtil : quelle est la part de réalité et la part de fantasme ? Les comportements incestueux sont fréquents, on en parle beaucoup dans les médias. Une proportion de personnes vient en thérapie avec l'idée que cela fait plus ou moins partie du parcours. Assez régulièrement, j'y suis confronté par l'apparition d'images et de ressentis d'inceste ou de violence qui surgissent au décours de la thérapie, ce qui est différent de souvenirs conscients et factuels que gardent certaines personnes de ces abus.

Dans les cas où je ne suis pas convaincu[5], la dimension défensive des images m'apparaît essentielle dans la problématique. Je ne les perçois pas tant comme l'expression de fantasmes œdipiens mais comme une forte demande primaire d'attention et de compassion. Un vide intérieur insoutenable habite la personne, elle ne peut l'aborder frontalement car il n'y a rien, pas de mot, pas de représentation, et même pas d'émotion ressentie. Il ne lui reste qu'une manière indirecte de manifester cette souffrance. Il faut l'image d'un événement choquant, comme une scène d'inceste pour justifier de capter l'attention du thérapeute ou du groupe. Le trauma se présente alors à tout propos – tout l'évoque, il explique toutes les réactions, tous les symptômes.

Mettre en doute cette conviction serait irrecevable et provoquerait un blocage du processus thérapeutique, une perte de confiance dans le thérapeute (« il ne veut pas voir, cela le remet trop en question, il faut en trouver un autre »). Pourquoi une résistance si opiniâtre ? Une honte puissante entoure une demande trop dévalorisante narcissiquement, et en même temps si impérieuse qu'elle s'impose quoi qu'il arrive. Cette demande-là fait craindre le rejet – qui voudrait s'en charger ? Si la personne reçoit suffisamment une attention centrée davantage sur elle, plutôt que sur ce qu'elle met en avant, elle évolue insensiblement. Elle se détache de cette focalisation et parfois, dans une tranche ulté-

---

5. Le discernement demande habituellement du temps, en examinant plusieurs paramètres : la structure de personnalité, la manière dont ces images et sensations sont reprises dans l'économie psychique, le besoin éventuel de convaincre et de tout expliquer par cela, mon contre-transfert, les réactions pertinentes du groupe. Avec le recul, ces éléments décantent et font pencher la balance d'un côté ou de l'autre, sans toutefois dégager une certitude indiscutable mais seulement une probabilité dominante, à partir d'un faisceau d'indices.

rieure de travail thérapeutique, elle mettra d'elle-même en doute ces ressentis.

LA RATIONALISATION

Dernière ressource du mental, la rationalisation se manifeste sous le coup d'une émotion ou d'un désir fort : quand je désire intensément ou si, inversement, je n'aime pas, je rejette, ma conviction émotionnelle balaye toute réserve, toute nuance. Si je nourris un contentieux avec quelqu'un, inutile de vérifier, le verdict est rendu d'emblée, il a tort. En positif comme en négatif, je ne m'embarrasse pas, je vais directement à la conclusion, rationalisant l'irrationnel. Je prends mon verdict comme point de départ et j'accumule ce qui vient le cautionner, tout en éliminant les indices contradictoires.

Dans le groupe de thérapie, des attractions et des répulsions fortes se déclenchent, avec des interactions réelles mais dans un environnement protégé. Elles vont pouvoir être travaillées sur le vif. Prenons le cas d'une passion amoureuse entre deux participants. Le contexte très ouvert du groupe stimule les potentialités d'attirance mais aussi celles de croire que l'autre correspond exactement à l'attente. Lorsque la passion s'enflamme, le duo tend à se s'enfermer dans une bulle qui le coupe de la dynamique du groupe, ce qui signale une résistance. Effectivement le développement de l'attirance prend le pas sur l'investissement dans le processus thérapeutique et le nouveau couple n'a pas trop envie que le thérapeute vienne s'en mêler ! Le mental édicte que c'est *la* rencontre et développe ses arguments pour se justifier. Or le cadre thérapeutique ne vise ni à permettre ni à interdire mais uniquement à développer une véritable lucidité sur les désirs, les pensées et les émotions et c'est bien cela qui dérange et que le mental voudrait éviter. Ne pas aller voir de quoi il retourne.

Toute cette panoplie du mental en action demande à être dépistée à chaque occasion et abandonnée. Ces résistances devenues obsolètes pour la condition d'adulte sont de mauvaises défenses. Elles nous empêchent d'accéder à notre vérité et prolongent de ce fait la souffrance. Il nous incombe de les traquer si nous voulons prendre toute notre stature ; mais sans impatience, sans idéalisme, en admettant qu'on se fait piéger sans cesse. Donc tomber sept fois et se relever huit...

Il faut aussi que le moi se soit suffisamment consolidé pour accueillir des douleurs qu'il avait toujours évitées, que des points d'appui, des défenses saines aient pris le relais des stratégies inadéquates du mental. On apprend à revenir au ressenti pour moins ruminer les pensées émotionnelles, à savoir dire stop à ces dernières et à récuser le jugement sur soi, à s'investir dans des activités gratifiantes. Les appuis, notamment relationnels, sont favorisés par le groupe qui stimule l'ouverture, amoindrit la peur des autres et apprend la demande. L'équilibre global se déplace vers des attitudes plus bénéfiques. L'intellect, moins obnubilé, commence à assumer son rôle de structuration en développant une vision de soi plus large.

nante, coriace, elle renaît inlassablement de ses cendres. Quand on croit l'avoir enfin vaincue elle reparaît, triomphe et nous provoque, désespérant les plus motivés. Le climat émotionnel et les pensées qui émanent d'elle brassent les énergies les plus lourdes et délétères. Aucun humour, aucune créativité, seulement la répétition *ad nauseam* des mêmes thèmes, des mêmes mécanismes.

Elle interprète tout dans son sens – le plus négatif – et sait réduire à néant, en une fraction de seconde, une période de patients efforts consacrés à se reconstruire ! Nous avons vu que la négativité reposait sur le pilier central du refus et tout particulièrement, celui qui combat l'émotion. Elle s'assortit d'émotions complexes, mélangées, gravitant autour des grands thèmes du malheur humain : la perte, le rejet, l'abandon, la trahison, la violence et l'abus, l'humiliation, l'injustice, l'absurdité ou la folie. Nous retrouvons ainsi le désespoir, la colère et le ressentiment, la culpabilité, la haine et la honte. Venir à bout de ce bloc noir demande une stratégie où l'on décompose la difficulté en aspects élémentaires qui seront traités séparément. Toutefois au sein de cette nébuleuse destructrice, l'agressivité occupe une place essentielle. Le travail sur la colère refoulée, le ressentiment, la haine aura une importance déterminante.

Ève avait ainsi développé une véritable expertise en négativité contre elle-même. Les crises revenaient fréquemment et la réduisaient à un état de désolation. Elles se déclenchaient pour des motifs variés et parfois insignifiants en apparence : une incompréhension avec quelqu'un, une contrariété professionnelle, un moment de solitude. Elle se fustigeait alors avec acharnement sur le thème de l'échec, s'injuriant dans sa tête, et en arrivait à se haïr – elle avait tout raté, c'était de sa faute, elle n'avait que ce qu'elle méritait. Elle finissait par basculer dans le dégoût d'elle-même, ne se voyant aucun futur. Il avait suffi ainsi qu'on lui renvoie quelques critiques sur son comportement, lors d'une formation, pour la faire plonger dans la négativité. Je finis par découvrir que les propos qu'on lui avait tenus étaient de simples remarques, sans agressivité, plutôt pour l'aider à prendre conscience d'une attitude distante qui ne la rendait pas facile d'accès.

Remonter à la source de l'émotion

À ce stade, l'hypersensibilité d'Ève réclame en priorité une empathie bienveillante, condition préalable pour l'aider à réaliser combien elle se met à mal. Si, d'emblée, je lui disais qu'elle interprète ou déforme, elle ne le supporterait pas et se fermerait davantage. Je ne discute donc pas, ni pour montrer qu'elle dramatise ni pour la rassurer. La crispation empêche tout dialogue, la souffrance réclamant d'être juste entendue. Ensuite, il s'agit de reprendre patiemment les faits, en soulignant l'écart entre les mots prononcés par les autres et ce qu'elle en a traduit. Cela met en lumière la sévérité de son jugement qui s'empare de chaque manquement supposé et ne lui épargne rien.

Je l'incite à observer l'impact physique et émotionnel de ces condamnations – l'équivalent psychique de coups qu'elle se donne, donc une maltraitance avérée. Elle entraperçoit l'effet dévastateur sur son humeur qui désespère sous tant d'assauts. Cette première étape se limite donc à une conscientisation de son fonctionnement psychique présent. De fait, je suis souvent frappé d'observer combien les personnes en proie à la négativité ne sont pas le moins du monde choquées de la manière dont elles se traitent intérieurement. La personne atteinte de troubles obsessionnels reconnaît très bien le caractère pathologique de ses rituels compulsifs. Avec la violence intrapsychique, on est confronté à un phénomène insidieux. Le psychisme ne saigne pas, on ne voit pas ses plaies et l'on peut se martyriser sans laisser de trace patente.

Il y a à la fois une inconscience et une anesthésie qui permettent à ces attitudes de perdurer sur de longues périodes sans être mises en cause. La personne justifie sa dureté, croit que c'est pour son bien et ne conçoit même pas qu'il pourrait en être autrement. C'est plutôt la bienveillance qui lui semble une anomalie… Inverser sa perspective représente déjà une tâche non négligeable. Mais cela n'explique pas pourquoi tant de haine…

En explorant davantage, il ressort que son exigence voudrait qu'Ève brille intellectuellement. Il faut donc qu'elle ait des choses intelligentes à communiquer, pour susciter l'admiration. Cela ne lui facilite pas le contact avec les autres… Et, pour lui compliquer encore la tâche, en même temps, elle a peur d'être rejetée. L'esprit à l'affût, elle détecte le moindre signe de distance de la part des autres et l'interprète dans ce sens. Comment trouver la détente avec de telles contraintes ! Ces deux aspects renvoient directement à son passé. Pour son père, l'intelligence représentait la valeur essentielle. Il ne cachait pas son mépris pour ceux qui lui semblaient limités. Ève redoutait les jugements glacés de ce père très distant et les avait intériorisés. Cette censure surveillait dans l'ombre ses faits et dires et ne pardonnait aucune dérogation à l'idéal attendu. On retrouve la cruauté du surmoi freudien… Malgré des études supérieures, sa réussite professionnelle restait en deçà des critères paternels, elle avait déçu. Pour son père, il eut mieux valu qu'elle fût un garçon. Quant à sa mère, elle lui avait manifesté de l'agressivité, le plus souvent de manière immotivée. Avec cette dernière, elle avait l'impression d'être de trop, de déranger. À la limite, il aurait été préférable de ne pas exister. Dans un tel contexte, tout convergeait pour qu'elle s'en veuille d'être ce qu'elle était et qu'elle se trouve fautive de ne pas mériter l'amour de ses parents. L'habitude de voir les choses sous cet angle a dominé depuis son enfance et la laisse imprégnée d'une approche négative d'elle-même. Au moindre problème, à la première ombre relationnelle, elle en porte la faute.

LE PASSÉ DÉVOILÉ

La seconde étape du travail consiste en la remontée des souvenirs douloureux du passé. Son évocation et surtout le fait, pour Ève, de se retrouver plongée dans certaines scènes dégagent beaucoup d'émotion, un mélange de désespoir, de peur et de détresse. Ces réminiscences permettent de repérer des liens entre la manière dont elle a été traitée par ses parents et celle dont elle use maintenant dans sa vie psychique.

> Elle devient consciente qu'elle se parle avec le ton dur de son père, qu'elle s'agresse comme sa mère. Elle comprend pourquoi elle avait si peu d'empathie envers elle-même. Une évolution se manifeste dans ses rêves. Elle rêvait d'enfants ou de petits animaux en souffrance dont personne ne s'occupait ou qui étaient menacés. Elle restait sans réaction, simple témoin ou s'en détournait avec dégoût. Maintenant, elle intervient, cherche à protéger, elle prend ces petites créatures dans ses bras pour les réconforter. Ce changement de tonalité des rêves marque un tournant significatif dans la réconciliation de la personne avec elle-même. L'accès à la douleur émotionnelle rend la personne mieux disposée à son égard. Elle cesse de s'acharner contre elle et commence à nourrir l'intention de s'apporter plus de douceur. Pourtant il manque encore une étape indispensable pour maîtriser la négativité autodestructrice. En effet, si la première source, l'intériorisation de l'agressivité parentale, s'affaiblit, il en subsiste une autre, longtemps dissimulée par la première. Ainsi, la conviction d'Ève d'être décevante, indigne d'amour est si enracinée qu'elle masque l'injustice et la révolte d'avoir reçu si peu de tendresse parentale. Toute son enfance, elle a justifié ses parents même s'ils la blessaient quotidiennement, retournant contre elle-même sa colère.

RÉHABILITER UNE SAINE AGRESSIVITÉ

La troisième part du travail va s'intéresser à ce foyer d'agressivité bien enfoui. Il est quasi impossible de s'accorder la révolte quand on ne se sent pas légitime. Le groupe, à ce stade, joue un rôle facilitateur. Quand Ève relatait des moments vécus dans le passé avec ses parents, les remarques perfides de sa mère, la dureté de son père, les autres participants manifestaient leur indignation, à sa grande surprise. La bascule vers une attitude bienveillante ne s'effectue pas du jour au lendemain mais plutôt par une cristallisation progressive. Elle s'imprégnait de mes réactions et de celles du groupe, allant à l'encontre de son courant habituel. La vie onirique a précédé encore une fois le changement de ton conscient, dans un rêve où elle répondait vertement à une pique de sa mère.

L'abcès a fini par s'ouvrir, grâce à une remarque désagréable de sa responsable, alors qu'elle avait dépassé son temps de travail pour accomplir une tâche supplémentaire. La flèche avait frappé dans le mille – fournir de vains efforts pour tenter de satisfaire quelqu'un qui verra toujours ce qui manque – sa mère, autrement dit. Elle arrive en séance blême, crispée : « Mais qu'est-ce qu'elle veut encore ! Je peux marcher sur les mains, elle (sa directrice) n'est même pas contente. J'ai bossé comme une dingue et c'est tout ce qu'elle trouve à me dire… Ça suffit, j'en ai marre. La rage monte et devient un flot de haine – qu'elle crève ! » Les mots ne lui suffisent plus et la haine s'exprime par un cri strident. Insensiblement sa mère devient la destinataire de ce torrent fuligineux et les reproches déferlent en vagues. « Tu ne m'as jamais aimée, tu es méchante, tu as empoisonné ma vie, je te vomis, je te hais. J'aimerais mieux ne pas avoir de mère qu'en avoir une comme toi ! » Cette éruption la laisse bouleversée, tremblante. Tous ses repères habituels ont été balayés. Elle se sent fragile comme un nouveau-né mais aussi avec une énergie inconnue. Elle réalise la somme incroyable d'efforts, durant toute son existence, pour tenter d'obtenir tendresse et approbation de la part de sa mère et d'autres femmes. Elle s'est épuisée à cela, sans se respecter, et elle croyait qu'elle s'y prenait mal. À chaque rebuffade, à chaque critique, elle s'en voulait, faisait son autocritique et trouvait toujours une faute à se reprocher. Quand elle a vu clairement cette quête désespérée, un mouvement profond a rétabli un mécanisme sain d'autodéfense : elle peut recadrer l'autre quand il l'agresse, sans pour autant se laisser submerger par la colère.

Si Ève reproduit contre elle-même l'agression qu'elle a subie dans l'enfance, ce n'est pas le seul mécanisme qui conduise à l'autodestruction. Manques et carences peuvent produire le même résultat, en faisant sentir à la personne qu'elle ne mérite pas un sort heureux puisqu'on ne s'est pas intéressé à elle.

LE SABORDAGE D'UN PROJET PROFESSIONNEL

Adam exprime de manière récurrente son insatisfaction professionnelle, l'informatique en entreprise ne correspondant pas ou plus à ses aspirations. Cela fait des années qu'il le pense sans pour autant se mettre à bouger. Ses quelques tentatives de changement n'ont jamais abouti. Il attribue son immobilisme à la flemme. Cette explication me laisse sceptique, compte tenu de ses capacités. Beaucoup de choses l'intéressent, la psychologie, les rapports humains, l'art, le théâtre et la musique.

Dès qu'il envisage une évolution de ce côté, un afflux de pensées opposées vient la contrecarrer. Il est trop tard, il aurait dû faire ça bien avant, on ne s'en sort pas matériellement dans ces domaines. Plus profondément, il manque de confiance dans ses possibilités et s'attend à un échec. Au moins, en ne tentant pas l'expérience, il se protège du risque de se trouver médiocre. S'il ne possède pas un talent génial, à quoi bon ? Mais au fond, il se juge et s'en veut de ne pas avoir choisi le bon cursus dès le départ, de manquer de courage, d'avoir abandonné en cours de route ses tentatives. Il se voit comme un dilettante, avec des talents qui font illusion superficiellement. Le cercle vicieux fonctionne bien, plus le temps passe sans changement, plus il s'en veut et plus il s'en veut, moins il trouve l'énergie pour changer. « Je sais ce que je devrais faire et bien, justement, je ne le fais pas, je remets... » Revoilà les fondamentaux de l'autodestruction...

L'autodestruction répétait-elle la guerre ancienne avec son beau-père qui lui reprochait, à l'adolescence, d'être un bon à rien avec sa musique et ses copains ? Pour une part, il ressentait bien qu'il avait résisté de toutes ses forces aux injonctions, haïssant cet homme de tout son cœur et sabotant ses études de ce fait. Il avait pourtant abouti dans une formation d'informatique qui l'avait mené là où il se trouvait maintenant... Pourquoi avoir suivi le chemin tracé par ce dernier alors qu'il le rejetait tant ? Ce questionnement le laisse perplexe, il ne se comprend pas. L'énigme s'est levée par touches successives. « Personne ne m'a soutenu, et mon beau-père n'a fait que me combattre dans mes aspirations artistiques. » Derrière la rancune commencent à poindre une profonde tristesse, un grand vide. « Je n'ai personne. » Qui lui manque particulièrement ? Quelqu'un qui le guide, lui montre la vie, l'encourage... Un père en un mot. Et son père ? Après le divorce, il avait plus ou moins disparu de la circulation, payant irrégulièrement la pension alimentaire. Parvenir à ce point l'amène à une sensation de grande fragilité, d'un coup il se sent petit, perdu, comme un enfant abandonné au milieu de la foule d'une gare parisienne. Il est une maison sans fondations, un arbre sans racines. Comment pouvait-il aller de l'avant, réussir ? Tant qu'il n'avait pas ressenti cela, il se reprochait de ne pas persévérer davantage, se jugeant sévèrement.

L'autodestruction ne se manifeste pas seulement par une agressivité franche envers soi-même mais aussi de manière plus insidieuse dans des comportements d'échec. La personne, à ses propres yeux, ne vaut pas de persévérer jusqu'à la réussite, elle se laisse tomber en cours de route.

La négativité dans les relations avec les autres

La négativité envers les autres peut prendre des visages variés, mais dans tous les cas, la haine ouverte ou secrète empoisonne la relation et ruine les possibilités de vivre un épanouissement et une construction dans ce domaine. À la première incartade réelle ou supposée, l'autre se retrouve en position d'accusé. Tout vient prouver qu'il n'aime pas, qu'on ne peut lui faire confiance, qu'il est bien comme les autres.

Doté d'un réel pouvoir de séduction, Adam rend souvent jaloux les autres hommes qui le voient renouveler ses conquêtes avec facilité. En apparence, tout lui semble facile dans ce domaine. En parallèle de son amie actuelle, il flirte avec deux ou trois autres femmes, prêtes à remplir le vide au cas où la première quitterait la scène. Il préfère par-dessus tout sentir ces portes entrouvertes, pleines de promesses suggestives. Comment parler de haine et de destruction là où n'apparaît que la séduction dans son discours ? Il aime tant les femmes, qu'il se délecte du charme de l'une, de la sensualité de l'autre, de la tendresse ou de la profondeur d'une troisième. Il sait trouver les mots pour les toucher, pour les mettre en valeur. Sur le plan conscient, sa sincérité est véritable. Néanmoins, en écoutant attentivement son discours, un autre registre transparaît. Passé la période délicieuse initiale, les éléments négatifs commencent à pointer. À première vue, il doute de la relation – est-ce bien la femme qui lui convient, ne s'enferme-t-il pas dans un stupide conformisme social en restant avec elle, ne passe-t-il pas à côté d'une autre opportunité ?

Le doute, quand il prend un caractère récurrent, manifeste la négativité mais de manière voilée. Pas d'attaque frontale, plutôt un travail de sape, qui mine efficacement. En y regardant de plus près, quand il se laisse aller à développer sa thèse sur le modèle social du couple, l'agressivité devient perceptible. Il en veut à qui ? À la société ? Pas très convaincant. Aux femmes ? La moisson semble plus prometteuse ! Celles-ci se bornent à des schémas conventionnels, répètent ce qu'on leur a mis dans la tête en réclamant un engagement de sa part, veulent le ligoter, l'empêcher de vivre, le priver de sa liberté. Elles sont possessives, jalouses, en excluant la possibilité pour lui d'autres attirances. Si par miracle, l'une se révèle compréhensive sur ce point, un autre défaut devient le problème – trop maternelle, fragile, manquant de personnalité, certes plus ouverte mais pas follement sexy… Quand les réponses changent au gré des circonstances, on peut suspecter l'existence d'une autre raison, en arrière-plan.

Celle-ci a fini par se montrer. Il en veut aux femmes du pouvoir qu'elles détiennent sur lui. Il ne peut se passer d'elles, il lui en faut toujours quelques-unes autour de lui. Ainsi, il les contrôle et peut se défaire de celle qui ne rentre plus dans le schéma attendu. De quel pouvoir jouissent-elles, au fond ? Pas seulement de le restreindre comme il le pense, mais surtout de le faire souffrir. Ce filet dans lequel il les retient vise à le protéger de la souffrance potentielle de l'abandon et du rejet. Effectivement, son naufrage de jeune homme « plaqué » représente un aspect crucial de sa vie amoureuse. Une source majeure d'agressivité refoulée contre la femme s'alimente dans le ressentiment contre sa mère qui lui imposait continuellement sa souffrance sans entendre la sienne.

On peut suspecter qu'un autre gisement de colère concerne son premier amour. Cette femme l'a refusé dans sa vulnérabilité, au moment où il avait le plus besoin de son accueil et de son soutien. Comment ne pas lui en vouloir, au fond ! Comme souvent, cette agressivité s'est reportée sur ses relations amoureuses ultérieures. Il n'a vécu aucun attachement profond et durable depuis, y compris dans son mariage. Le charme qu'il exerce sur les femmes les laisse bien sur leur faim si elles espèrent de lui un quelconque engagement. N'y a-t-il pas là une forme de punition, de vengeance ?... Oui, il réalise qu'il leur a fait payer la souffrance atroce qui l'avait submergé au départ de Carine. Qu'elles voient ce que c'est ! Plus jamais ça pour lui, donc surtout ne plus être amoureux, un risque bien trop grand ! Un torrent d'injures est monté contre Carine, l'envie de l'humilier, de lui démontrer qu'elle avait eu bien tort et qu'elle en ait des remords toute sa vie et crève de solitude. Il n'est pas aisé de laisser s'exprimer ainsi un flux de haine : déjà du point de vue du jugement moral, c'est mal ; quant à la sensibilité, elle répugne à plonger dans des eaux aussi noires.

Pourtant cette réaction des plus basiques le ramène sur terre, en lui faisant quitter une forme de supériorité condescendante. Il redevient un homme comme les autres, sans prétention, qui a besoin des femmes et de ce fait est vulnérable. Surtout, il a maintenant les cartes en main, sachant ce qu'il redoute. Il lui appartient de choisir de rouvrir ou non la possibilité d'un sentiment amoureux avec la pleine conscience du risque inhérent à cette vulnérabilité. En définitive, la destructivité ne s'exerce pas tant vis-à-vis des femmes que vis-à-vis de l'engagement amoureux. Il apporte à ses amies des échanges riches et ne leur laisse pas bâtir de châteaux en Espagne sur le futur de la relation. Quand il pressent que l'une d'elles s'attache trop, il ne joue pas à l'entraîner dans une dépendance dangereuse. La haine qu'il éprouve s'adresse bien plus à cet horrible état de l'amoureux abandonné. Les attaques négatives convergent contre le principe de l'engagement, les femmes avec leurs attentes en étant les représentantes.

Dans ce premier exemple, la négativité ne se montre pas directement, prenant une allure plus séduisante, avec un discours qui s'autojustifie. On la découvre progressivement à travers ses conséquences puisque, à première vue, la personne n'en souffre pas et même affirme y trouver du plaisir, ce qu'on retrouve dans les addictions. Parvenir au point où l'on reconnaît en souffrir marque donc une étape cruciale pour s'en délivrer.

Se dégager de la position de victime

> « Celui qui se sent blessé ne peut s'empêcher d'être agressif[2]. »

« LES AUTRES NE M'AIMENT PAS »

Reprenons l'exemple d'Irène : dans certaines situations elle verse dans une animosité farouche contre les autres. Le travail en groupe, à l'instar des péripéties de la vie quotidienne, provoque volontiers de telles réactions. Qu'elle ait un différend avec un participant, qu'elle l'expose lors d'un temps de parole au sein du groupe, espérant qu'on prenne son parti contre lui, que d'autres refusent d'entrer dans ce schéma, et le scénario catastrophe s'enclenche. Elle s'énerve et se ferme tout à la fois, accuse les autres d'injustice, de parti pris. Elle retourne dans un sens négatif ce qu'on peut lui dire et toute discussion devient impossible. Qui n'est pas de son parti est forcément contre elle. On ne la comprend pas, on ne l'entend même pas, on la juge, on la rejette, elle n'a plus rien à faire là, il faut qu'elle parte. On la rend folle, on veut la détruire… Une telle réactivité ne laisse pas les autres impavides et si, par malheur, l'un d'eux s'emporte à son tour contre elle, le drame atteint son paroxysme. Même les tentatives pour l'aider sont éconduites, décourageant les bonnes volontés. Ceux qui conservent du recul assistent atterrés à ce jeu de massacre : comment réussir à créer un

---

2. *Ibid.*, page 139.

no man's land autour de soi en si peu de temps ! Au moment où Irène a le plus besoin de la proximité des autres, son mécanisme produit une spirale infernale. Sa vindicte s'acharne rageusement à faire le vide. Heureusement, un groupe dispose de ressources vivantes et créatives pour déjouer le piège ravageur qui cherche à le prendre en otage. De tels incidents surviennent à l'identique dans la relation transférentielle avec moi, quand je déçois une de ses attentes. Je deviens indigne d'être thérapeute, indigne de sa confiance. Elle cherche alors à pointer mes insuffisances et veut que je reconnaisse mes torts, que je m'engage à ne jamais réitérer des fautes aussi graves. On imagine l'impact de ces comportements destructeurs en dehors du cercle thérapeutique. En dehors d'amis très fidèles qui connaissent ses qualités et savent percevoir sa détresse derrière l'agression, l'isolement la guette. Elle sombre dans l'amertume et le désespoir, et s'ensuit une période d'autodestruction. Ce scénario évoque évidemment la victime qui rend l'extérieur responsable de son malheur, alors qu'un observateur de bon sens constate qu'elle en est l'auteur. Nous ne la voyons pas animée d'une saine colère mais plongée dans un mélange d'émotions et d'interprétations négatives bien caractéristiques.

L'enfant, du fait de sa dépendance, peut être véritablement victime de négligence, de mauvais traitements et n'a d'autre choix que de les subir. L'abandon, le rejet, les abus, inscrivent en lui une impuissance qui se prolonge à l'âge adulte et empoisonne la vie et les relations. Sortir de cette position de victime requiert un travail essentiel pour la réussite du processus thérapeutique. Beaucoup a été dit sur ce sujet et je l'aborderai uniquement sous l'angle de l'émotion.

De ce point de vue, la victime représente le cas d'école de la souffrance : subir une situation en étant submergé d'émotions mélangées et de pensées négatives. Malgré toutes les émotions exprimées la personne ne peut escompter aucun effet libérateur. Qu'elle pleure, qu'elle crie, cela ne fait que remuer le fer dans la plaie. Pourquoi ? Nous retrouvons les obstacles décrits précédemment : les émotions sont mêlées entre elles, peur et tristesse, tristesse et colère, ce qui empêche leur expression entière. La culpabilité s'infiltre partout créant une atmosphère de drame ou de procès.

Les convictions et interprétations négatives imprègnent tout le ressenti. Rappelons que l'émotion ne peut trouver d'expression libératrice tant qu'elle reste chargée de pensées ou qu'elle se mélange à une autre émotion. Position de victime et négativité appartiennent au même registre. La question de la colère, de l'agressivité, y occupe une place cruciale parce que cette émotion est réprimée. On observe en pratique un gradient d'agressivité entre une position d'impuissance totale où la personne semble avoir perdu toute défensive et la victime-bourreau dont l'attitude est véhémente, accablant les autres de reproches.

Entre ces extrêmes, on rencontre la plainte, les récriminations, les scènes, les chantages. Mais l'agressivité ne pouvant se montrer franchement, elle sera véhiculée préférentiellement par le biais de la culpabilité. Comme nous venons de le voir avec Irène, elle oscillait entre la culpabilisation de l'autre et d'elle-même. Il est donc vital pour la personne de contacter sa colère. Sinon elle replonge dans la plainte, l'impuissance, et l'autodévalorisation. Ce phénomène est très frappant également dans des états dépressifs où l'agressivité retournée contre soi et la culpabilité atteignent des sommets. Dans l'esprit de la victime, ni elle ni les autres n'ont le droit à la colère, c'est le mal, c'est forcément dramatique.

Quand enfin la colère se montre, elle est annonciatrice de la vie qui revient. Elle apporte l'énergie qui permet de sortir de l'impuissance et de s'affirmer. Le second versant du travail concerne le déracinement des convictions négatives qui constituent le soubassement de cette position de victime : « Je suis nul, personne ne m'aime, je n'ai pas le droit, je ne suis pas légitime, je ne suis pas capable, je n'y arriverai pas, c'est de ma faute, on me rejette. » Nous y reviendrons plus loin.

Le piège des émotions sans fin

Certaines personnes tournent en rond sempiternellement dans le même climat émotionnel : pour l'un, une colère qui explose au moindre prétexte ; pour l'autre, une peur omniprésente qui régit ses comportements ; pour une troisième, la vie est une vallée de larmes. Enfin, il y a ceux dont le sourire et le contentement éclipsent toute autre humeur. Fréquemment, l'émotion dominante en occulte une autre qui est réprimée profondément. La colère d'Adam a trouvé sa fin naturelle par l'ouverture à la tristesse qu'elle dissimulait. Ève a pu émerger du désespoir grâce à la colère enfouie et celle-ci a permis l'essor de la joie. Des personnes qui ont été victimes précocement d'agression vivent dans une peur continuelle, ayant perdu tout contact avec leur colère. Cette dernière, seule, aura le pouvoir de leur rendre une affirmation et une confiance en eux. Les plaisanteries continuelles, un ton léger, un sourire trop constant cachent parfois l'une des trois autres émotions fondamentales qui demande à retrouver sa place.

La santé émotionnelle passe par une fluidité qui permet une libre circulation d'un état à l'autre. Quand une émotion accapare trop durablement le paysage intérieur, on peut suspecter qu'elle sert à en réprimer une autre.

Les émotions de la négativité

LA CULPABILITÉ

Il faut noter que la culpabilité, si présente dans la position de victime, est l'émotion type, caricaturale du mental, qu'elle se tourne contre soi ou contre l'autre : « Je n'aurais pas dû, j'aurais dû, tu aurais quand même pu, tu devrais, tu n'aurais jamais dû. » Elle est, par essence, l'émotion même du refus. Et ce refus a tant de force qu'il rend impuissant : quelqu'un dit une parole qui me blesse, comme il n'a pas le droit de me faire ça et qu'il le fait quand même, toute mon énergie va s'engager dans le refus pour démontrer que c'est très mal, qu'il n'aurait jamais dû faire ça. De la sorte, je ne me positionne pas et, s'il continue, je ne saurai que me plaindre, ou lui faire la morale.

Constater que le refus alimente la culpabilité et que celle-ci nous rend impuissants peut nous inciter à accepter... En effet, sans la pratique de l'acceptation de la colère et des faits douloureux, la victime se trouve piégée dans un malheur sans fin. Elle s'attire d'autres mésaventures et confirme ses convictions négatives, espérant une réparation qui n'arrive jamais. *L'acceptation guérit de la culpabilité.*

LA HAINE ET LA VIOLENCE

Lorsque l'enfant a été victime de violences et d'injustices, ces abus instillent en lui les germes de la violence. L'humiliation et le mépris, laissant des marques si cuisantes, représentent une source de haine durable. Dans cette démarche, reconnaître notre violence marque une étape essentielle car souvent nous n'en sommes pas conscients. Comme la violence nous a fait souffrir, nous la jugeons et la rejetons, ce qui nous conduit à la refouler. Chacun d'entre nous la vit d'une manière qui lui est propre : plus physique chez certains – une tension à fleur de peau, plus psychique chez d'autres, par le jugement, la véhémence verbale, la négation de l'autre, la coupure, la froideur, le mépris, l'autodestruction, la dévalorisation. D'abord reconnaître la violence pour ensuite l'accepter, tâche d'autant plus difficile que le jugement s'y oppose, avec un mélange de honte et de culpabilité. « Moi, violent !? Quelle horreur... mon père oui, mais pas moi ! » Mais si, moi aussi, je la porte en moi. L'autre obstacle majeur réside dans la peur, ma propre violence me semblant aussi menaçante que celle de l'autre : « Et si elle me submergeait, et si je faisais n'importe quoi, et si je basculais dans un conflit incontrôlable avec l'autre, et si l'autre devenait encore plus violent que moi et me détruisait ? » Oui, accepter cette violence sans se juger, sans paniquer, est un moment bouleversant pour tous nos repères intérieurs, et incontournable dans notre processus de transformation. Nous devons admettre que l'image de nous-même vacille…

Le groupe offre le cadre privilégié pour ce travail à chaud sur la violence, à la fois en créant des situations qui vont la faire surgir et aussi en conférant une sécurité qui rend son expression possible en la canalisant. La personne a besoin d'être soutenue, encouragée et contenue, et le fait d'être à plusieurs le permet plus facilement. Une fois qu'on peut enfin exprimer la haine en sentant à qui elle s'adresse, il devient possible de remonter à ce qui la cause.

> Une femme me dit qu'elle hait l'humanité qui détruit tout ce qui est beau, ne respecte rien, qu'elle hait la violence des hommes. Dans son fantasme, elle lance une bombe atomique qui les fait tous disparaître. Et elle, que lui a-t-on fait ? On ne la voit pas, on lui marche dessus, on ne la respecte pas. De fil en aiguille nous arrivons à son enfance où elle n'a pas été désirée, et donc ignorée, négligée, maltraitée. Toute sa haine vient d'une blessure d'amour. Ce sont ses parents qu'elle a envie de tuer en réalité, pour leur rejet.

Les haines les plus féroces se développent dans les familles, dans les couples, quand ceux dont on espère le plus amour, fidélité, solidarité, équité et protection trahissent ces attentes. La haine souligne la gravité de la blessure et le soin qu'il faut lui accorder pour l'apaiser. Son expression conduit à celle de la peine, du désespoir, qui émanent de la plaie. Le réconfort, la compréhension contribueront à réconcilier la personne avec une humanité qui lui manifeste de la sensibilité.

Si on cherche à éradiquer la violence sans mettre au jour la blessure, sans travailler la colère, on risque fort d'échouer. La colère joue un rôle important car celui ou celle qui a subi ces préjudices n'avait pas, sur le moment, la possibilité de se défendre.

Soit le rapport de force était trop inégal, soit l'enfant dépendait affectivement de celui qui le maltraitait. Ce phénomène est manifeste dans les situations d'inceste où l'enfant est piégé par sa dépendance et ne peut dire non. Sa colère s'en trouve complètement occultée et en général retournée contre lui à travers la dévalorisation et l'autodestruction. Une fois adulte, l'affirmation des limites, la capacité à dire « non », sont défaillantes. La colère va participer à rétablir une saine défensive pour savoir se protéger.

LA JALOUSIE ET L'ENVIE

Elles partagent en commun le fait qu'un autre semble plus avantagé que moi, en jouissant de la préférence d'une personne essentielle pour moi ou en étant doté d'avantages dont je m'estime dépourvu. Ces deux états émotionnels font l'objet d'une condamnation sociale assez unanime.

On le disait aux enfants : « Ce n'est pas beau d'être jaloux ni d'être envieux. » Il a fallu Dolto pour qu'on change de regard sur la jalousie infantile dans les fratries. Celle-ci provoque des souffrances cruelles et déclenche de la violence meurtrière. L'aîné avec son cadet, le mal-aimé avec le préféré, les conjoints entre eux, le père envers l'enfant choyé par la mère, la belle-mère et sa bru, le nouveau conjoint avec l'enfant du premier lit. La liste n'est pas exhaustive !

Dans l'envie et la jalousie, ce que vit l'autre accapare toute l'attention, comme une fascination. Le regard scrutateur, le jugement, la comparaison, omniprésents, happent donc vers l'extérieur de soi, avec pour conséquence d'éloigner la personne de son propre ressenti. Le mental, les interprétations, interviennent en force, détournant du vécu de l'émotion. Ces facteurs combinés et la pluralité des émotions imbriquées dans ces deux configurations les alimentent sans fin.

Tous les obstacles que nous avons déjà évoqués se conjuguent pour empêcher la douleur émotionnelle de se libérer. La première étape consistera une fois encore à nommer envie ou jalousie et à mettre en cause les jugements qui les condamnent. Il faudra ensuite aider la personne à revenir à elle-même car elle ne parle que de l'autre, qu'il s'agisse des soupçons jaloux ou des comparaisons envieuses. *Son drame réside précisément dans le fait qu'elle ne s'intéresse pas à elle-même.* Cela demande d'aller à contre-courant de son mouvement centrifuge et de la mentalisation très puissante, les pensées tournant en boucle de manière obsédante.

En contactant le vécu émotionnel, on rencontre en premier de l'agressivité et souvent de la haine dirigée contre le rival, avec l'envie de le supprimer. L'agressivité envers la personne qui est l'enjeu de la jalousie se trouve souvent empêtrée dans l'ambivalence et il s'avère plus facile de reporter toute la haine sur le rival plutôt que sur la personne aimée. Envers l'objet de l'envie, l'agressivité se manifeste plutôt par de la malveillance, on souhaitera lui trouver des failles, le mettre en difficulté. Nous retrouvons les étapes décrites pour la violence avant d'atteindre la blessure première. Dans l'envie, la dévalorisation de soi et le sentiment d'infériorité sont très présents.

La jalousie amène à rencontrer non seulement l'agressivité et la peine, mais aussi la peur. La personne doit se pencher sur sa relation avec la personne aimée pour explorer l'ambivalence de ses sentiments et pour identifier qui celle-ci représente dans l'inconscient (sans surprise, souvent l'un des parents…). Elle réalise alors son insécurité profonde, sa peur de perdre l'amour de l'autre, reliée à des convictions négatives autodépréciatives. Le point sensible, derrière toute cette furie, dénote une grande fragilité. L'autre n'existe pas, n'ayant que le statut d'une possession, d'un territoire à défendre.

Aspect positif de la jalousie et de l'envie : elles témoignent de désirs, de *besoins* mal assumés et offrent l'opportunité de les reconnaître et de les affirmer directement. L'enfant jaloux de son cadet mord son petit frère, fait des bêtises, des colères, etc. Il ne dit pas : « Maman, j'ai besoin que tu me prennes dans tes bras et que tu m'aimes très fort. » Bien des adultes suivront le même chemin, agresseront, feront des scènes, mais ne demanderont pas, n'affirmeront pas leur désir ou l'imposeront de manière maladroite et brutale.

Nous voyons combien négativité, position de victime, violence et jalousie sont étroitement apparentées. Le travail thérapeutique consiste toujours à conduire vers le point le plus sensible, à la douleur émotionnelle primaire qui seule mettra fin à la souffrance.

CHAPITRE 6

Se laisser aimer

« Tout dépend de votre capacité à recevoir
et non de ce que l'extérieur vous donne [1]. »

Tout au long des chapitres précédents, Adam et Ève ont illustré pour nous la difficulté de s'aimer soi-même. Le patient travail de réconciliation avec les émotions et la mise en cause des jugements transforment le paysage intérieur qui s'éclaire d'une plus grande bienveillance. Comme l'enfant, la personne en souffrance a besoin, pour y parvenir, de recevoir de l'extérieur une empathie profonde et sincère. Où et comment va-t-elle la trouver ? Si elle choisit un thérapeute, c'est qu'elle pressent, *a priori*, que celui-ci ne la juge pas et l'écoute avec sensibilité. Passé ce premier contact, la relation peut évoluer suivant des modalités différentes.

Freud a montré combien ces fluctuations transférentielles parfois très intenses jouent un rôle essentiel dans le processus thérapeutique, en remettant en scène les premiers liens affectifs. De même, Bowlby a souligné que la possibilité de nouer avec un thérapeute une relation d'attachement fiable participait à la

1. Swami Prajnanpad, *ABC d'une sagesse*, *op. cit.*, page 125. La traduction littérale est : « Tout dépend de la manière dont vous recevez les choses et non de ce que vous obtenez de l'extérieur. »

création d'une base de sécurité affective intérieure, quand celle-ci n'avait pu s'établir dans l'enfance du fait de carences parentales.

Pour certains patients, cet acquis positif de départ ne fera que se renforcer, ils ne douteront pas des bonnes intentions de leur thérapeute. La relation comporte la part d'idéalisation qui accompagne naturellement le retour des émotions de l'enfance dans le processus thérapeutique. S'ils ont manqué d'amour paternel ou maternel, ils ressentent l'avoir enfin trouvé. Ils le prennent et s'en nourrissent sans réticence. Le thérapeute représente le parent aimant à qui on peut se confier, qui va comprendre et apaiser. Ils lieront une relation de confiance chaleureuse qui les confortera naturellement dans une acceptation d'eux-mêmes.

Un piège peut toutefois les guetter, demeurer dans une idéalisation excessive où le thérapeute se voit conférer trop de pouvoirs. Lui seul sait, lui seul comprend, lui seul peut aimer. Cela au détriment d'autres relations mais aussi de l'amour de soi. Maintenir sur un piédestal le thérapeute va de pair avec un statut inférieur pour soi-même et une forme d'impuissance à se prendre en charge.

La résistance à l'amour

Pour certains, la relation va connaître un parcours plus mouvementé, en rapport direct avec leur histoire. L'image du bon parent peut s'inverser et celle du parent déficient, rejetant ou maltraitant, vient se projeter sur le thérapeute. Il suffit d'un incident apparemment minime pour que la bascule dans le négatif s'opère. L'un va se sentir abandonné parce que le thérapeute est absent, ne se montre pas assez rassurant, un autre va être convaincu de l'ennuyer. Un autre va douter sans cesse de sa sincérité – il n'en a rien à faire et fait semblant de l'écouter. D'autres, tellement blessés et dévalorisés, reçoivent la plus petite mise en cause comme un reproche, une attaque et donc comme la preuve que le thérapeute les rejette. Une attitude chaleureuse peut aussi sembler suspecte : que veut le thérapeute ?

Ève a ainsi traversé plusieurs périodes critiques dans sa relation avec moi. Après une lune de miel initiale, elle s'est trouvée « sans intérêt » à mes yeux. Elle se persuadait que d'autres patients obtenaient une plus grande attention. Elle aurait voulu une attention beaucoup plus exclusive mais, comme elle n'en était pas consciente, cela s'exprimait de manière négative. C'est elle qui manquait de valeur et non moi qui la négligeais. Puis la colère a fini par monter avec les reproches, je ne l'aidais pas, je ne l'aimais pas. Lors d'un travail de groupe où elle trouvait que je ne l'avais pas défendue contre les attaques d'un autre participant, elle m'a vu soudain comme un traître qui se liguait avec son ennemi, au lieu de la protéger. Elle était ulcérée, désespérée de se retrouver seule sans appui et furieuse contre moi. Elle croyait sa thérapie ruinée définitivement. Toutes ces péripéties de la relation ramenaient à la surface les douleurs du passé, l'hostilité de sa mère, le manque de protection paternelle contre les attaques de sa mère et de son frère. Une véritable confiance se manifestait par le fait qu'elle s'autorise à m'exprimer un malaise puis une insatisfaction, des reproches, puis une colère de plus en plus virulente, puis de la haine. Elle devait chaque fois dépasser la honte et la culpabilité d'éprouver des états aussi négatifs. Son intuition lui suggérait que je ne la rejetterais pas, elle osait donc se montrer sous un jour défavorable. Le premier obstacle qu'elle avait à surmonter pour recevoir de l'amour était son personnage trop adapté, gentil, cherchant à devancer mes attentes supposées. Ce retournement changeait son propre regard sur ces émotions qu'elle jugeait très sévèrement, les ayant réprimées depuis toujours. Si je n'en semblais pas détruit, si je ne l'attaquais pas en retour, elles n'étaient donc pas si venimeuses. Ève pouvait commencer à les admettre, puisque, les voyant simplement comme des phénomènes passagers, je ne l'identifiais pas à ces réactions. Si le jugement négatif détient une grande puissance de contagion, l'accueil bienveillant se communique également. Néanmoins, il demande à être renouvelé maintes fois pour se transmettre durablement, tandis qu'il peut suffire d'une fois pour inculquer une attitude négative. En elle, se laisser aimer et s'aimer ont grandi de concert. Ce qui l'aidait à cela, c'est que je trouve naturel qu'elle puisse m'en vouloir et que je l'interroge quand je la voyais se fermer.

De même, quand elle exprimait une agressivité plus virulente, le fait de mettre en lumière le besoin sous-jacent qui n'osait se manifester par crainte du rejet, la réconciliait avec elle-même. Elle cessait de se voir comme une furie, un monstre détestable pour tous.

Autant Ève se savait affamée d'amour, autant Adam le méconnaissait, n'envisageant pas du tout ses difficultés sous cet angle.

Pour lui, par son caractère plus secondaire, les mouvements transférentiels se manifestaient en demi-teintes. Sur un mode très intellectualisé, il commençait à douter de cette démarche en général, elle ne lui correspondait pas, les choses ne changeaient pas. Le reproche était voilé, dissimulant y compris à sa propre conscience une attente non négligeable. Il ne me mettait pas directement en cause, mais je percevais son exigence en arrière-plan. Il testait la pertinence de mes réponses et mon engagement à son côté. La soif d'être aimé réclamait à son insu une figure paternelle fiable par qui il pourrait se sentir guidé et soutenu. Il avait mis un couvercle là-dessus depuis longtemps. Dans les premiers mois de sa thérapie, son amour-propre aurait mal supporté de reconnaître cette quête. Cela ne devint possible qu'ultérieurement, en se rapprochant de ses émotions et de son vécu d'enfant. Il ne mesurait pas l'importance de ce manque, pas plus que sa recherche d'un amour maternel inconditionnel auprès des femmes.

Si différents en apparence, Adam et Ève se rejoignaient dans leur difficulté à recevoir de l'amour, chacun pour des raisons différentes. Je constate si souvent ce phénomène qui semble paradoxal : *les personnes les plus en attente d'être aimées ne savent pas recevoir*. Elles sont persuadées que les autres n'ont pas un amour suffisant ou bien qu'elles-mêmes ne sont pas dignes d'amour.

La méfiance d'Adam le rendait assez fermé. Son esprit très critique, voire cynique, ne laissait pas d'espace pour se laisser toucher. Il surveillait autant l'autre que ses propres réactions pour prévenir des épanchements qu'il redoutait. Si je me montrais plus chaleureux à son égard, gêné, il se raidissait. De même, lorsqu'il prit part au travail de groupe, je notais son malaise ou ses attitudes défensives (l'ironie, en particulier) lors d'effusions entre d'autres participants. Une double contrainte le bloquait pour recevoir : il lui fallait quelqu'un qu'il estime supérieur à lui et, en même temps, il se défiait des figures d'autorité, et du pouvoir qu'on pouvait prendre sur lui s'il se montrait vulnérable. Il ne me laissait qu'une marge étroite pour l'approcher en prenant garde de ne pas exciter ses défenses. À cette condition, il s'apprivoisait prudemment et pouvait commencer à recevoir ce qui lui manquait. Plus tard, quand il prit contact avec son manque paternel, lors de séances de travail émotionnel, il parvint à me demander des gestes ou des paroles qui le confortaient. Cela représentait pour lui des moments d'une grande intensité car il avait le sentiment de s'exposer sans sa cuirasse habituelle. Il découvrit alors une autre peur qui s'opposait à l'ouverture, celle d'être abandonné. Outre le jugement très péjoratif à partir duquel il rejetait la dépendance, il s'aperçut qu'elle l'effrayait profondément – jamais ça pour lui ! Dans l'idéal, Adam voulait n'avoir besoin de personne, la dépendance lui apparaissant comme minable, misérable.

Mais précisément, *recevoir implique d'admettre la dépendance* et de la sentir pleinement sans s'en protéger. Il faut donc défaire patiemment tous les mécanismes et compensations qui servent à l'éviter.

L'attente et l'exigence

> « S'attendre à quelque chose est négatif car tant
> qu'on s'attend à quelque chose, on ne s'accomplit
> pas soi-même. Alors toute la vie est négative ;
> on n'obtient rien[2]. »

Nous arrivons là à l'un des obstacles majeurs pour se laisser aimer. Ce point dépasse le champ de la thérapie et concerne une

---

2. Swami Prajnanpad, *De la sérénité*. « *Ananda-Amrita* », Paris, Éditions Accarias-L'Originel, 2011, page 44.

majorité de personnes. Il suffit d'observer les relations de couple pour s'en convaincre. Si je poursuis l'exemple d'Adam, vis-à-vis de ce qui lui manque affectivement, il est fixé dans une position d'attente. Celui qui attend sait qu'il veut quelque chose de l'autre, mais il le considère comme allant de soi, un dû, en somme. Ma voiture doit démarrer quand je tourne la clé de contact, et l'autre doit répondre à mon attente dans les termes exacts de celle-ci. Il n'y a pas le moindre doute sur le bien-fondé de cette position. Si cela ne fonctionne pas, toute la faute en revient à l'autre et, si cela se répète, l'autre se verra disqualifié et écarté sans retour.

Quand Adam ne se sent pas aimé par une femme comme il l'attend, c'est qu'il n'a pas rencontré la bonne personne. De même pour son thérapeute, s'il ne le trouve pas assez performant. L'attente comporte une obligation de résultat. Elle ne demande pas, elle exige «comme je veux et quand je veux». Que son discours se montre plus enrobé et socialement acceptable ne change pas ses fondamentaux. D'un côté, cette position paraît confortable : il suffit d'éliminer les incompétents à nous aimer. De l'autre, elle nous laisse dans l'insatisfaction et, avec le temps, dans la désillusion d'une quête sans fin. Surtout, nous ne réalisons pas qu'elle nous empêche de recevoir l'amour qui se présente à notre portée. Nous sommes comme un assoiffé dans le désert qui refuserait le gobelet d'eau qu'on lui tend, sous prétexte qu'il est en plastique... Nous ignorons que nous nous privons nous-même. Notre exigence mal placée augmente encore au lieu d'être remise en cause. Nous avons d'autant moins de chance de recevoir que l'attente ne s'abaisse pas à dire vraiment ce qu'elle veut, il faut la deviner. L'autre, pour ne l'avoir pas devancée, l'apprendra à ses dépens.

Pour Adam, demander, c'était mendier, donc humiliant et, de plus, n'obtenir qu'un succédané sans valeur. Il aurait fallu que l'autre réponde de lui-même à l'attente. Sinon Adam avait le sentiment qu'on lui faisait là gentiment «charité», mais sans authenticité ni spontanéité et il n'en voulait pas. En réalité, se laisser aller à une demande d'amour réveillait le danger de se retrouver à la merci de l'autre comme dans le passé. Inconsciemment la décision avait été prise de verrouiller cette porte et il lui fallait reprendre contact avec les origines de cette décision pour la changer.

Il s'agit donc de réhabiliter la demande, en voyant qu'elle libère d'une attente sans fin et qu'elle conditionne le fait de recevoir véritablement, en créant en nous et chez l'autre les dispositions favorables.

Ève, quant à elle, se savait habitée par un grand manque affectif. On pourrait croire qu'elle en serait mieux disposée à recevoir. Nous avons vu qu'elle avait dû franchir un premier obstacle en se départissant de son personnage « gentil » qui dissimulait sa vérité. Ce personnage entretenait un autre obstacle en investissant toute son énergie à percevoir les attentes des autres. Avec ses amis, avec ses amants, elle écoutait, cherchait à faire plaisir, à soulager les difficultés, à prévenir les désirs, même quand on ne lui demandait rien. En conséquence, elle ne laissait aucune place à ses propres demandes qui la rongeaient en secret. Elle ne se rendait pas compte que son attente filtrait sur le plan non verbal. Elle n'en reprenait conscience que dans les moments de solitude où le manque lui tordait le cœur. Tout son être réclamait alors de la tendresse et de l'attention. Elle était trompée par le caractère différé de son attente. Elle s'intéressait sincèrement à l'autre, sans arrière-pensée mais au fond elle escomptait que ses attentions lui attacheraient l'autre indéfectiblement et qu'ainsi il ne la rejetterait pas. Ce retour tardait à se confirmer et son amertume croissait au fil du temps. Peut-on parler pour Ève d'exigence ? Comme les participants du groupe de thérapie, je ressentais chez elle une forme muette d'exigence. Il *fallait* la rassurer sur le fait qu'elle était acceptée car, dès qu'elle pensait ne plus l'être, elle plongeait dans un puits de souffrance. Sa fragilité émotionnelle créait la pression. Tous ces aspects renforçaient les empêchements à recevoir alors qu'elle attirait spontanément un premier mouvement de sympathie.

Lever les obstacles à recevoir

« Si vous n'êtes pas satisfait de vous-même,
vous ne pourrez être satisfait de personne [3]. »

Pour mettre en évidence la mécanique psychique qui annihile les chances de recevoir, le travail de groupe joue un rôle
irremplaçable. Le colloque singulier de la relation thérapeutique
permet que la personne se sente un minimum au centre de l'attention. Si une difficulté se présente, elle se détecte plus rapidement,
avec la possibilité d'un ajustement immédiat. En groupe, l'imprévisible domine, et les stratégies défensives peinent à conserver
leur contrôle sur les réactions émotionnelles.

Instinctivement, le groupe sent quand un participant cherche
à capter l'attention sans aller au bout de sa demande. À l'inverse
des prévisions de la personne, le groupe, sensible avant tout à
l'authenticité, va témoigner son empathie au moment où elle
montre des aspects d'elle-même qu'elle juge négativement. Le
groupe agit alors comme un décapant puissant qui incite la personne à se laisser voir et approcher dans sa vérité nue. C'est seulement dans cet état de grande vulnérabilité qu'elle peut recevoir le
maximum, pour deux raisons.

D'une part, cette vulnérabilité inspire aux autres une empathie réelle, d'autre part, la personne elle-même devient plus
réceptive. Les stratégies défensives anesthésient le corps et la sensibilité, l'armure empêche le relâchement indispensable pour être
touché. Quand le groupe donne, la puissance de ce que la personne reçoit se trouve démultipliée : l'intensité de l'énergie met
en lumière et accentue les résistances comme les ouvertures. Cela
touche en profondeur et amorce un processus de réparation.

La réparation ne tient pas tant au fait d'être l'objet de
l'attention qu'à l'inversion du courant négatif intérieur. Je ne

---

3. Swami Prajnanpad, *ABC d'une sagesse, op. cit.*, page 61.

crois pas que le groupe ni le thérapeute puissent, seulement en répondant aux demandes affectives, réparer les blessures et combler les manques. Ces moments interviennent plutôt en créant un contexte favorable au changement intérieur. Quand la négativité décrétait l'impossibilité de vivre du bon avec l'autre, quelle qu'en soit la raison – peur, rejet, hostilité, abandon –, l'expérience immédiate permet d'invalider cette conviction et surtout démontre *que cela dépend de soi*.

Si la personne n'accueille pas, les autres ne peuvent rien lui donner. Elle cesse alors de se vivre en un objet passif sur lequel on a tout pouvoir ; elle garde entre ses mains la décision d'ouvrir les portes de sa forteresse. Quand elle abaisse le pont-levis, elle découvre un cycle positif inespéré et, plus elle s'abandonne, plus les autres sont motivés pour lui apporter. Elle fonctionnait sur la base de ses déconvenues d'enfant dont les besoins ou les élans n'avaient pas rencontré l'écho attendu et s'étaient figés. Elle recouvre le goût de recevoir tout en constatant la nécessité impérative du préalable – se rendre réceptive.

L'ouverture ne découle pas seulement de la volonté consciente mais d'une maturation progressive. L'exemple y joue un rôle important, en voyant d'autres, plus avancés dans leur démarche, profiter à plein de ces opportunités. Le groupe ne peut jamais obliger quiconque et, s'il y parvenait en bousculant les défenses, la personne refermerait la brèche dès qu'elle en retrouverait les moyens.

L'amour
dans le processus thérapeutique ?

Pour finir, je veux souligner le point qui joue un rôle crucial dans une démarche de guérison de la souffrance : *la compréhension intellectuelle de ses propres fonctionnements ne suffit pas, la sensibilité doit être touchée*. Une personne en souffrance, pour changer, a besoin de recevoir de l'attention et, mieux, de l'amour. Il lui faut se départir de défenses, d'inhibitions et de tensions qui l'empêchent de s'en imprégner, donc se rendre véritablement réceptive. Elle apprendra simultanément à identifier son besoin et à demander. Cet apprentissage de la demande présente un double avantage, pour soi-même et pour tisser des relations plus nourrissantes !

J'utilise sciemment le mot « amour » et non la « neutralité bienveillante » de Freud, y voyant une implication plus forte. Quelle signification accordai-je à l'amour, du côté du thérapeute ? Il ne s'agit ni de maternage ni de paternage mais d'une ouverture du cœur, d'un respect, d'une recherche attentive et patiente du besoin réel de la personne. Sans prétendre savoir mieux qu'elle, c'est l'aider à se rapprocher de son ressenti et à l'exprimer, afin qu'elle puisse comprendre, expérimenter, oser, s'affirmer – tout ce qui va contribuer à l'ouvrir, à la rendre plus libre et autonome.

Être pleinement aux côtés de la personne engage la vivacité de l'esprit, la sensibilité du cœur *et* la présence corporelle. Le contact physique intervient dans certains moments privilégiés et dépasse alors le pouvoir des mots. Comme toute chose précieuse, il demande une vigilance particulière – ni familiarité, ni facilité, ni dérapage dans le désir... L'amour porte en lui cette exigence.

Deuxième partie

MOI ET L'AUTRE ; L'AUTRE ET MOI

« Tant que vous ne sentez pas "il est différent, il est unique, il existe dans son droit", il ne peut y avoir de relation[1]. »

La phase thérapeutique de la démarche change le paysage intérieur à différents égards. La vie a repris ses droits, les émotions fondamentales montent à la conscience, s'expriment et retombent. La souffrance a reculé ou disparu et, si elle revient, la crise dure moins, le chemin qui ramène à la douleur émotionnelle se retrouve plus rapidement. L'intellect a gagné en lucidité, il connaît les ficelles du mental, car chacun de nous use toujours des mêmes. Il sait mieux mener l'introspection, discerner le point sensible et comprendre l'enjeu d'une émotion.

La relation avec le corps a changé aussi, avec plus de sensations, plus de vie, plus de détente et d'enracinement, plus de plaisir. Des changements dans l'existence se profilent ou ont déjà débuté, concernant les relations amoureuses et familiales, l'orientation professionnelle et les activités créatives, l'insertion sociale. La question de terminer la thérapie se pose assez naturellement avec la conjonction de plusieurs de ces éléments. La relation

---

1. Swami Prajnanpad, *ABC d'une sagesse, op. cit.*, page 115.

thérapeutique indique aussi la maturation, elle s'est allégée de la dépendance, des projections. Le thérapeute a été descendu de son piédestal (ou du pilori !) et le contact s'établit simplement, de plain-pied, sur une base de confiance éprouvée. Thérapeute et patient partagent la sensation d'un cycle qui s'achève.

Deux pièges principaux se présentent alors : un arrêt prématuré où la résolution d'une problématique est confondue avec la fin du cycle ; et, à l'opposé, une thérapie interminable. Le psychisme recèle tant de complexité, l'inconscient tant de contenus, qu'on peut indéfiniment poursuivre la démarche, faire des liens, expliquer, exprimer des émotions. Le processus se dévoie alors de son sens initial, l'histoire du moi, et ses avatars deviennent une finalité en soi, au détriment d'un changement véritable dans le réel. L'attrait pour un nouveau thérapeute, une nouvelle technique, un nouveau stage pourra donner l'impression d'un changement, mais celui-ci risque d'être illusoire et de masquer une dépendance non résolue ou une approche consumériste plus fréquente de nos jours.

Pour certains, la fin de la thérapie marquera la fin de leur démarche : ils vont mieux et, satisfaits, n'en demandent pas davantage. D'autres portaient dès le départ une aspiration spirituelle qui a été un point d'appui précieux, un avantage certain – je l'ai souvent constaté – pour se libérer de la souffrance. Ils sont heureux de pouvoir enfin se consacrer pleinement à leur recherche. D'autres encore, dégagés de leurs tourments intérieurs, découvrent des horizons insoupçonnés et sentent poindre de nouveaux élans qui les incitent à pousser plus loin. Chacun, avec sa sensibilité particulière, nommera un but qui dépasse la résolution de ses problèmes : la sérénité, la joie, un épanouissement plus vaste, une plénitude, l'amour, qui représentent pour eux la dimension spirituelle. Ils savent aussi que, à moins d'une grâce, ce but ne tombera pas du ciel et qu'une pratique régulière cultivera un terreau favorable à cette évolution intérieure.

La phase thérapeutique rentrait dans tous les méandres de la psychologie individuelle pour élucider les raisons spécifiques qui causaient la souffrance. Elle nécessitait d'identifier les conditionnements particuliers, les carences et les traumas ; de repérer les liens entre le passé et le fonctionnement présent, les mécanismes de défense et de compensation qui caractérisent une psyché individuelle. Au départ, la personne était trop prisonnière de son histoire douloureuse, il lui était impossible de s'en décoller. Sa souffrance réclamait « moi seulement » et ne pouvait rien entendre d'autre. Il fallait que le thérapeute rentre dans son monde particulier, l'explore avec elle, l'aide à l'éclairer, à le comprendre et à l'accepter. Elle avait besoin d'être acceptée et aimée telle qu'elle était pour commencer à s'aimer.

Du patient au chercheur spirituel

> « Passer de l'opinion à la perception, de l'imagination
> au fait, de l'illusion à la réalité, de ce qui n'est pas
> à ce qui est, voilà le cheminement[2]. »

Dans la phase qui s'amorce, on change de paradigme à tout point de vue : de la psychologie individuelle au mental humain universel, de l'infantile à l'adulte, du monde intérieur au réel, de la réparation à la construction, du patient au chercheur, d'une multitude de clés de compréhension à une pratique unique, d'une recherche d'amélioration à l'acceptation, de la réhabilitation de l'émotion à sa mise en cause, d'être aimé à s'aimer et aimer, de subir à choisir, de réagir à agir. Longue liste, mais dont chaque élément importe et précise le tournant à prendre.

Le changement d'attitude traduit une évolution du sens de la *responsabilité*, maître mot de cette nouvelle phase. Nous n'attendons plus des autres, de l'extérieur, nous prenons la complète responsabilité de nous-mêmes et de notre existence : s'aimer soi-même c'est chercher à se rendre heureux. Quand j'ai suffisamment d'amour pour moi-même, je deviens disponible pour aborder une véritable relation avec la vie telle qu'elle est. Je me

---

2. *Ibid.*, page 29.

confronte alors à ses deux lois fondamentales pour les reconnaître et les accepter – tout change continuellement, et l'autre est différent. Je cherche à voir la réalité tant extérieure, dans ses aspects factuels, qu'intérieure, dans mon psychisme ; à préciser la nature des interactions entre l'extérieur et moi ; à être totalement solidaire de moi-même, quoi que je ressente et à agir dans ce sens.

Pour Swami Prajnanpad, l'amour de soi ne correspond ni à du narcissisme ni à un sentimentalisme quelconque, mais comme l'arithmétique, c'est une science exacte – « l'amour est calcul[3] ». Cette formulation pouvant prêter à confusion en suggérant une attitude calculatrice, je préfère la traduire ainsi : *l'amour est exactitude*. Ce sentiment se fonde sur la lucidité et sur un sens aigu de la responsabilité. Quel est le besoin véritable de l'autre, de la situation ?

Une autre affirmation pousse encore plus loin, à l'encontre du sens courant : « Vous seul êtes responsable de toutes vos actions, de toutes vos émotions. Leur cause est en vous et non pas à l'extérieur. Il n'y a pas de responsabilité externe[4]. » Nous admettons *grosso modo* la responsabilité de nos actions mais beaucoup moins, voire pas du tout, celle de nos émotions. Si je suis en colère, j'affirme que celui qui l'a déclenchée en est responsable. S'il n'avait pas agi ainsi, je ne serais pas fâché, cela va de soi. Swami Prajnanpad le réfute, ma colère m'appartient entièrement et, dans cette même situation, il m'est possible d'en faire l'économie. Affirmer ainsi que la causalité de l'émotion réside en nous défie le sens général et demandera que nous approfondissions ce point capital. Nous aborderons l'approche pratique qui dissipe l'émotion, dans le quotidien, et aussi via une pratique spécifique, le *lying*[5]. Ce travail d'unification intérieure aboutit à l'action qui concrétise l'amour de soi.

---

3. *Ibid.*, page 20.
4. *Ibid*, page 70.
5. Pratique développée par Swami Prajnanpad pour accéder aux couches inconscientes du psychisme et faire l'expérience libératrice de l'acceptation inconditionnelle de la douleur émotionnelle. Cette approche fera l'objet du chapitre 9.

CHAPITRE 7

Le refus émotionnel

> « Chaque fois que quelque chose vous trouble, entraînant dans son sillage une chaîne d'actions et de réactions, alors cela recouvre à coup sûr un refoulement ou un refus.
>
> [...] Toutes les émotions et pas seulement la peur viennent de la non-acceptation [1]. »

Nous avons déjà examiné le mécanisme fondamental de la souffrance, la négativité et la différence entre souffrance, ensemble complexe d'émotions que l'on subit, et l'émotion, réaction simple à un événement. De même que nous souhaitons nous libérer de la souffrance, nous aimerions faire l'économie de certaines émotions qui nous éprouvent. Cela nous conduit à clarifier ce qui les cause, non plus du point de vue de notre psychologie individuelle mais selon un mécanisme plus universel et unique : le même chez tous et pour toutes les émotions.

Si Swami Prajnanpad nous restitue la responsabilité complète de nos émotions, en sommes-nous réellement convaincus ? Puis-je soutenir honnêtement, quand ma femme se comporte d'une manière désagréable, que ma contrariété relève entièrement

---

1. Swami Prajnanpad, *ABC d'une sagesse*, *op. cit.*, page 64.

de ma responsabilité ? Nous aurons tous tendance à protester :
elle y est bien pour quelque chose, quand même ! Arnaud Desjardins enfonce aussi le clou : « Dans une relation, on n'est pas 50-50
responsables, chacun est 100 % responsable[2]. »

En fait, nous confondons le stimulus déclencheur externe (le
comportement de mon conjoint) et la cause de la contrariété : oui,
le stimulus provient bien de l'extérieur, mais la contrariété surgit
de l'intérieur, elle tient à moi. Avec ce même stimulus je suis
contrarié aujourd'hui, excédé demain, et non affecté un autre
jour. D'où vient la différence ? Aux fluctuations de mes paramètres physiologiques et psychologiques, à ma condition physique, à mon humeur du moment, à l'environnement extérieur –
une imprévisible loterie !

La cause de l'émotion

Mais ces facteurs ne sont pas des causes, ils font seulement
pencher la balance. La cause unique et simple réside dans ma
manière de prendre l'événement : je le prends mal, je me crispe,
je m'affole, je me cabre, je me désespère, ou je le prends bien, je
l'accueille, je fais avec. Prendre mal, c'est « non » à ce qui se
passe, prendre bien c'est « oui », j'accepte.

Nous retrouvons le mécanisme qui engendrait la souffrance,
le refus de la réalité, mais un refus plus élémentaire, à un premier degré. Dans la souffrance un empilement de refus paralysait
notre capacité à faire face et surtout nous éloignait de plus en
plus des événements déclencheurs, car nous refusions l'émotion.
Il fallait se lancer dans des fouilles archéologiques pour les dégager. Ici, nous refusons aussi mais en prise directe avec la situation, c'est le refus élémentaire de base ! Et nous réagissons, avec
les inconvénients inhérents à une réaction émotionnelle.

---

2. Arnaud Desjardins, *source orale*.

Le refus se reconnaît plus aisément dans la peur : non, surtout pas ça ! Je refuse de tout mon être ce que je crains et je me crispe rien qu'à l'idée que cela puisse se produire. Le refus d'un aspect de la réalité se trouve aussi à la base des autres émotions. La colère manifeste ma révolte contre l'événement – c'est inadmissible et ne devrait pas se produire ! La tristesse refuse la perte, la solitude, la séparation, l'échec. L'émotion positive n'échappe pas à la règle : l'euphorie de la joie, l'excitation, naissent parce que la réussite ou l'événement heureux aurait pu ne pas se produire. Le suspens et l'inattendu impliquent que l'issue n'est pas assurée, et l'euphorie explosera d'autant plus que les chances paraissaient faibles. Et sous le coup de la bonne nouvelle aussi, le refus jaillit, nous nous exclamons : « Non ! C'est pas vrai, pas croyable ! » Donc, si nous examinons de près, *aucune* émotion n'échappe à la règle.

« L'émotion n'est jamais justifiée[3] », déclarait également Swami Prajnanpad. Voilà de quoi susciter encore des incompréhensions… La principale serait d'en conclure qu'il ne faut pas avoir d'émotion. En aucun cas ! Si l'émotion est là, elle est là ; elle fait partie de la réalité et demande à être acceptée comme tout le reste. Une autre incompréhension consisterait à entendre cette assertion comme une vérité dogmatique sur les émotions et à entrer dans un débat philosophique sur le sujet. Non, vérifions simplement par nous-même et posons la question différemment : est-ce vraiment mon intérêt de justifier mes émotions ? Observons, sans parti pris, de quoi il retourne quand je les justifie ou quand je m'en abstiens. En effet, la phrase doit s'entendre comme un constat final et non comme une opinion de départ.

C'est pourquoi, je préfère, pour plus de clarté et pour dissiper les incompréhensions éventuelles, la formulation pragmatique — *ne justifions jamais nos émotions, cherchons juste à les vivre et à les comprendre*. Pourquoi ? Pour une raison très simple : tant que nous justifions une émotion, nous l'entretenons et l'empêchons de se dissiper. Plus je pense que j'ai bien raison d'être contrarié

---

3. Swami Prajnanpad, *source orale* (Arnaud Desjardins).

du comportement décevant de mon conjoint, plus j'alimente sans fin ma contrariété. D'autre part, j'élimine toute chance d'accéder à une compréhension de moi-même et de la situation. Le « jamais justifiée » a une importance capitale car nous nous empresserions sinon de justifier des exceptions – c'est quand même bien normal que je sois outré avec ce qui se passe ! Non, ce n'est pas normal, c'est compréhensible.

Un éclairage complémentaire peut contribuer à dissiper les possibles malentendus. Si à la base de toute émotion se trouve un refus de la réalité telle qu'elle est, ce n'est pas l'émotion en tant que telle mais ce refus qui n'est pas justifié. La formulation *le refus émotionnel de la réalité n'est jamais justifié* rencontrera peut-être plus d'écho dans l'esprit du lecteur. Nier la réalité quand elle nous déplaît y change-t-il quoi que ce soit ? Et pourtant, nous ne nous en privons pas… Pourquoi ?

Pas de bon sans mauvais, ni d'agréable sans désagréable

L'observation montre la tendance récurrente à justifier le refus émotionnel pour le maintenir. L'émotion forme un couple inséparable avec son comparse, le mental. Ils obéissent à un unique mécanisme.

« Dès que vous sentez l'émotion apparaître, ceci montre qu'il doit y avoir une erreur. Où est l'erreur ? L'émotion ne peut apparaître que lorsque vous ne voyez pas les choses comme elles sont ou plutôt, quand vous essayez de voir les choses en fonction de ce qui vous plaît, c'est-à-dire selon votre manière de penser[4]. »

Le lecteur retrouve notre définition initiale du mental. Dans ce couple maudit, le mental est le mécanisme de pensée qui oppose à la situation réelle l'idéal de la situation qui aurait dû se

---

4. Swami Prajnanpad, *De la sérénité. « Ananda-Amrita »*, *op. cit.*, page 28.

produire ; tandis que l'émotion est le mouvement affectif qui rejette le désagréable et s'accroche à l'agréable. Le refus de la réalité, pivot central du système mental/émotion, résume à lui seul toute la complexité de ces pensées et toute la variété des émotions concomitantes.

Si nous demeurons attachés à ce système, c'est que nous voulons que la vie réponde à nos souhaits et à nos désirs et qu'elle nous préserve des épreuves et de l'échec. Chaque fois que la vie, d'une quelconque manière, contrecarre ce schéma, nous entrons en résistance contre le mouvement perpétuel et imprévisible de l'existence, contre l'irréductible différence des autres : oh non, pas ça ! Pas la maladie ni la mort, pas l'échec, pas les plaies du quotidien, pas la déception amoureuse, pas l'angoisse pour les enfants, pas les gens pénibles, inefficaces ou nuisibles, ni les galères professionnelles. Nous voulons tout l'inverse, et notre mental proteste – ce n'est pas ce qui aurait dû se produire – et notre émotion vire du contentement à des couleurs sombres.

La recherche du bon et de l'agréable et l'évitement du désagréable dérivent de l'adaptation à la vie, le désagréable risquant de menacer celle-ci. Mais l'être humain, à la différence de l'animal, ne se cantonne pas à vouloir assouvir des besoins vitaux, il en demande plus, ce qui devient infiniment plus difficile à satisfaire. Chacun peut constater d'évidence qu'il cherche le maximum de bon avec le minimum de mauvais, selon ses critères propres.

De même que l'émotion ne pose pas tant problème que le refus sous-jacent, cette recherche bien humaine va comporter aussi un écueil. Si nous nous observons en situation, nous verrons qu'elle ne se contente pas de vouloir plus de bon et moins de mauvais, elle voudrait le bon *sans* le mauvais. Tant qu'elle se limite à un souhait, elle reste totalement adaptée et réaliste. Mais souvent, l'air de rien, nous exigeons, ça *doit* se passer comme je le veux. Nous retrouvons l'exigence de l'attente, l'une des clés de la souffrance. Le souhait admet l'éventualité de ne pas être exaucé, l'exigence ne tolère qu'une seule réponse, le oui. Le refus émotionnel se place en ce point précis, si la réalité ne répond pas à mon exigence, c'est non.

Quand la sagesse orientale parle d'illusion à propos de notre fonctionnement mental, en voici une, majeure. Nous nous illusionnons chaque fois que nous pensons n'obtenir *durablement* que le bon sans le mauvais. Il ne s'agit pas d'en faire une opinion générale mais de vérifier au contraire, dans les faits, que *l'agréable ne va pas sans le désagréable* (ce que les bouddhistes appellent l'impermanence). Je suis embauché, j'ai une promotion/restructuration, je suis licencié, malgré mes loyaux services ; je vis une idylle amoureuse/je suis déçu, je me lasse ; j'ai la joie d'être parent/ mon enfant saborde ses études ; et aussi, plus prosaïquement, ça roule super-bien/il y a un embouteillage ; mon collègue m'aide/ mon collègue me met des bâtons dans les roues ; Internet c'est génial/je passe deux heures d'exaspération au téléphone avec Orange pour rétablir la connexion...

Le coût du refus émotionnel

> « L'émotion crée une activité ayant deux caractéristiques : la compulsion et l'excès [5] »

Le refus émotionnel entraîne des conséquences coûteuses. D'abord, il induit une manière de penser fausse puisque contraire à la réalité, et celle-ci, étant erronée, m'enfonce dans une voie sans issue. Tout ce que je pense à partir de cette base est faussé et aggrave la situation. Une erreur de trajectoire, minime au départ, s'amplifie avec le temps. J'ai un cancer du poumon et je n'ai jamais fumé : « Oh non, c'est trop injuste ! » Si je persiste dans cette direction, je me mets en porte-à-faux avec la réalité. Comme j'ai décrété que c'était injuste, j'ai non seulement un cancer, mais en plus je souffre d'une injustice – double peine !

Première conséquence, *tout refus augmente le désagrément ressenti* : c'est mathématique et vérifiable ! Deuxième consé-

---

5. *Ibid.*, page 17.

quence, tant que je suis occupé à refuser, mon énergie se gaspille dans le tourment émotionnel en indignation, et nullement dans une réponse adaptée à la situation. Le refus émotionnel, au lieu de me conduire vers l'action, m'emmène vers le passé, en voulant le remodeler – si je n'avais pas fréquenté des fumeurs, si je les avais empêchés de fumer en ma présence – ou vers un monde irréel où je n'ai pas le cancer. La situation demande que j'assume et moi je tourne en rond dans ma révolte. Puis-je me permettre ce luxe ? Bien sûr, nous pouvons tout nous permettre, mais sommes-nous prêts à en assumer les conséquences ? Est-ce que je me donne toutes les chances de me soigner et de guérir de cette manière ?

Si je prends maintenant un exemple plus bénin, une friction avec le conjoint, un contretemps, une difficulté matérielle, l'intensité du refus et de l'émotion n'est pas forcément proportionnelle à la gravité réelle. Je peux me déchaîner, m'angoisser pour une broutille si j'estime que cela vient très mal à propos. Même si l'émotion reste dans des limites plus modérées, je réagirai, avec la part de tension et d'excès que cela comporte. Le quotidien apportant inévitablement son lot de contrariétés, avec ces multiples refus, la qualité de mon vécu de la journée sera entaché de tensions, d'énervements, qui se cumuleront.

Donc là aussi, le refus me coûte en énergie, en réactions plus ou moins inadaptées. Gardons à l'esprit ces deux points essentiels : *le refus émotionnel entrave l'action et tout ce que nous pensons sous le coup de l'émotion est faussé*. Énoncée ainsi, la logique paraît simple et elle l'est, mais simplicité n'équivaut pas à facilité. Le réflexe de rejeter le désagrément s'ancre si profondément en nous que nous aurons à mener une guerre d'usure.

Comme nous le verrons, nous nous attacherons à une seule tâche, quelle que soit la situation ou l'émotion, détecter le refus pour ne plus l'alimenter. Dans cette nouvelle phase, nous n'avons plus la nécessité de fouiller le passé, de démonter des mécanismes complexes, nous pouvons maintenant aller directement à la cause générique, sans nous embarrasser des circonvolutions psychologiques. Pour ne pas nous égarer dans le labyrinthe de notre psyché, nous étions poussés à rechercher une aide extérieure. Pour la traque au refus, la simplicité de la tâche nous rend une plus grande autonomie : une grande part du travail peut et *doit* s'effectuer seul. L'aide extérieure prendra toute sa valeur quand nous aurons essayé encore et encore et que nous buterons.

Pour nous motiver à dépasser notre refus premier du désagréable, nous avons aussi à changer notre regard sur ce que nous considérons ainsi. À ne vouloir que le bon, nous nous privons de vraiment faire l'expérience de dimensions plus intenses ou plus bouleversantes de l'existence. Swami Prajnanpad l'avait ainsi lancé à Arnaud : « Voulez-vous seulement la moitié de la vie ? Pouvez-vous accepter de manquer la plénitude de la vie[6] ? » Nous sommes au départ comme l'enfant qui n'aime que le doux et le sucré et recrache les autres saveurs. Pourtant nous apprenons à apprécier en grandissant l'amertume du café noir, la brûlure du piment... Alors pourquoi ne pas découvrir la saveur de la colère, du désespoir, de la peur, non à notre corps défendant, mais de notre libre choix !

---

6. Swami Prajnanpad, *source orale* (Arnaud Desjardins).

CHAPITRE 8

Un nouveau rapport à l'émotion

« L'expérience émotionnelle seule est la source
de la force intérieure [1]. »

La phase thérapeutique de la démarche nous a permis une
première transformation, passer de la souffrance à l'émotion.
Nous avions besoin d'être compris, soutenus, encouragés, aimés
pour nous dégager des séquelles de l'enfance. Le travail porte
maintenant sur l'émotion elle-même, précisément sur le refus qui
la nourrit. Je le répète inlassablement, cette démarche ne vise pas
à décapiter les émotions, ni à les anesthésier pour devenir « zen ».
Elle ne propose en aucun cas de les supprimer mais de les transformer. Toute tentative de les amoindrir, de les étouffer nous
conduirait à une impasse et nous écarterait définitivement du but.
Elles sont le plomb à transmuter en or. Sans elles, l'alchimie ne
peut s'opérer. Swami Prajnanpad considérait comme indispensable dans cette perspective une intense vitalité émotionnelle. Il
ne dépréciait jamais l'émotion, bien au contraire, et lui témoignait
un grand intérêt. « L'émotion est l'amie du chercheur [2] », disait-il.

---

1. Swami Prajnanpad, *La Vérité du bonheur. Lettres à ses disciples (III)*, *op. cit.*,
1990, page 19.
2. Swami Prajnanpad, *source orale* (Arnaud Desjardins).

Nous avons évoqué dans la première partie les rôles de l'émotion sur le plan psychologique : elle signale un point sensible qui nous éclaire dans la connaissance de nous-même et de notre histoire, elle a une fonction dans l'adaptation à la réalité, elle participe au tissage des liens affectifs et sociaux, elle nourrit notre intelligence et contribue à l'action.

Pour celui qui cherche à se transformer, elle joue encore d'autres rôles. Amie du chercheur, elle l'est en lui signalant la présence du refus, comme un voyant rouge qui s'allume. Elle l'invite à faire arrêt sur image et à se demander ce qu'il refuse, ici et maintenant. De fait, le refus se dissimule le plus souvent derrière l'écran des pensées : le film produit par le mental capte notre attention, laissant son mécanisme central dans l'ombre du subconscient. En dehors des cas les plus évidents où il sort de notre bouche et où nous nous entendons dire « non » suivi d'un conditionnel (il aurait fallu, il devrait, il ne devrait pas, j'aurais dû, je n'aurais pas dû), nous pourrions facilement l'ignorer. *Or la présence d'une émotion ne suggère pas la possibilité d'un refus, elle l'affirme sans exception*. Si on ne détecte pas celui-ci, qu'on ne conclue pas à son absence, mais à une recherche inaboutie !

Autre rôle très important, elle nous offre l'opportunité de nous aimer. Traitons-la comme notre enfant. Dans la phase de souffrance, nous étions un psychisme enfantin réclamant de l'amour dans un corps d'adulte. Maintenant, nos émotions attendent de notre psychisme plus adulte amour et compréhension. Elles vont donc tester notre capacité car, à l'instar des enfants, elles n'attendent pas notre permission pour se manifester ! Comme eux aussi, elles ne se contenteront pas de paroles lénifiantes, elles voudront des actes, des preuves de cet amour. Si donc l'une d'elles persiste, elle avertit d'un refus sous-jacent, et elle nous prévient aussi que nous ne l'avons pas prise en compte jusqu'au bout et que nous ne nous aimons pas suffisamment.

J'introduis ici la notion du temps, parce que la durée, comme l'intensité, se conjugue exactement à l'aune du refus : *plus l'émotion perdure, plus elle est intense, plus grand est le refus qu'elle signale*. Quand le désagrément survient, notre mouvement réflexe c'est « non » et, restons réaliste, ne cherchons pas à éliminer ce refus initial. Nous risquerions de vite nous décourager. Laissons-le passer comme les rouleaux de l'océan et cherchons à y plonger pour en ressortir plus vite. Le refus émotionnel ne cause problème que si nous nous obstinons dans cette réaction. Concrètement, « plonger dedans » veut dire « aller délibérément avec ». Au lieu de tenter de nous raisonner, protestons de toutes nos forces une bonne fois, afin de le laisser derrière nous sans regrets. Mieux vaut un « non » bien franc qu'un « oui » du bout des lèvres. On y gagnera en vérité mais aussi en temps ! Nous arrivons alors au travail de transformation de l'émotion.

La pratique de l'acceptation :
l'unification intérieure

> « Deux efforts sont menés parallèlement. Un est l'effort pour être le plus objectif et le plus neutre possible. [...]
> L'autre, est une démarche exactement inverse.
> Il faut aller jusqu'au bout de son monde
> et de sa subjectivité[3]. »

Swami Prajnanpad n'enseignait jamais collectivement, mais uniquement en colloque singulier, s'adaptant à la nature de chacun, et à son degré d'évolution. Il n'a publié aucun livre et c'est seulement en regroupant ses lettres à ses disciples, les notes prises par ceux-ci, les entretiens enregistrés, que nous découvrons une vision d'ensemble. Alors qu'il s'adresse à chacun très différemment, selon sa culture, son éducation, sa psychologie, sa progression, le message central reste constant – *cessez de refuser ce qui est, acceptez.* Lui-même déclarait que son enseignement se résumait entièrement dans le mot « oui ».

---

3. Arnaud Desjardins, *Le Védanta et l'inconscient. À la recherche du soi*, Paris, La Table ronde, 1978, page 191.

Donc pas de pratiques mystérieuses, ésotériques, ni d'exercices variés, mais une seule, toujours la même, tout au long du chemin. Elle tient sa puissance de son extrême simplicité mais avec un piège majeur en corollaire – croire qu'on en a fait le tour. Nous avons déjà abordé la question de l'acceptation de l'émotion et nous y revenons précisément parce que nous n'en avons pas fait le tour. *La manière d'accepter évolue à mesure de notre transformation et touche des niveaux de plus en plus profonds de notre être.*

Le cheminement proposé par Swami Prajnanpad s'appuie entièrement sur le quotidien de l'existence, en utilisant ses péripéties comme des opportunités pour s'entraîner : pas d'ascèse dans un monastère, pas de longues méditations, pas de prières. La spiritualité indienne se caractérise par la prééminence accordée à l'expérience. À cela s'ajoute la formation scientifique de ce maître pour confirmer le mot d'ordre : ne croyez rien, ne prenez rien pour acquis, expérimentez et vérifiez par vous-même ! Il ne demandait rien à ses disciples, ni ne cherchait à les convaincre de quoi que ce soit, mais se contentait de les renvoyer à eux-mêmes : « Que voulez-vous ? » Il les aidait à clarifier l'objet de leur recherche puis à devenir cohérents avec ce but.

La démarche consiste en un va-et-vient continuel entre la tentative d'accepter en situation réelle, et des moments de retour sur ces expériences pour en retirer les enseignements. Ces retours ne sont pas formalisés dans leur rythme ni dans leurs modalités. Chacun se réserve ces temps, suivant son tempérament et son emploi du temps mais, avant tout, suivant l'intensité de sa motivation. Celle-ci croît à chaque expérience authentique d'acceptation, tant la saveur de ces instants laisse un goût inoubliable. Plus le suivi se resserrera autour du quotidien, plus la moisson s'enrichira d'échantillons intéressants. Inévitablement, nous enregistrons des tentatives fructueuses et infructueuses et, dans cette pratique solitaire, nous finissons soit par plafonner ou par rencontrer un obstacle insurmontable – l'inacceptable pour nous.

Notre évolution ne relève pas d'une progression linéaire mais concentrique, en spirale. Le flux de l'existence nous happe vers

CHAPITRE 5

Le travail sur la négativité

« Le refus renforce ce qui est refusé. Ce à quoi
vous voulez échapper vous poursuivra toujours[1]. »

La négativité prend bien des visages et témoigne d'une grande inventivité dans la poursuite de son œuvre de destruction. Nous en retiendrons ici deux grands registres, la négativité envers soi et la négativité envers les autres. Elles se combinent souvent, comme on peut l'imaginer...

La négativité autodestructrice

Le désamour culmine dans la haine de soi qui produit une souffrance cruelle. Quand l'ennemi est installé dans la place, il ne laisse pas de répit et il jouit d'une forme d'impunité. La personne en proie à cette guerre intestine se sent le plus souvent désarmée face à ces attaques qu'elle ne repère même pas comme telles. Elle se sent mal, elle perçoit qu'elle s'en veut mais, pense-t-elle, à juste titre. Elle est persuadée que tout autre à sa place s'en voudrait

---

1. Swami Prajnanpad, *ABC d'une sagesse, op. cit.*, page 111.

autant. Plus elle s'en veut, plus son malaise augmente, mais elle
ne réalise pas que cette haine précisément produit sa souffrance.

L'autodestruction se manifeste sur le plan psychique sous la
forme de pensées négatives. Celles-ci dénigrent la valeur de soi,
les capacités et les actes, mettent en doute la légitimité de son
existence, de ses besoins et de ses droits, de son potentiel d'évolution. Elles entretiennent la honte de soi, la dévalorisation dépressive, la culpabilité et l'angoisse. Les conséquences négatives en
sont nombreuses. La confiance en soi, minée par les critiques
incessantes, va manquer de force pour que la personne ose suivre
ses désirs, les aspirations qui la pousseraient à se réaliser. Elle ne
s'autorisera pas à aller vers ceux qui l'attirent, s'en jugeant indigne. Au contraire, elle manifestera un génie pour se fourvoyer et
s'empêtrer dans des galères, avec des partenaires qui la méses-
timent et la maltraitent.

La haine de soi handicape terriblement les possibilités relationnelles, en particulier dans la vie amoureuse. Elle produit
aussi l'échec sur un plan socioprofessionnel – comment se sabor-
der, comment réussir à échouer et se punir d'avoir voulu quelque
chose. Enfin, elle atteint parfois aussi le corps, par des accidents
à répétition, ou par la maladie. J'ai plusieurs fois suspecté qu'elle
avait contribué à un processus cancéreux, à certaines maladies
auto-immunes. La parenté symbolique avec ces maladies où
l'organisme se retourne contre lui-même est très parlante.

Cette forme de négativité représente un chantier majeur de la
démarche thérapeutique puisqu'il s'agit rien de moins que de la
faire disparaître. En outre, cette force de destruction s'attaque
fréquemment au processus de transformation, le mettant en
doute, et repoussant le thérapeute dans ses limites, pour le faire
échouer. Certains ont ainsi enchaîné des démarches et les ont
interrompues sous l'effet de cette impulsion négative, y gagnant
un renforcement de leur sentiment d'échec.

Pour le thérapeute comme pour le patient, voilà un défi de
taille mais usant à relever. La négativité, équivalent psychique du
cancer, se nourrit de nos forces vives pour mieux nous détruire,
elle résiste farouchement avant de céder et nous épuise. Lanci-

l'extérieur, la superficialité, et exerce une puissante force centrifuge. Pour changer d'orbite et se rapprocher du centre, un apport supplémentaire d'énergie est requis : là, nous avons besoin d'une aide externe, en la personne d'un maître ou d'un élève plus expérimenté. Avec eux, nous allons examiner des cas concrets pour bénéficier de leur éclairage : où se cache encore le refus ? Quand nous buterons irrémédiablement sur une situation que nous ne parvenons pas à accepter, il faudra employer une approche plus radicale et recourir au *lying* (*cf.* chapitre 9).

Une femme rapporte que dans une cérémonie, elle a été choquée que sa thérapeute qui participait à l'organisation ne soit pas mise en avant. Je prends cet exemple pour illustrer la différence entre l'approche thérapeutique développée plus avant et la pratique de l'acceptation. Dans la première, il semblerait assez évident d'explorer ce que représente sa thérapeute, avec l'hypothèse d'un mouvement transférentiel. Est-ce que cela concerne la place de la femme, sa propre place à elle ? Est-ce que cela évoque quelque chose de sa relation avec sa mère ? En est-elle triste ou bien révoltée ? À qui attribue-t-elle la décision ? Que ressent-elle à son égard ? Nous tenterions de comprendre cette réaction, rechercherions où elle prend sa source, en remontant éventuellement dans le passé. Dans la nouvelle approche, nous partons du fait qu'elle ressent une émotion (de la tristesse), signe infaillible d'un refus.

Premier refus évident : sa thérapeute n'a pas eu la place qu'elle méritait. Reconnaître ce refus ne change rien en elle, elle continue d'être mal. La persistance de l'émotion signale un autre refus à l'arrière-plan, et plus sensible qu'une question de préséance, car elle semble vraiment triste. Que dit l'émotion ? Elle a mal pour sa thérapeute. Elle pleure en silence, pas vraiment pour la cause apparente (la place) mais parce que celle-ci est gravement malade. Il y a le refus de la voir souffrir et probablement le refus de la perdre. Ce dénouement inattendu la surprend, comme moi, et dissipe rapidement son émotion – elle voit.

Dans cet exemple, nous constatons le rôle joué par l'émotion qui oriente la recherche jusqu'à son but. L'émotion complètement acceptée en tant que telle, si on la laisse parler sans aucun présupposé, exprime la voix du cœur et ouvre la voie qui y mène. Les explications deviennent superflues, la qualité du silence qui règne alors en dit plus.

Une personne rapporte qu'elle s'est occupée de sa mère âgée, hier. Elle est déçue de ne pas éprouver plus d'amour pour cette dernière, malgré ses efforts pour changer et se demande ce qu'elle refuse pour ne pas être plus aimante. Après tant d'années de cheminement, elle en est encore là, se reproche-t-elle. Le premier refus est manifesté par la déception : elle devrait être plus avancée, capable d'aimer. Dans cette situation, au nom de son idéal, elle se refuse elle-même. Swami Prajnanpad lui aurait dit : « Soyez fidèle à vous-même, telle que vous êtes, ici et maintenant[4] ? »

Premier piège, fréquent, exiger de soi de correspondre à un idéal spirituel d'amour et de sérénité, au lieu d'accepter sa vérité subjective du moment. Elle ne ressent pas d'amour, c'est sa vérité, rien à redire. Deuxième piège, se baser sur une assertion négative : dire « je n'ai pas…, je ne suis pas… » implique un point de départ imaginaire où « j'aurais dû avoir, j'aurais dû être autrement que je ne l'ai été ». Partir de ce qui n'est pas, c'est vouloir s'appuyer sur un vide puisque, justement, ça n'est pas et se priver du seul appui consistant, la réalité de ce qui est. Sur cette base, on est condamné à patauger.

Revenons à cette femme, elle comprend bien ce que je lui réponds mais, manifestement, une insatisfaction demeure. Je l'invite donc à se pencher sur ce qu'elle a ressenti en s'occupant de sa mère et non sur son manque supposé d'amour. Une autre vérité émerge alors, par touches successives : elle traîne les pieds pour y aller, c'est plutôt une corvée, mais elle tient à le faire. Non seulement elle n'aime pas comme elle devrait, mais il devient clair qu'un second conflit l'habite. Elle n'a pas envie et se force, en étouffant cette protestation. Le refus condamne son sentiment

---

4. Swami Prajnanpad, *source orale* (Arnaud Desjardins).

spontané. Déjà, reconnaître qu'elle se fait violence amène un début de soulagement. Ici nous pourrions suivre l'exploration psychologique sur l'historique de la relation avec sa mère. Je me cantonne au présent de cette relation : quel est ce ressenti réprimé ? Quel serait le cri du cœur ? « C'est une emmerdeuse ! » En le disant, elle oscille entre la confusion de sortir une énormité et une ébauche d'amusement. « Ah ! Que fait-elle pour ? – Elle n'est jamais contente, elle est totalement égocentrique, elle dit du mal des gens, elle est désagréable, il faut la servir... » Nous y sommes presque ! Elle a extériorisé son jugement sur sa mère, puis les faits qui lui déplaisent, mais il manque encore ce qu'elle-même ressent. « Je ne la supporte pas ! » Un mélange de rejet, d'exaspération, de colère. Ouf, enfin la vérité émotionnelle ! La réunification intérieure de l'acceptation triomphe, l'amusement s'est mué en joie. Oh oui, c'est bon de se l'accorder sans restriction, oui, elle ne la supporte pas ! Il lui est impossible d'aimer sa mère en ne s'aimant pas elle-même, en se niant. Il ne s'agit pas de savoir si c'est bien ou mal, si elle a raison ou tort mais de s'appuyer sur le sol ferme du vrai. Si elle n'éprouve pas d'amour mais la déteste, elle n'a pas besoin d'avoir raison (ce qui serait justifier l'émotion), il suffit d'admettre qu'elle puisse avoir *ses* raisons. Cette vérité émotionnelle ne doit pas être discutée mais acceptée et comprise. Après seulement, elle deviendra disponible au questionnement : quelle action tiendra compte à la fois de ce ressenti et de la situation. L'ouverture de l'acceptation s'accompagne souvent d'insights psychologiques : elle voit que le mieux est l'ennemi du bien ; à trop vouloir se démarquer de sa tatie Danielle de mère, en étant aussi douce et charmante, elle se laisse maltraiter et, même, l'attire.

Cet exemple illustre un point fondamental sur lequel tout le monde bute, à un moment ou à un autre : *on ne peut accepter une situation difficile pour soi, sans passer par l'acceptation de ce qu'on ressent*. Avec la réciproque du théorème : chaque fois que, malgré des efforts sincères, nous ne parvenons pas à accepter une situation, nous pouvons être certains que nous n'avons pas accepté notre ressenti.

« Pour la réalisation de la vérité, il n'y a aucune arme plus puissante que celle-ci, s'accepter soi-même[5]. » L'exemple qui suit incarne bien le sens de cette formule qui ne se contente pas d'encourager à s'accepter. Elle le place comme axe central de la transformation. Je lui trouve un écho au « Connais-toi toi-même et tu connaîtras l'univers et les dieux » socratique. Puisque le prisme déformant qui nous empêche de voir et de connaître la réalité se trouve en nous, c'est en nous qu'il faut regarder pour lever cet obstacle. Alors seulement la vision du monde s'éclaircit. Pour Swami Prajnanpad, vision (l'intellect) et acceptation (le cœur) marchent de concert, inséparables : quand on voit les choses comme elles sont, c'est qu'on les accepte, quand on accepte les choses telles qu'elles sont, c'est qu'on les voit.

Un homme d'âge mûr, divorcé, n'a quasiment plus de contacts depuis des années avec son fils adulte. Ce dernier ne veut plus lui parler depuis le divorce, ayant pris le parti de sa mère. Il me raconte ses vaines tentatives. Il a essayé de le comprendre et, les rares fois où il l'a vu, il a voulu s'expliquer, justifier sa décision, obtenant le résultat inverse – son fils se braquait encore plus. Il lui envoie des messages, mais ne reçoit pas de réponse. En bon chercheur spirituel, il ponctue son récit de « mais c'est comme ça, je suis son père, c'est à moi d'aller vers lui, j'accepte ». Je ressens l'évidence du contraire. « Te sens-tu vraiment bien avec cette situation ? – Oh, ça peut aller… – Vraiment ? – Bon, après tout ce que j'ai fait pour me rapprocher de lui, c'est quand même moche… ["Moche", un jugement, donc une émotion ?] Il pourrait quand même comprendre que si j'ai quitté sa mère ce n'est pas pour une histoire de c…, je n'en pouvais plus. [Le conditionnel « il pourrait » confirme la présence du refus ; il pourrait = il *devrait* comprendre]. – Est-ce que tu lui en veux de ça ? [Silence lourd. Il hoche la tête à contrecœur, voilà l'émotion qui est réprimée, indigne d'un chercheur. Mon air approbateur le surprend puis l'encourage.] – Oui, je suis en colère contre lui, ça fait des années que ça me pourrit la vie. [Son visage s'anime, le débit s'accélère, manifestations qu'il se rapproche de sa

_____

5. Swami Prajnanpad, *ABC d'une sagesse, op. cit.*, page 13.

vérité.] – Il est vraiment trop con, il se fait manipuler par sa mère et ne le voit même pas. Elle m'a coupé de lui ! [Une nouvelle vague de refus arrive, avec du jugement mêlé de bribes de faits. La colère éclate contre son ex-femme, cette fois sans retenue, ponctuée de quelques grossièretés – l'intensité de l'émotion montre la proximité du point douloureux.] – Coupé de lui ? – Oui, c'est ça. » Il s'arrête comme s'il avait reçu un coup de poignard, le souffle coupé. Il me regarde intensément, il a compris et, comme un soldat qui pose son épée et son bouclier, il capitule et s'incline intérieurement devant sa vérité [la colère le durcissait et le protégeait de la peine]. Il éclate en sanglots, hoquetant le prénom de son fils. Sa douleur lui brise le cœur mais il ne résiste plus, il s'ouvre, bouleversé par l'amour si fort qu'il ressent. L'acceptation ramène la paix.

Ce témoignage émouvant comporte des enseignements essentiels. Oui, il ne pouvait admettre cette coupure qu'il trouvait injuste (il avait divorcé de sa femme, pas de son fils !) et surtout qui lui faisait trop mal. Refusant son propre ressenti, une douleur trop vive, tous ses efforts d'acceptation de la situation ne pouvaient que s'enliser. Sur cette base de refus, « ce garçon n'a aucune raison de se couper de moi puisque je l'aime », toutes ses actions (ou plutôt réactions) allaient à contre-courant, rejetant la vérité émotionnelle de son fils. Manipulé ou pas, celui-ci lui en voulait et il ne voulait pas l'entendre. Même si, extérieurement, son attitude cherchait à comprendre, le cœur n'y était pas et son fils ne s'y trompait pas.

L'expression « le cœur y est » traduit bien l'unification intérieure, l'acceptation de notre vérité. C'est une question toute simple (« mon cœur y est-il ? ») que nous pouvons nous poser, avec deux seules réponses aisément accessibles : oui ou non.

Voici une autre manière encore de distinguer approche thérapeutique et recherche spirituelle : dans la première, le questionnement tente d'élucider des motivations inconscientes, des mécanismes, des liens entre le passé et le présent, avec une gamme infinie de réponses possibles. Ici, il ne subsiste qu'une seule question, toujours la même, et deux réponses : c'est oui/ c'est non. Aucune faculté de biaiser. Tant que le cœur n'y est pas, tant qu'il n'a pas parlé, l'analyse la plus brillante restera lettre

morte ou ne suscitera qu'une adhésion de surface. Cette expression s'étend également à l'action, et nous avons avantage à nous
poser la question lorsque nous agissons. Quand le cœur n'y est
pas, soit nous réagissons carrément, soit nous sommes dans le
compromis, soit dans la division et le tiraillement – à regret, soit
dans la résistance passive. Cet homme agissait dans le compromis entre son envie de contacter son fils et le ressentiment souterrain contre lui. Maintenant qu'il avait accepté la coupure,
toute la pression pour trouver une solution et agir était retombée,
il se sentait ouvert, sans attente. Épilogue et happy end...

Combien de fois ai-je été le témoin de petits et grands
miracles dans tous les domaines, quand une personne met genou
à terre et accepte. Nul besoin qu'elle le clame, qu'elle l'explique,
bien au contraire. Une nuance impalpable émane d'elle (le par-
fum subtil du oui) et transforme la dynamique de la situation.
Mais attention, ce n'est pas un « truc » – j'accepte et mon fils va se
réconcilier avec moi. Un truc ne fonctionne pas parce que le refus
persiste (lui aussi il émane, mais c'est palpable !) et que le mental
continue de fabriquer des stratégies pour arriver à ses fins. On ne
peut ni tricher ni forcer quoi que ce soit quand il s'agit de l'ouverture du cœur.

Le piège de la fausse acceptation

La fausse acceptation tend un piège dans lequel tomberont
plus facilement les personnes qui n'ont pas suivi de démarche
thérapeutique car celle-ci rapproche des émotions et met en évidence les ficelles du mental. Pour ceux qui s'engagent directement
sur une voie spirituelle sans ce préalable, et d'autant plus s'ils sont
relativement coupés de leurs émotions, l'image de l'aboutissement, le sage rayonnant de sérénité et d'amour, environné de
vénération, exercera une fascination.

Cette image idéale suscite l'envie plus ou moins consciente
de lui ressembler, par identification. La personne cherche à être

ainsi, acceptante, aimante, sereine. Or la voie proposée par Swami Prajnanpad comporte une descente aux enfers qui vient en son temps, d'elle-même, du fait du processus de transformation. Il mettait en garde ses disciples, les enjoignant à *le suivre et non à l'imiter*, donc à suivre leur route, de bout en bout, sans vouloir sauter au but. L'évitement de la souffrance, l'extrême difficulté de se confronter à leur part d'ombre, détournent bien des chercheurs qui chercheront inconsciemment à court-circuiter cette traversée. Seul le versant lumineux les intéresse.

Je revois une femme élégante, enseignante de yoga, très contrôlée, arborant un sourire constant, qui me demande conseil parce qu'elle a encore, dans certaines situations, des agacements dont elle voudrait se défaire. « Je parviens à accepter beaucoup de choses mais par exemple, c'est totalement stupide, je m'énerve au volant quand les autres ne respectent pas le code, ou bien me collent de trop près (à Paris, c'est souvent !). J'accepte que l'autre est différent, je respire pour me recentrer, mais il reste ce ridicule agacement. Que me conseillez-vous ? » C'est à mon tour de respirer ! Je ne peux partager avec elle ce que je perçois comme une évidence : son émotion, fidèle à son rôle, lui signale un refus et elle cherche à lui tordre le cou. Ce n'est pas recevable pour elle.

Il me faut rentrer dans son monde, prendre toute la mesure de ses efforts assidus et sincères pour se rapprocher de son but. Si elle a utilisé des techniques spirituelles afin de museler ses émotions, elle doit porter des raisons plus anciennes de s'anesthésier ainsi et des fragilités à défendre. Ressentir cela intuitivement me touche et me rapproche d'elle. Je me mets à l'unisson de cette motivation à faire de son mieux. « Vous faites beaucoup d'efforts ! J'ai l'impression que vous vous en demandez beaucoup… [Elle acquiesce.] – Oui, je m'en demande beaucoup [avec une fierté certaine]. – Je me demande si ce n'est pas trop ? – Vous croyez [elle est surprise] ? – Quand même, tous ces gens qui conduisent n'importe comment, qui bousculent les autres, c'est franchement pénible, non ? – C'est incroyable de se comporter comme ça, ils sont complètement stressés, ils sont fous ! – Moi je trouve qu'il y a de quoi être énervé, c'est agressant ! – Vraiment !? Vous trouvez ça normal d'être énervée [son visage s'éclaire] ? – Oui, et je trouve que là vous êtes trop exigeante avec vous, il y a des limites ! » [Incroyable ! Je justifie une émotion, de l'anti-Swami Prajnanpad !] Elle sourit, incrédule mais trop contente, elle qui pensait n'en faire jamais assez, qu'on lui dise qu'elle en fait trop... Son émotion légitimée, devient acceptable [ouf, en voilà au moins une sauvée de la purge] et son honneur sauf [elle reste une superpratiquante]. J'aime cet exemple, d'abord parce qu'il m'a mis au défi de ne pas la juger. Je l'aurais blessée en lui expliquant qu'elle allait à contre-courant de la pratique. En me laissant toucher, j'ai pu trouver le chemin de sa sensibilité. Grâce à ce moment clé, le contact s'est établi entre nous, ce qui m'a permis de vraiment l'aider à retrouver le chemin d'elle-même par la suite.

Cette démarche s'applique aussi pour nous-mêmes. Il nous arrive à tous, à certains moments, d'être coupés, de ne plus ressentir grand-chose. Ce vide de la sensibilité, ô combien désagréable, nous laisse croire à son absence, alors qu'elle demeure toujours présente comme un petit fil de soie qui dépasse à peine... et nous la cherchons là où elle ne se trouve pas.

Nous voudrions par exemple ressentir un élan du cœur, une joie et ne voyons que platitude. Mais dans cette platitude même, n'y aurait-il pas une légère coloration, un ennui, une morosité, un petit fil à tirer ? Pour cette femme, le petit fil a ramené non pas un gardon mais un cachalot. L'exigence qui transpirait dans cette question apparemment bien peu bouleversante provenait en droite ligne d'une grande souffrance de l'enfance, en relation avec son père. Cela nous montre que pour trouver l'accès à notre cœur, nous devons laisser tomber nos présupposés et ne rien négliger, sous prétexte d'insignifiance ou de prétendue médiocrité.

Un homme me demande à entreprendre des *lyings*. Il me parle de son enthousiasme pour la voie spirituelle et la métaphysique, de son amour pour Arnaud, de sa pratique intense et régulière. Quand je lui demande s'il rencontre des difficultés pour accepter, sa réponse arrive sans détour : « Non ! Ce qui est est et il n'y a rien à rajouter. » [Ah, ça s'annonce mal !] « Et vous arrive-t-il de ressentir des émotions ? – Oh, les émotions, les problèmes psychologiques, c'est le petit moi, je n'y accorde pas d'importance et ça passe tout

seul. » [Toutes les issues sont fermées…] Je lui fais part de ma per-
plexité : « Je ne vois pas bien à quoi pourraient vous servir les *lyings*,
puisque vous ne butez sur rien. – Oui, mais Arnaud me l'a conseillé
et je ferai ce qu'il m'a dit. [D'un ton sans réplique. Je suis devant
un cactus.] » Je lui explique concrètement en quoi consiste la
démarche, j'évoque le rôle du groupe. « Du groupe !? [regard horri-
fié]. Mais c'est du déballage, chacun va tourner autour de son nom-
bril et sortir ses jérémiades. Vous ne croyez quand même pas que
j'ai besoin de ça pour atteindre l'Absolu. C'est hors de question ! »
[En colère. Ah, de l'émotion ! Un fil à tirer…] « Vous semblez trouver ça particulièrement nul… – Mais oui, ces gens qui racontent
leurs petits bobos, qui se lamentent alors que la vie est là, c'est une
insulte pour la Voie, du pur égocentrisme, c'est un truc pour bonnes
femmes névrosées. » [Ton véhément.] – Ça semble vous énerver ? –
Pas du tout ! [Regard noir qui me foudroie, comment osai-je insinuer une insanité pareille. Erreur, j'ai été trop vite.] Je ne discute
pas ce qui est, mais je vois les choses comme elles sont. Il y a des
gens qui perdent leur fric dans ces thérapies New Age. C'est bon
pour les malades !

Il me montre sa pratique de l'acceptation en direct. Le décor
est planté, la partie promettant d'être épineuse. Je reprends mon
souffle pour trouver une autre voie et réalise d'un coup que l'évidence me crève les yeux depuis le début. « Quand vous me dites
tout cela, je peux imaginer la confiance immense que vous avez en
Arnaud pour suivre un conseil qui va tellement à l'encontre de vos
convictions. [Je le ressens vraiment. Moi-même, suivrais-je une
suggestion qui me rebuterait autant ?] Je suis impressionné de
votre confiance. [Son visage change totalement d'expression, se
détend, s'adoucit] – J'ai une telle gratitude pour lui [ses yeux
s'embuent de larmes], il m'a donné ce qu'il y a de plus beau dans
ma vie ! Les moments de silence avec lui, c'est tellement magnifique, une telle lumière, une telle communion. » Ce qui se présentait comme l'obstacle insurmontable, la quadrature du cercle, c'est
là même que se trouvait la porte. Ce qui rationnellement m'apparaissait absurde, se forcer à une démarche de lâcher prise, prenait
son sens avec le cœur (quand j'ai moi-même lâché prise !). Arnaud
reprenait souvent l'expression traditionnelle à propos de l'acceptation – la « réconciliation des contraires ». Cette situation m'en

offrait un exemple vivant. La démarche a pu s'enclencher, sa relation avec Arnaud ouvrait la voie d'accès à son cœur d'enfant. Il
avait grandi dans un monde d'une telle dureté, d'une telle violence
qu'il haïssait l'humanité. Il s'était fermé, blindé même vis-à-vis des
femmes, envers qui il ressentait une forme de mépris, sans aucune
conscience de sa propre violence. La première personne qu'il avait
pu aimer, sans restriction, c'était Arnaud. Son aspiration spirituelle
voulait l'élever au-dessus de la médiocrité humaine, par-delà le
magma des émotions.

Des souffrances trop intenses, comme de grandes carences
affectives et/ou des abus dans l'enfance, engendrent des mécanismes plus radicaux que le refoulement pour s'en défendre,
comme le clivage et le déni. Les jugements radicaux, conséquence
du traitement infligé aux émotions, séparent sans nuance le beau,
le bon, le bien du laid, du mal, du mauvais, qu'il s'agisse des personnes ou des idées.

L'idéal ne tolère pas le compromis, quitte à couper des têtes !
Il catalogue les êtres humains, avec un cercle très restreint qui
entre dans ses critères et le reste qui ne mérite pas l'intérêt ni ne
peut apporter quoi que ce soit. La spiritualité attire ce profil de
personnes qui y trouvent un havre conforme à leurs idéaux mais
avec le risque que cela les conforte encore dans leur clivage et
dans l'anesthésie émotionnelle. Elles auraient d'autant plus besoin
d'une thérapie qu'elles s'en défient. Comme nous venons de le
voir, la relation avec un maître joue un rôle déterminant pour
faire pencher la balance, avec le danger des mouvements sectaires
qui useront de cette faille à une fin d'emprise.

Chez d'autres, aussi porteurs de fragilités psychiques, le
manque de structure intérieure domine, ainsi que l'évitement du
réel de l'existence – ils flottent. Les repères fournis par la spiritualité les attirent et leur apportent un cadre qui les aide à vivre et à
revaloriser leur image mais, sans un travail psychologique approprié, ils risquent de s'enfermer dans une bulle, à l'écart des réalités
du monde. La fausse acceptation ne guette pas que ceux qui ne
sont pas passés par la thérapie ou les personnalités plus fragiles.

C'est une stratégie majeure du mental pour dissimuler le refus, y compris chez des chercheurs expérimentés.

> Je reçois un homme, très impliqué dans sa recherche, que je connais bien. Il m'explique combien il a pratiqué, dans une difficulté de couple où il s'emportait toujours, et où il est resté tout à fait calme, dans l'ouverture. [Magnifique !] Pourtant il m'abreuve de détails et commence à se répéter, suscitant en moi l'impression d'un décalage. Il décrit le comportement de sa compagne : « Tu aurais vu, elle me faisait son cirque, mais rien, ça ne prenait pas [je note "le cirque" *in petto*, un jugement]. Je la voyais me sortir la même rengaine de reproches et cela n'avait aucun effet, je n'étais pas du tout affecté. Et elle, ça l'énervait encore plus. [Il la regarde comme un poisson dans son bocal. Ça, de l'ouverture !?] » L'agressivité contre sa compagne s'était muée en une distance teintée de supériorité. Comme elle-même suivait également cette pratique, il avait marqué un point sur elle, en restant imperturbable ! Je le lui fais remarquer sur le mode humoristique, il saisit à demi-mot et éclate de rire. Le mental aime à se décerner des médailles d'acceptation… Une ouverture qui n'inclurait pas l'autre, avec un réel sentiment de proximité, n'en a que l'apparence.

Autre variante de la fausse acceptation, le sacrifice héroïque. Une abondance d'exemples me vient à l'esprit concernant notamment les relations intrafamiliales. Des parents m'expliquent comme ils acceptent des comportements pénibles ou détestables de leurs enfants, grands ou petits. Stoïquement, ils le supportent sans faire de reproche, manifestant de leur mieux leur affection, se mettant en quatre pour rendre des services.

> Une femme me décrit une relation difficile avec sa fille adulte. Celle-ci l'instrumentalise comme nounou et pour toutes sortes de corvées domestiques et pourtant n'en semble jamais satisfaite, la critiquant pour le moindre détail et d'une manière cassante. La mère supportait tout cela quasiment avec le sourire. Elle mettait en pratique l'acceptation. Il lui a été si difficile de réaliser qu'elle ne se respectait pas : quel amour avait-elle pour elle-même ? Ayant

compris à travers ses lectures qu'elle avait fait des erreurs dans l'éducation de ses enfants petits, elle voulait réparer et leur donner maintenant le maximum. Pour elle, accepter, aimer, c'était tout supporter [un fond judéo-chrétien ?]. Elle reconnaissait néanmoins que sa fille la blessait et qu'elle pleurait souvent en revenant de chez elle. Il ne servait à rien que j'argumente avec elle, tant sa conviction résistait. La seule chose qu'elle put entendre, et qui la toucha, fut de lui dire que cela me faisait de la peine pour elle. Un retour sur son passé s'imposait pour mobiliser la résistance. Sans grande surprise, la relation avec sa fille se révéla un copier-coller parfait de la relation avec sa propre mère. Pour éviter le rejet maternel, elle jouait le rôle de Cendrillon, se chargeant des courses, du ménage, de la vaisselle en plus de ses devoirs. Il fallait payer de sa personne pour espérer un peu d'amour qu'elle n'obtenait même pas. Les mécanismes du mental récupèrent la motivation spirituelle pour infiltrer la pratique, en s'habillant d'un vocabulaire spirituellement correct. En voyant le mécanisme, elle comprit et se redressa intérieurement. Sans qu'un mot soit dit, la relation avec sa fille changea immédiatement.

Les enfants ont un sixième sens pour percevoir quand leurs parents ne se respectent pas et bien souvent leur tirent à boulets rouges pour les réveiller… *Si accepter conduit à se maltraiter, ce n'est pas accepter. Si accepter n'amène pas une paix heureuse, ce n'est pas accepter.*

Un cas encore plus spectaculaire : une femme me raconte que son mari, plus jeune qu'elle, la trompe avec une femme qui a l'âge de sa fille à elle. À ma stupeur, elle m'explique qu'elle accepte complètement. « C'est normal, il a besoin de faire cette expérience. » Sans ironie, elle ajoute : « Le pauvre chéri, il est mal de me faire souffrir. Mais je le rassure ; je lui réponds que les hommes sont comme ça, qu'ils ont besoin de se prouver leur virilité et que je l'accepte par amour pour lui. » Je reste abasourdi. Elle ne relie absolument pas cette situation au fait qu'elle accumule les problèmes physiques en ce moment. Elle a mal partout dans son corps, son dos est bloqué. Quand l'émotion est empêchée de jouer son rôle de signal, le corps prend le relais en agitant le drapeau rouge – tu refuses ! Comme c'est une femme qui a du caractère, je passe par la provocation. « J'espère que tu leur laisses l'appartement quand il veut la voir, que tu leur apportes les croissants le matin. » Elle n'est pas longue à réagir, en une fraction de seconde, la *mater dolorosa* se transforme en tigresse. Toute la colère emprisonnée dans son corps a jailli comme une éruption volcanique. Elle abreuve d'épithètes moins amènes le pauvre chéri... et s'insulte elle-même, effarée d'avoir pu se leurrer à ce point.

Encore un exemple riche en enseignements : on peut être intelligente, avoir vraiment fait du chemin et se faire piéger, croyant sincèrement accepter, en particulier dans des situations aux forts enjeux affectifs, sexuels. Il nous confirme aussi ce qu'Arnaud rappelait inlassablement – « dans l'émotion nous pensons faux » –, nous ne pouvons pas nous fier à notre tête, aussi brillants soyons-nous.

Le fait de se mettre à la place de l'autre, de tellement vouloir le comprendre peut aussi nous faire perdre le sens de nous-même. C'est encore vouloir sauter au but, *l'autre seulement.* Ces quatre phases (moi seulement, moi et l'autre, l'autre et moi, l'autre seulement) ne s'enchaînent pas selon une progression logique et linéaire, mais on peut reconnaître la tendance majoritaire à un moment donné.

Dans la même situation, il arrive qu'on fluctue rapidement entre ces quatre positions, d'un moment à l'autre. Pour ne pas surestimer sa capacité d'acceptation, je conseille de repartir de la première : « S'il n'y a que moi, que mon point de vue, qu'est-ce que je ressens, qu'est-ce que je veux ? »

Tous ces exemples soulignent que la pratique de l'acceptation, malgré la simplicité de la proposition, confronte à la complexité du mental qui trouvera des artifices pour dissimuler le refus. J'ajouterai encore quelques remarques et recommandations. L'emploi du verbe accepter peut nous faire croire qu'il s'agit d'une action. En réalité, c'est refuser qui est une action, Pour accepter, comme pour se détendre, on cesse de refuser ; de se crisper.

Cette raison m'a conduit à préférer une approche où l'on cherche à mettre en évidence le refus plutôt qu'à accepter. Quand le désagrément ou la douleur nous arrive, il est de bonne guerre que nous commencions par nous rebiffer. Autorisons-nous ce refus premier, c'est notre vérité de l'instant. Telle est la première acceptation : oui au non ! Vivre ce *non* pleinement ne concerne pas que notre tête, mais aussi la bouffée d'émotion et la tension physique qui l'accompagnent. L'acceptation de ce refus initial procure déjà une détente et ouvre le chemin à la suite. Si nous avons des indices que cette situation nous affecte vraiment, écoutons très attentivement notre ressenti.

De l'émotion ? Quelle émotion ? De quelle intensité ? Que dit-elle ? Qu'est-ce que je refuse ? Et poursuivons ce questionnement jusqu'à ce que la réponse fasse vraiment écho en nous, dans le cœur et dans le corps. Nous laissons l'émotion nous traverser et nous quitter. Une fois que nous nous sommes réunifiés avec nous-même, nous revenons à la situation extérieure. Comment la vivons-nous maintenant ? Y a-t-il encore du refus, de l'émotion ? Si oui, nous revenons encore au ressenti jusqu'à sentir la détente, le sentiment de libération, d'unité retrouvée, d'apaisement. Ces sentiments viennent d'eux-mêmes quand nous avons dégagé les obstacles. La pratique peut s'appliquer à toutes les situations, sans exception, des plus anodines aux plus bouleversantes. Jamais elle ne doit nous faire violence, ni devenir une tension, ni nous isoler des autres, ni nous rendre morose. Dans ce cas, nous pouvons être sûr que le refus et la répression s'en mêlent encore. « Cela semble mort et vide quand il y a un refoulement[6]. »

---

6. Swami Prajnanpad, *De la sérénité*, *op. cit.*, page 88.

CHAPITRE 9

L'expérience du *lying*

> « Le *lying* est une réconciliation totale avec tout,
> et pas seulement avec certaines émotions privilégiées
> qui vous paraissent importantes[1]. »

Devant les difficultés parfois insurmontables rencontrées par ses élèves dans leur pratique de l'acceptation, Swami Prajnan-pad leur avait proposé une approche spécifique, le *lying*. Cette appellation correspondait seulement à la signification littérale de l'anglais « être allongé » (sur un matelas, à même le sol). Le *lying* n'avait pas une visée thérapeutique mais offrait l'opportunité d'expérimenter l'acceptation précisément là où elle apparaissait impossible.

Lui-même a déclaré à plusieurs reprises qu'il n'était pas un psychanalyste pour des patients. Il n'a pas formalisé une méthode ni créé une école, fidèle à sa position de ne répondre qu'à des demandes personnelles et de s'adapter à chaque cas particulier. Le *lying* a une vocation unique : faire l'expérience du « oui », et chacun doit découvrir son propre cheminement pour y parvenir.

Il présente donc une valeur très particulière pour le chercheur spirituel engagé dans cette voie : grâce à lui, la

---

1. Arnaud Desjardins, *Le Védanta et l'inconscient, op. cit.*, page 212.

compréhension de l'acceptation qui se cantonnait principalement à l'intellect va prendre une tout autre dimension. Elle va concerner l'être entier, jusqu'à son tréfonds. Même si le *lying* entraîne des retombées thérapeutiques, je ne l'envisagerai pas sous cet angle mais sous celui de sa vocation spécifique, dans la démarche de transformation.

La pratique du *lying* requiert l'émergence du chercheur spirituel, autrement dit de quelqu'un dont l'attitude intérieure est fermement guidée par l'intention de s'ouvrir, d'accepter. Dans la thérapie, nous cherchons à résoudre nos problèmes, à nous débarrasser de la souffrance. Tout l'effort se focalise sur lesdits problèmes. Maintenant, au contraire, nous portons toute l'attention sur notre attitude : est-ce que je résiste encore, suis-je complètement abandonné, réceptif à ce qui monte ? Je ne cherche à me débarrasser de rien. Le passage du travail émotionnel, tel que nous l'avons décrit dans la première partie, au *lying* ne tient donc pas à des aspects techniques mais *uniquement à ce changement d'intention.* Extérieurement rien ne marquera ce passage, il s'agira toujours de s'ouvrir à l'émotion, en traversant les mêmes obstacles, mais l'attention se portera prioritairement sur la qualité de l'acceptation et sur la possibilité de la vivre ensuite en situation réelle.

Certains, d'emblée très investis dans la démarche spirituelle, arriveront au *lying* avec cet état d'esprit, parce qu'ils l'auront cultivé pendant des mois ou des années dans leur quotidien. Ils seront convaincus de l'intérêt pour eux de cette pratique, parce qu'ils piétinent sur des réactions émotionnelles ingérables et incompréhensibles. Pour d'autres, déjà investis dans une thérapie, une maturation progressive dans ce processus amène un virage intérieur, une compréhension que le travail psychologique tel qu'ils l'avaient conçu jusque-là touche à sa fin et qu'un changement de position s'impose. Arnaud Desjardins formule clairement cette différence : « Il ne s'agit même pas d'accepter la souffrance, il s'agit de *choisir* la souffrance, la souffrance qui est là[2]. [...] Le

---

2. *Ibid.*, page 217.

lying consiste à s'allonger, à abandonner toutes les préoccupations de l'existence, à unifier tous les aspects de nous-même et à être complètement vrai[3]. »

Laisser parler le cœur

Outre l'intention d'accepter quoi qu'il survienne, quelques ingrédients fondamentaux créent les conditions propices au *lying* : la détente, la confiance, la non-directivité et une écoute attentive des trois plans, physique, émotionnel et mental. La détente et la confiance se relient au fait qu'il ne s'agit que de moi, que de la relation entre moi et moi. Bien sûr, la relation de confiance avec celui qui accompagne joue un rôle important, mais moins que la possibilité de ne plus rien rejeter de soi, de se réunifier complètement.

Les aspects transférentiels qui ont marqué la phase thérapeutique se sont résolus, ce qui permet une relation plus sereine et fluide. L'accompagnant n'attend rien, il offre un espace d'accueil disponible, ouvert. Par la position allongée, le corps peut se relâcher ; et si une tension demeure ou apparaît, elle annonce la présence latente d'une émotion.

Comme dans le travail thérapeutique, l'attention se porte simultanément sur les sensations du corps, les nuances de l'état intérieur et sur les pensées, images et souvenirs, en s'efforçant de ne rien censurer, de ne pas sélectionner. De là, à mesure que les choses montent à la conscience, « il s'agira de faire le jeu de l'expression en réussissant à affaiblir la répression[4] ». Pour prendre une image simple, lorsqu'on monte sur des skis les premières fois, on apprend à se décrisper pour se laisser aller à glisser. Dès que les planches nous entraînent, on prend peur et on se bloque à nouveau. Pour le débutant, glisser équivaut à une perte

---

3. *Ibid.*, page 221.
4. *Ibid.*, page 205.

de contrôle effrayante, alors que pour le bon skieur, se lancer face
à la pente déclenche une sensation excitante de liberté et de fluidité. Dans le *lying*, on découvre qu'il est possible de vivre ainsi
l'émotion, qu'il faut juste ne pas freiner et s'y adonner de tout son
être.

Certains se révèlent spontanément doués pour l'exercice,
d'autres rencontrent plus de difficultés mais encore une fois,
l'essentiel ne réside pas tant dans la « productivité » que dans la
qualité de la rencontre avec soi-même. Le *lying* n'existe pas en tant
que processus codifié auquel on parvient ou pas, il est François,
Irène, Marie. À ce titre, quoi qu'ils expriment, c'est bien une
facette de François, d'Irène ou Marie, s'ils veulent bien l'admettre.
« Il ne peut jamais y avoir de conditions adverses en *lying*. Il ne
peut jamais y avoir de *lying* raté[5]. »

On permet au cœur de parler son langage simple : qu'a-t-il à
dire ? Est-il serré, triste, étouffé, oppressé, ou léger, joyeux, en
paix ? Qui n'a vu un enfant cherchant à dire quelque chose, mais
les adultes qui l'entourent prennent la parole à sa place, interprètent, expliquent. On voudrait leur dire : « Chut, taisez-vous,
écoutez, laissez-le parler ! » Dès que le cœur commence à parler, le
mental ne tarde pas à s'en mêler, y va de ses commentaires, de ses
extrapolations, de ses jugements et il faut juste lui dire : « Chut ! Tu
feras tes commentaires plus tard. »

Cette écoute du cœur amène l'inattendu, dans un coq-à-l'âne
déroutant pour le mental. « Le *lying* est totalement déraison-
nable[6] », donc totalement imprévisible. Une personne peut se
retrouver à sangloter à partir d'un détail : elle se revoit, enfant,
boire son bol de café au lait, le matin, et se met à pleurer. Simplement, mais elle le réalise après, parce qu'elle était encore si heureuse et insouciante, parce que sa grand-mère qu'elle aimait tant
avait préparé le petit déjeuner. Si elle écartait cette image anodine,
si elle se disait qu'il n'y avait pas de quoi pleurer pour ça, et que

---

5. *Ibid.*, page 213.
6. *Ibid.*, page 195.

seul comptait vraiment la scène où son père l'avait battue devant toute la famille, elle muselle son cœur et paralyse le processus.

Le cœur et le corps font resurgir intacts, dans toute leur intensité, des instants du passé : on y est, on sent l'odeur du café, cet enthousiasme enfantin du début de la journée, on le vit à nouveau, alors que la tête ne se souvient qu'avec une distance. Comme le disait Swami Prajnanpad, « le *lying* c'est *être* et non se souvenir[7] ». Ce que l'enfant vivait inconsciemment, on l'expérimente maintenant en pleine conscience, tous les sens et la sensibilité en éveil. Joie ou peine, fureur ou terreur, on en goûte avec acuité la saveur, ce que Swami Prajnanpad appelait d'un terme sanskrit *bhoga* qu'on peut traduire par apprécier, jouir en toute conscience.

On ne se limitera pas aux saveurs douces et parfumées, on testera l'amer, la saumure, l'acide, l'âpre et le piquant pour connaître toute la palette. Une dimension importante de cette pratique concernera l'élargissement de notre palette jusqu'à pouvoir *tout* savourer. Cela impliquera la réconciliation avec les états émotionnels qui nous déplaisent. Nous devenons prêt à aborder les moments cruciaux du *lying*, l'acceptation de nos grandes émotions fondamentales, celles qui résistent à la pratique du quotidien et représentent l'inacceptable pour nous.

Accepter l'inacceptable

LE DÉSESPOIR

Ève ressent de manière récurrente des accès de profonde tristesse où elle a envie de mourir (pas de se suicider) tant le désespoir lui broie le cœur. Elle a remarqué que cela survenait lors de difficultés relationnelles, mais hors de proportion et, parfois, elle était submergée sans aucune raison apparente. Pour elle, le *lying* s'est

---

7. Swami Prajnanpad, *source orale* (Arnaud Desjardins).

enclenché à partir de l'envie de mourir. Qu'est-ce qui était désespérant au point qu'il valait mieux ne plus vivre plutôt que de ressentir ? L'inacceptable pour elle se trouvait là. Le cheminement de
l'acceptation s'est effectué sur plusieurs séances, en cessant de fuir
dans un désespoir sans fin. S'efforçant au contraire de faire face, de
voir et d'accueillir ce qui avait toujours été chassé de son esprit, elle
a débouché sur la vision d'une scène de sa prime enfance : alors
qu'elle pleurait, bébé, sa mère l'avait secoué en hurlant et surtout
en la regardant avec air meurtrier.

À partir de cette dernière séance, beaucoup de souvenirs et
de liens se sont enchaînés concernant la relation si douloureuse
avec sa mère, cet événement cristallisant le sommet du rejet
maternel. Celui-ci s'était manifesté tout au long de sa jeunesse
mais ce qu'elle avait ressenti comme bébé dépassait tout en intensité. La vie avait perdu son sens. Dans ce processus, les retombées
sur le plan psychologique ont été essentielles, en parallèle à
l'expérience de l'acceptation d'une émotion aussi terrible. Il fallut
revenir plusieurs fois sur le vécu de cette scène pour épuiser la
charge émotionnelle, d'une part, et pour s'ouvrir totalement à
l'impact de cette image insoutenable, en ne lui opposant plus
moindre résistance.

C'est là le paradoxe du *lying*, comme aimait à le répéter
Arnaud Desjardins : « Pour sortir de l'enfer, il faut sauter là où les
flammes sont les plus hautes[8]. » Tant qu'il reste une tentative
d'évitement, une part de refus, la douleur émotionnelle persiste.
Quand il manque encore dix grammes de lait à un nourrisson qui
vient de téter, il hurle comme s'il n'avait rien bu. Les a-t-il enfin
dans son ventre qu'il tombe aussitôt endormi.

L'acceptation ne souffre pas le moindre compromis, elle est ou
elle n'est pas ; on s'en rapproche, on oppose de moins en moins de
refus, et comme le silence arrive avec la cessation du dernier bruit,
elle s'établit à l'extinction de l'ultime refus. « Le secret du *lying* c'est
à 100 %. 99 % ne suffisent pas. 100 %, c'est la grande expérience

---

8. *Source orale*. Cette phrase proviendrait d'un mystique orthodoxe.

métaphysique : plus d'ego, plus de mental[9]. » C'est l'une des différences avec une thérapie émotionnelle où la plus grande part de refus va tomber, produisant déjà un apaisement évident. *Dans le lying, on va être très attentif à cette perfection du oui, à ne pas laisser la moindre trace de non*, en allant droit au plus sensible de la douleur. En expérimentant le pire pour soi, plus rien n'est à craindre.

> Ève sentit les refus s'éliminer peu à peu et son cœur se manifesta différemment à partir de là, il palpitait, vibrait, il s'était allégé de cette douleur insupportable. Elle se sentait contente d'être en vie – chose nouvelle et surprenante, elle éprouvait de l'amour pour elle-même, une tendresse enveloppante pour ce bébé meurtri. L'expression triste avait quitté son visage et un côté pétulant et malicieux commençait à poindre. L'acceptation d'elle-même prenait tout son sens, l'amour l'habitait, elle en était digne, il lui arrivait de se sourire et de se trouver belle dans le miroir. *Cet amour était non seulement l'aboutissement du travail émotionnel sur le passé mais aussi de la détermination à aller au bout de ce qu'elle ressentait, aussi douloureux soit-il, pour en être libre*. Cet engagement était déjà un acte d'amour. Bien sûr, elle restait encore très vulnérable aux marques de froideur ou d'agressivité des autres mais l'émotion avait perdu son caractère dramatique, elle pouvait faire avec, l'accueillir, la laisser passer et s'appuyer sur l'amour pour l'enfant blessée, qu'elle savait maintenant réconforter.

Si accepter un désespoir sans fond va déjà à contre-courant du sens habituel, choisir de plonger dans l'angoisse représente une difficulté plus grande encore. Tous les signaux internes se renforcent et toutes les défenses se mobilisent pour inciter à rebrousser chemin, tant la sensation d'un danger de mort imminent domine. C'est là que « sauter dans les flammes » prend son relief le plus spectaculaire, le *lying* exigeant un grand courage. Il faut en passer par là pour découvrir qu'au moment où l'on croit mourir, on découvre qu'il s'agit seulement de peur et de sensations très puissantes qui ne nous tueront pas.

---

9. Arnaud Desjardins, *Le Védanta et l'inconscient, op. cit.*, page 234.

L'ANGOISSE

André, un homme d'âge moyen, ayant des responsabilités importantes, engagé dans une démarche spirituelle, est en proie à des angoisses qu'il n'arrive pas à contrôler. Il tente de les accepter, avec un certain résultat, en se centrant sur les sensations du corps. Mais le malaise persiste en partie et il ne comprend pas ce qui le motive. En échangeant avec lui, il semble quand même que dans sa vie très chargée, il ait la crainte de ne pas penser à tout, de laisser passer quelque chose d'important. Je l'invite donc à repartir de ses sensations physiques d'angoisse. Elles sont focalisées dans sa poitrine, avec une forte oppression gênant sa respiration. Celle-ci devient de plus en plus laborieuse, son visage se congestionne. Tout son corps s'est replié en boule, il suffoque, se replie de plus en plus, tous ses muscles contractés. Je lui demande s'il voit ou pense à quelque chose. « Non, tout est noir, articule-t-il difficilement. Je ne sais pas. Je ne peux plus respirer, je suis écrasé. » Son visage devient cramoisi, la suffocation s'accentue et son angoisse se transforme en panique. Il se redresse d'un coup, coupant le processus. La peur, de loin, représente l'émotion la plus pénible où tout notre être se défend, ne veut surtout pas se laisser aller. Cet homme ne manquait aucunement de courage, son intention de se confronter à l'angoisse était véridique. Mais c'était plus fort que lui, comme un disjoncteur qui s'actionnait automatiquement. Il se rallongeait, retrouvait les mêmes manifestations toujours plus intenses d'étouffement terrorisant. Il restait de longs moments en apnée, totalement contracté. « Je vais mourir, au secours ! » Il était comme quelqu'un qui se noie. Dans ce moment l'intention d'accepter est mise au pied du mur car tout pousserait à renoncer. Le corps envoie des signaux de mort imminente et il faut néanmoins continuer, laisser faire jusqu'au bout.

Ses mains étaient tétanisées et tordues par la contracture, ses avant-bras et ses genoux serrés contre son torse. Puis j'ai vu qu'il enfonçait sa tête, entre le mur et le matelas, poussant comme s'il voulait forcer un obstacle. Un mouvement de reptation parcourait son dos et il poussait comme un forcené avec sa tête. La panique le saisissait par pics, pendant lesquels il répétait qu'il allait mourir et appelait au secours. La panique a culminé avec un hurlement d'angoisse : « Je ne peux pas sortir ! » Il luttait désespérément avec sa tête en poussant, comme si sa vie en dépendait. « Je n'y arriverai pas, je n'en peux plus, je n'ai plus de forces, je vais mourir là-dedans. » Puis après encore une série d'efforts, son corps se détendit soudainement, respirant à nouveau librement et très paisiblement. Au bout d'un long moment d'immobilité, des frissons commencèrent à le parcourir : « J'ai froid ! Je suis tout seul. » Son ventre était agité de spasmes qui se transformèrent en sanglots très aigus. Il se dégageait de lui une détresse incommensurable, sans nom. Je le réconfortai, ce qui redoubla l'expression de sa détresse puis l'apaisa complètement.

Quand il put parler de ce qu'il venait de vivre, il ressentait comme une évidence le moment de sa naissance. Il était enfermé dans le noir, étouffé et avait le sentiment d'un danger mortel. Il fallait absolument sortir de là – à ce moment, il sut qu'il se trouvait dans le ventre de sa mère. Il ne pouvait absolument rien faire avec bras et jambes, seule sa tête cherchait l'issue en poussant. Il sentait son énergie décliner, ses efforts redoublaient sans effet, augmentant sa panique – le mot était faible. Il n'en sortirait pas. Puis il se retrouvait dehors, d'abord apaisé mais ressentant une solitude croissante, sa mère éloignée de lui. Quel lien avec ses angoisses du quotidien ? La pression de ses responsabilités dans différents domaines réactivait l'empreinte du passé, allait-il pouvoir s'en sortir, aurait-il l'énergie ou serait-il écrasé par la surcharge ?

Accepter d'affronter une angoisse primaire si puissante ne s'oublie pas. On a traversé une expérience qui laisse différent – la peur qui étouffait la vie a été remise à sa place, la mort qu'elle annonçait ne s'étant pas produite. Accepter de la vivre totalement libère de son emprise. On se retrouve en contact avec les fondements de soi-même, avec l'énergie de vie primordiale.

La plongée en soi-même ramène parfois des expériences[10] qui, comme celle d'André, semblent provenir des débuts de la vie, avant l'acquisition du langage. Ces émotions qui accompagnent

---

10. Sur l'empreinte de la naissance et ses conséquences dans la vie adulte, on peut se reporter à mon précédent livre, *Le Bébé et l'amour*, Paris, Aubier, 1996.

les vécus de naissance renferment une dimension d'un autre ordre, intemporelle, absolue, où le mental n'intervient pas. Le désespoir est abyssal, la peur sans nom, la rage une éruption volcanique. Nos émotions d'adulte semblent bien relatives en comparaison et cela les remet en perspective. Contrastant avec ces émotions puissantes, des ressentis d'un ordre positif – une béatitude intériorisée, une sérénité – se manifestent également dans les « revécus » de naissance. Ils contribuent au caractère si particulier de ces moments. L'atmosphère du sacré transparaît dans certains instants de silence, évoquant le spectacle des grandes forces de la nature. Le passage au plan spirituel, à la contemplation en découle naturellement, comme lors de ressentis touchant l'autre extrémité de l'existence, les expériences de mort imminente. De fait, la mort rôdait autour des parturientes avant les progrès de l'obstétrique et de la réanimation néonatale. Sa proximité ramène à l'essentiel, en éliminant tous les faux-semblants. André en a gardé le sentiment intime d'être né une seconde fois, mais avec toute sa conscience.

Dans ces revécus périnataux, une osmose réunit le psychologique et le spirituel. L'un des grands textes sacrés de l'Inde (*Brihadaranyaka Upanishad*) désigne la peur comme l'émotion première, celle qui accompagne la division, la perte de l'unité primordiale. Nous pouvons noter le rapport symbolique avec la naissance, prototype selon Freud de la situation d'angoisse et de la séparation. La peur représente la difficulté majeure de l'acceptation, tant cette émotion porte ataviquement l'évitement et le rejet : « Non, non », crie celui qui a peur. Elle entraîne un mouvement qui s'oppose exactement à la détente, à l'accueil. Tout nous porte à l'endiguer, à chercher à nous rassurer.

L'obstacle se redouble souvent avec la peur de la peur, car cette émotion nous éprouve physiquement, nous liquéfie. La personne angoissée ne redoute qu'une chose, une crise d'angoisse. « La peur est le plus grand ennemi de l'homme[11] », car elle nous conditionne profondément et fait obstacle à notre liberté. Se plonger de son plein gré dans ce brasier représente une étape majeure

---

11. Swami Prajnanpad, *La Vérité du bonheur, op. cit.*, page 53.

du chemin de transformation. Avant d'aborder nos peurs les plus fortes en *lying*, nous apprivoisons la difficulté avec des émotions plus accessibles comme la tristesse ou la colère.

LA RAGE

Adam avait pu se rendre compte de son agressivité latente envers les femmes et d'une colère contre sa mère pour son « côté victime » qui l'obligeait, enfant, à être là pour elle et non l'inverse, en particulier après le départ de son père. Il assumait mieux cette colère, ne la retournant plus contre lui-même. Mais sa mère n'avait pas changé et, malgré leurs relations espacées, s'il passait quelque temps avec elle, il bouillait assez rapidement quels que soient ses efforts pour se détendre. Il voulut donc aborder frontalement cette émotion en *lying* pour être en paix. Pourtant, malgré son exaspération épidermique, il sentait une retenue à l'idée d'exprimer son agressivité envers sa mère : il fallait la protéger sinon elle s'effondrait en larmes au moindre reproche et, de toute façon, elle ramenait tout à elle. Même en dehors de sa présence physique, il partait battu d'avance. Justement, il reconnut combien il s'était contenu depuis si longtemps, prenant sur lui.

C'est un autre aspect important du *lying*, de reconnaître le sens initial d'une résistance plutôt que de chercher à la vaincre : elle a voulu nous éviter quelque chose de pénible et, comme l'émotion, ne la traitons pas en ennemie. Nous cherchons quelle a été sa fonction dans le passé et nous la laissons s'éteindre en l'acceptant complètement.

Parallèlement, son corps rongeait son frein et réclamait à extérioriser toute cette énergie comprimée. Le mouvement intérieur arrivait à maturité. Qu'avait-il envie de faire ? Il ressentait une colonne d'énergie qui remontait de son bassin vers sa tête : « J'ai envie de la secouer », et joignant le geste à la parole, il saisit un gros coussin entre ses mains et le tenant à la hauteur de son visage, il le secouait en grondant entre ses dents : « Tu vas arrêter tes jérémiades ! Tu vas te taire, je ne veux plus t'entendre ! » Le ton montait. Le grondement a été remplacé par des cris puissants qui le faisaient vibrer de la tête aux pieds. « J'en ai trop avalé, trop supporté, fous-moi la paix avec tes histoires ! Va te plaindre ailleurs ! » Une bascule se produisit, une vague d'indignation le fit hurler : « Et moi alors !? Tu n'as rien vu ! Tu es aveugle, sourde ! Tu ne voyais pas que j'avais mal ! Il n'y a que toi ! Quand papa est parti, on [sa sœur et lui] n'a eu personne. Tu n'as rien fait pour nous, rien vu. Tu es nulle, je te déteste ! Seuls, tu entends, on était seuls ! » Encore une nouvelle bascule, sa voix se brisa dans des sanglots désespérés : « Papa ! Papa ! Pourquoi tu nous as laissés avec elle, pourquoi ? » Mais la colère revint soudainement : « Toi aussi tu te fous de nous ! Tu nous laisses comme ça, sans un mot ! Salaud ! Vous êtes nuls tous les deux, des mômes, des enfoirés ! Je vous vomis ! » Encore des cris de fureur qui se retransformèrent en sanglots désespérés : « Je n'ai pas de parents », puis s'apaisèrent. Adam n'avait jamais ressenti une telle unité avec sa colère, il s'était autorisé à secouer la contrainte qui la bâillonnait, à être 100 % de son côté, sans se préoccuper de protéger ses parents. Il se sentait plein d'énergie, de vitalité, bien déterminé à faire respecter son espace.

L'important, dans l'acceptation de la colère, c'est d'abord de vivre une totale affirmation, le *oui de l'unité recouvrée avec soi-même* qui va ramener le flux puissant de la vie ; puis de rechercher le point sensible qui la cause. En ressentant, sans se débattre, la blessure qui avait fermé le cœur, on permet à ce dernier de s'ouvrir à nouveau, en laissant passer un flot de tristesse. Pleurer ainsi, pour Adam, prend la valeur d'une pluie bienfaisante après une sécheresse interminable. Les larmes de l'acceptation profonde lavent, régénèrent, fécondent. L'amour peut jaillir de nouveau, apportant joie et gratitude.

Après l'ouverture

Des *lyings* comme ceux qui précèdent procurent une ouverture dont la durée varie considérablement. Parfois, l'émotion acceptée et le refus ne reviennent plus ; plus fréquemment, on traverse des oscillations entre l'ouverture et le retour du refus, dans des situations du quotidien qui le réactivent. Le *lying* ayant démontré que cette émotion pouvait être accueillie sans conflit, il s'agit maintenant de renouveler l'expérience, dans les circonstances du quotidien (sans hurler !).

Alors qu'avant on ne disposait que de marges de manœuvre réduites ou nulles, la pratique de l'acceptation est rendue possible, sachant néanmoins que dans un contexte de vie stressant nous y serons beaucoup moins enclins que dans une période de *lyings*. Le refus repousse comme le chiendent, ses longues racines sont dures à extirper lorsqu'un schéma émotionnel a dominé en nous durant des décennies. Nous avons besoin de persévérance, de patience et d'habileté pour l'épuiser. Le goût laissé par l'acceptation alimente notre motivation, nous savons combien refuser nous coûte en tensions, en morosité et en réactions mal adaptées. L'existence regorge d'occasions de s'exercer du matin au soir. Et je reprendrai la parole de Swami Prajnanpad à Arnaud (« Voulez-vous la moitié de la vie ? ») pour souligner l'intérêt de se pousser dans ses retranchements. Sinon nous vivons dans un état bâtard où notre subjectivité infiltre et colore insidieusement notre vision des événements.

Nous nous efforçons d'être pleinement subjectifs durant les *lyings* ou dans des moments que nous choisissons et le reste du temps de voir quand notre subjectivité s'interpose et déforme la réalité. « L'effort pour être le plus objectif et le plus neutre possible : tenter de son mieux, avec persévérance de vivre dans le monde, de dépasser sa vision individuelle, par conséquent de dépasser, dans la réalité quotidienne, ses préférences et toutes les colorations de son mental [12]. » Cette exigence fait intervenir l'intellect qui observe, questionne, tire les enseignements, sous l'égide de la conscience (*awareness* de Swami Prajnanpad).

Pour les trois personnes ci-dessus, le *lying* n'autorise pas à se mettre en roue libre mais donne une impulsion qui facilite grandement de pédaler. La vie ne se borne pas à ressentir mais nous

---

12. Arnaud Desjardins, *Le Védanta et l'inconscient, op. cit.*, page 191.

demande constamment d'agir. Tant que le ressenti de l'émotion ne bénéficie pas de sa juste place – ni envahissante ni rétrécie – il perturbe le cours de l'action, par des phénomènes d'inhibition ou de compulsion.

Aimer l'enfant intérieur
pour s'en libérer

Dans ces témoignages nous avons vu l'amour de soi apparaître et grandir. Cela n'est possible qu'en offrant à l'enfant intérieur (représenté par l'émotion) un espace libre. « Laissez l'enfant [intérieur] vivre et grandir dans une atmosphère d'amour, d'attention et de guidance intelligente et éclairée [13]. » L'image de celui-ci se montre dans le champ de notre conscience, – nous voyons l'enfant triste, le bébé apeuré, l'adolescent révolté que nous avons été. Ainsi, il devient distinct et à partir de là nous ne nous confondons plus avec lui, nous n'y sommes plus identifiés. Point très important, distinct ne signifie pas séparé, l'enfant ou l'émotion n'a pas en nous d'existence propre, séparée, pas plus que nos doigts ou qu'aucun organe n'a d'existence séparée du corps. « Vous n'êtes pas l'enfant mais l'enfant est en vous [14]. »

Ce sont seulement des formes qui apparaissent en nous, reconnaissables et qui vont se dissoudre. Nous pouvons les aimer comme des phénomènes éphémères, fluctuants, sans les fixer, les solidifier. « Je vois qu'il y a de la colère mais, non, *je* ne suis pas en colère bien que la colère soit présente [15]. »

Certaines personnes en effet basculent d'une identification à l'enfant à sa personnification : ils cohabitent maintenant avec cette entité intérieure quasi autonome, ce qui les piège dans une

---

13. Swami Prajnanpad, *Collected letters*, volume I : *Lettre à Daniel Roumanoff*, New Delhi, Adhikarilal Sadh 1981, page 53.
14. *Ibid.*, page 53.
15. Swami Prajnanpad, *De la sérénité*, *op. cit.*, page 89.

complication nouvelle. L'amour de soi, comme avec nos enfants de chair, demande à la fois de prendre complètement au sérieux les états émotionnels, certes, mais sans nous appesantir, en voyant que la vie ne s'arrête pas pour autant, en reconnaissant leur caractère passager.

L'amour ne s'enferme pas sur lui-même, il libère, allège du drame, remet les choses à leur place. En revanche, l'amour veille à discerner le besoin qui réclame à travers l'émotion, il ne reste pas les bras croisés ! Le besoin attend une réponse de *notre* part (et non plus de l'extérieur, comme l'enfant), il attend que nous sachions l'entendre et que nous lui apportions une réponse par des actes appropriés. Comme adultes, nous avons l'*entière* responsabilité de faire en sorte d'être heureux, personne d'autre n'en détient la responsabilité. L'autre peut seulement contribuer à notre bonheur par notre entremise, si nous savons identifier nos besoins et si nous assumons nos demandes et les lui présentons en bonne et due forme : à nous de devenir notre propre ambassadeur !

CHAPITRE 10

Vivre pleinement

« Le chercheur de vérité fait l'expérience *(bhoga)* délibérée et consciente de ses besoins et de ses désirs et ainsi devient libre. [...] Que voulez-vous et pourquoi le voulez-vous [1] ? »

Le cheminement ancré dans le quotidien proposé par Swami Prajnanpad s'appuie sur un cycle sans cesse renouvelé, voirressentir-agir. La conviction intellectuelle devient un sentiment et celui-ci s'accomplit en agissant. L'action marque l'aboutissement de chaque cycle, elle concrétise la justesse de ce qu'on a vu et ressenti ou, au contraire, nous renvoie nos erreurs d'appréciation, et nos projections émotionnelles.

L'action représente donc l'épreuve de vérité de la démarche car elle nous apporte la connaissance. Si la connaissance de soi se bornait à explorer notre monde intérieur, elle risquerait fort de s'égarer dans l'imaginaire. La recherche spirituelle dans la tradition indienne se mêle d'aventure. Les chercheurs ne s'enferment pas dans des bibliothèques ou des couvents, ils quittent tout, leur famille, leur identité et leur rôle social et partent sur les routes à

---

1. Swami Prajnanpad, *La Vérité du bonheur, op. cit.*, page 41.

la recherche d'un maître et de pratiques qui leur permettent d'accéder à la vérité.

C'est ce qu'a fait Swami Prajnanpad mais, avec son pragmatisme habituel, il encourageait chacun à suivre sa propre route, le plus souvent en restant inséré dans la société. Une fois l'action décidée, il incitait à oser se lancer sans atermoiements, pour que l'expérience soit valable, mais avec l'exigence du chercheur scientifique, en ne prenant rien pour acquis. Quoi ? Pour quelle raison ? Comment ? Dans quel but ? L'action a-t-elle apporté le résultat prévu et sinon, pourquoi ? Quelles conséquences s'ensuivent ? L'action nous permet de connaître ce que nous sommes, détruisant par là nos fausses croyances, nos illusions. « Dans l'action, essayez d'exprimer, de tester et de vérifier ce que vous êtes de manière à ce qu'il n'y ait aucun conflit en vous-même, aucune division de votre personnalité, aucune dualité (*dvaita*) à l'intérieur de vous[2]. »

Enfin, Swami Prajnanpad ne prône pas le dolorisme. Aborder l'action en traînant les pieds, jamais ! Si je l'ai décidée, elle m'appartient, elle m'offre l'opportunité de m'exprimer et de m'accomplir. « Toute action dont vous ne tirez pas de joie est *nocive*. Si toutefois l'action est en conformité avec votre propre nature, même si vous éprouvez quelques résistances, vous pouvez trouver de la joie dans la lutte intérieure et même dans la souffrance qu'elle provoque[3]. » Sinon, je m'abstiens et j'assume les conséquences, sans me plaindre non plus. Cela signifie des choix entiers, sans regrets ni hésitations, où nous nous engageons totalement pour retirer le meilleur de l'expérience. Pas de résignation ! « Il n'y a rien entre oui et non. Ce qui est entre oui et non est une illusion[4]. »

---

2. Swami Prajnanpad, *L'Art de voir. Lettres à ses disciples (I)*, Paris, Éditions Accarias-L'Originel, 1989, page 24.
3. Swami Prajnanpad, *La Vérité du bonheur, op. cit*, page 19.
4. Swami Prajnanpad, *L'Art de voir, op. cit.*, page 177.

Moi et la vie

Poursuivons avec Adam et Ève qui vivent tous deux au cœur de la société française urbaine contemporaine et non dans un ermitage himalayen !

Avec Adam, nous en étions restés à son insatisfaction professionnelle dans une carrière qui lui assurait une sécurité mais dans l'ennui. L'appui paternel lui avait manqué pour oser suivre sa voie, sa « nature propre ». Il ne lui convenait pas de se plier à une autorité, il aspirait à plus de créativité, d'imprévu, voire d'aventure. Avec ces éléments rassemblés, la réponse émergeait assez naturellement. Il voulait quitter son entreprise et développer sa propre structure avec des amis, en restant dans l'informatique mais en créant des produits et des services nouveaux. Il avait envie de plus d'interactivité, d'innovation. Il s'était remis à la basse et avait reconstitué une petite formation pour participer à des événements musicaux amateurs. Certes, ses revenus risquaient de baisser significativement, il devrait compter, mais au lieu de se lever le matin avec la perspective d'une « journée de merde » selon son expression, il était excité, retrouvait de l'enthousiasme.

Quelle différence, direz-vous, avec le résultat d'une thérapie qui fonctionne ? Dans les faits, aucune, seule la perspective dans laquelle s'inscrit ce changement professionnel va différer. Bien évidemment, il se crée une situation qui lui correspond davantage et s'en trouve plus satisfait. Il s'aime mieux en reconnaissant ses aspirations. Mais sa recherche spirituelle englobe ce projet dans une finalité qui dépasse cette satisfaction immédiate, une finalité intérieure. Lui, l'éternel insatisfait, va vérifier dans les faits à quoi tient son insatisfaction chronique : aux circonstances de sa vie ou à autre chose ? Voilà en quoi on ne peut éluder l'expérience de l'action. Il a ainsi d'abord constaté que ce changement apportait une vraie différence, qu'il retrouvait une vitalité, une implication qu'il avait perdues depuis longtemps. Donc, oui, il était nécessaire de passer par là. En même temps il s'aperçut assez vite qu'il avait soif de plus encore, mais plus de quoi ? Plus libre, plus « fou », plus insouciant encore, plus joyeux ; ne plus vivre une vie d'emprunt, vivre sa vie, vivre la vie à plein régime. Finalement, ce changement professionnel a stimulé encore davantage l'aspiration spirituelle à dépasser sa prison mentale. Il voulait que l'énergie circule plus intensément en lui et s'affranchisse du jugement dépréciateur, des projections sur le futur. L'action qui avait concrétisé ce qu'il avait vu et ressenti le conduisait à un nouveau cycle, à une autre vision – nourrir davantage sa vie intérieure, se délivrer de sa « moulinette » mentale.

Ce qu'il exprimait dans cette période m'évoquait des paroles très fortes de Swami Prajnanpad : « À chaque moment de sa vie, l'homme doit être libre. Libre signifie : maître de lui-même, dépendant de lui-même, s'appuyant sur lui-même. L'homme ne doit travailler dans aucun domaine, ni à aucun moment sous la contrainte. Car toute obligation ou contrainte est immorale, aussi élevée ou grandiose que soit la raison par laquelle on cherche à la justifier[5]. » On ne saurait lui reprocher de prêcher la soumission et le conformisme !

Quant à Ève, elle avait à supporter une responsable acariâtre dans la société d'édition où elle travaillait, ce qui s'accordait bien avec son passé d'agression maternelle... En dehors de ce point noir relationnel, son métier lui plaisait, elle aimait les livres et la littérature. Le résultat du travail thérapeutique puis des *lyings* sur sa mère a considérablement modifié la physionomie de sa relation hiérarchique. Elle ne se laisse plus maltraiter, elle recadre fermement les choses quand sa responsable devient agressive, la regardant droit dans les yeux. En outre, son changement d'expression et d'attitude inspire autre chose que l'enfant rejetée triste et dévalorisée à laquelle elle était identifiée auparavant. Les autres viennent plus facilement vers elle. Elle s'interroge ? « Que puis-je faire pour moi, qu'est-ce qui me rendrait plus libre, plus épanouie ? » J'avais le sentiment que cette femme intelligente était sous-employée, qu'elle disposait de potentiels inexploités du fait de son manque de confiance en elle. Un jour, elle voit passer une annonce en interne

---

5. Swami Prajnanpad, *L'ABC d'une sagesse*, *op. cit.*, page 99.

pour un poste qui comporte des responsabilités plus importantes, amenant beaucoup de contacts et des déplacements à l'étranger. Elle arrive très troublée, me disant qu'elle en aurait envie mais ne se sent pas capable. Il faut s'exprimer couramment en anglais, qu'elle parle bien, mais elle redoute de ne pas se débrouiller dans les conversations téléphoniques. Ensuite, elle pense que cela grèverait ses chances de construire une vie de famille. Autour de quoi peut-elle s'unifier ? Dans sa famille on a toujours mis son frère en avant, marquant sa supériorité, confirmée par ses études d'ingénieur. On ne croyait guère dans ses capacités à elle, espérant plutôt qu'elle se caserait et suivrait son mari. « Avec son caractère, disait sa mère, qui voudrait d'elle ? » Ce qui, en définitive, ne lui laissait guère d'avenir. Elle avait franchi une grande étape par rapport au rejet en ne plongeant plus dans l'autodestruction, en apprenant à se respecter et à se faire respecter. Avant, elle n'aurait pas envisagé une seconde que cette annonce puisse la concerner. Actuellement, face à cette éventualité, ses démons intérieurs se réveillent (ils le font souvent dans ce genre de contexte, comme si la personne risquait de leur échapper). Si jamais elle obtenait ce poste (mais on trouverait sûrement mieux qu'elle...), elle se planterait et elle aurait encore perdu de précieux mois pour sa fécondité. Cela confirmerait le destin assigné par sa famille. Les convictions négatives ancrées depuis l'enfance doivent être combattues à maintes reprises, comme l'hydre aux cent têtes. Mais avec une différence, cette fois, Ève a goûté à l'amour d'elle-même, elle sent que son aspiration spirituelle, présente depuis l'enfance, a pris un nouvel essor et l'incite à se faire confiance. Que veut-elle vraiment ? Sans hésitation, un couple, un enfant. Pourtant, malgré l'angoisse de l'horloge biologique, elle a l'intuition que la vie met cette annonce sur son chemin, pour maintenant, que c'est l'opportunité à saisir. Avoir ainsi clarifié ce qu'elle voulait dénoue le conflit. Quant aux obstacles psychologiques, sa prétendue incapacité, je lui rappelle que « je ne suis pas capable » exprime un jugement, jugement sous-tendu par une émotion, quelle émotion ? La peur de se tromper, de ne pas y arriver, de donner raison à ses parents. Voit-elle que l'idée d'incapacité provient de la peur ? Oui, elle le sent. Alors peut-elle accepter cette peur sans la projeter sur le futur, l'accueillir maintenant ? Oui, et elle constate alors qu'elle a peur de l'échec à cause de la malveillance de sa mère qui l'accablerait. Si elle envisage l'échec de sa tentative dans un climat amical et bienveillant, elle peut beaucoup mieux l'affronter. Maintenant elle comprend précisément la nature de l'obstacle.

J'insiste à l'occasion sur ce point crucial ; tant que nous restons sur le plan du jugement intérieur nous ne pouvons qu'argumenter avec lui : « Mais non, je ne suis pas incapable, j'ai réussi des choses » ; mais il ne veut rien entendre, revient à l'attaque, affirme péremptoirement : « Mais si, tu es nul », et nous doutons de nous parce qu'il le répète en boucle. Nous risquons d'y perdre des heures et beaucoup d'énergie, vu son pouvoir de domination, et même d'abandonner.

Dès qu'Ève a reconnu sa peur, la perspective change instantanément, étant en prise avec le vrai rapport de force : ici, entre une envie et la peur des remarques perfides au cas où elle échouerait. Un vrai choix se pose à elle, se sent-elle prête à prendre ce risque, sachant que rien ne l'y oblige. La réponse arrive aussitôt, vu sous cet angle, oui ! Simultanément, elle a découvert l'envers du blocage, la bienveillance l'aiderait. La peur avait bien joué son rôle en lui signalant le besoin de cette bienveillance, inconnue dans ses relations familiales. Amour de soi oblige, elle réfléchit sur-le-champ à trouver une réponse au besoin qui s'est révélé double : elle sait à quels amis elle parlera de ce projet pour obtenir un soutien chaleureux et, en revanche, elle se gardera bien d'en informer sa famille. Voilà, elle prenait soin d'elle-même. Elle allait aussi s'entraîner à téléphoner en anglais et préparer soigneusement sa candidature. La reconnaissance du besoin et la réponse satisfaisante alimentent la motivation qui s'en trouve renforcée. Effectivement Ève est repartie de l'entretien avec moi très déterminée à postuler. Autant je l'avais connue empêtrée dans les hésitations sans fin et la procrastination de ses projets, autant je la découvre cette fois battante, déterminée. Elle pose ses jalons dans l'entreprise en stratège et réussit à convaincre le DRH de ses qualités (elle avait pris soin de se faire aider pour les lister, car cela ne faisait pas encore partie de ses habitudes de savoir se vendre !). Elle a étonné tout le monde, en particulier sa responsable qui en est restée bouche bée.

Je cite ce dénouement pour souligner le pouvoir de l'unification intérieure, bien supérieur aux stratégies du mental. « Votre être attire votre vie[6]. » Effectivement, je suis frappé d'observer combien la force d'un désir unifié se répercute dans l'existence et y attire des situations qui lui correspondent.

La pratique spirituelle nettoie les zones d'ombre, les peurs et culpabilités, elle élague les faux désirs qui ne sont que des imitations sociales, des conditionnements familiaux ou des compensations à des émotions réprimées. Il ne subsiste plus que des désirs qui sont vraiment les nôtres, plus solides, plus consistants. Le travail sur le mental fait disparaître les complications, la division intérieure, les alibis et justifications qui repoussent l'action ou la sabordent. Face à cette intensité, la vie répond : « Si vous avez un désir intense et le cœur pur, il ne peut manquer d'être satisfait. Le cœur est purifié quand vous n'avez ni peur ni culpabilité[7]. » En résumé, il est de notre intérêt pour l'accomplissement d'un désir de procéder à ce ménage intérieur préalable. De là, les choses s'enchaînent naturellement. Il ne s'agit pas de pensée magique. Comme l'esprit n'est plus tiraillé par des dissensions internes ni obscurci par la confusion, sa disponibilité pour aborder l'extérieur s'en accroît.

> Ève ne s'est pas arrêtée là... Elle découvre une aisance dans ses relations avec ses correspondants étrangers, elle y prend un grand plaisir, comme à voyager. Mais autre chose la travaille : un vieux rêve qu'elle porte depuis son adolescence. Au moment de m'en parler, elle rougit, comme d'une chose honteuse, ridicule. Elle craint que je me moque d'elle : elle a envie d'écrire un roman ! Ici encore, le désir mérite d'être clarifié : Veut-elle surtout écrire et aller au bout de son envie ? Veut-elle être publiée ? Veut-elle le prix Goncourt ? Dans ce genre de question nous avons tendance à faire seuls les questions et les réponses : Ève avait déjà écrit quelques pages à plusieurs reprises mais avait décrété leur totale nullité. Au fond, elle aspire à une reconnaissance sociale tout en se jugeant

---

6. Swami Prajnanpad, *source orale* (Arnaud Desjardins).
7. Swami Prajnanpad, *L'ABC d'une sagesse*, *op. cit.*, page 46.

pathétique, évidemment. Que peut-elle aujourd'hui ? Pas de publication, pas de Goncourt, si elle n'a rien écrit. Pris ainsi, l'unique chose qui dépend d'elle entièrement, la liberté selon Swami Prajnanpad, consiste à écrire son roman : que veut-elle exprimer ? *Nothing else !*

Autant, sur le plan du ressenti, on ne doit s'imposer aucune limitation, autant dans l'action, pour préserver la même liberté, on a intérêt à ne pas tolérer d'hésitation, d'errance ni de compromis : « Je le veux vraiment ? Je le peux ? Alors je le fais. » Une vie *délibérée* implique d'en finir avec les fuites et gaspillages d'énergie provenant du doute et de la division intérieure.

Moi et l'autre

Mais un désir essentiel dans la vie se révèle plus délicat encore que les aspirations socioprofessionnelles, la relation amoureuse. Même si nous nous sentons unifiés dans notre désir, l'autre ne nous attend pas pour autant avec un collier de fleurs !

Adam entretenait depuis deux ans une relation où il souhaitait conserver sa liberté, en vivant séparément. Il avait une véritable estime pour son amie, sans en être amoureux. Il avait, de temps à autre, des aventures surtout pour le plaisir de la séduction et pour le sexe. Le travail thérapeutique lui avait montré l'origine de sa fermeture sur le plan amoureux et il se sentait prêt à en prendre le risque à nouveau. Sa motivation actuelle d'une vie plus entière et intense le poussait aussi dans cette direction. Il décida de rompre avec son amie, n'entrevoyant pas d'évolution à cette relation et de s'offrir une tranche de solitude et de chasteté, expérience qu'il avait toujours évitée. Il découvre s'en porter plutôt bien, intensifiant à cette occasion sa vie intérieure, malgré des moments de désemparement où la solitude lui pèse. Quelques mois se passent ainsi. Il s'est promis de ne pas avoir de relations sexuelles sans être amoureux et le désir physique le taraude de plus en plus. Il craque quelquefois et constate qu'il n'y trouve pas tant de plaisir. Lors d'un séminaire résidentiel, il se retrouve avec plusieurs participantes, dont Ève (le lecteur me voit venir !). Il l'avait déjà croisée dans des circonstances similaires, la rayant sans hésitation de la carte des femmes à séduire : pas sexy, trop de problèmes, trop émotive.

Ève, de son côté, continuait de traverser un désert amoureux, moins obnubilant du fait de la transformation de sa vie professionnelle. Elle avait d'emblée remarqué le pouvoir de séduction d'Adam mais aussitôt mis une croix dessus : trop nulle pour qu'un homme comme lui s'intéresse à elle, et un séducteur, elle avait déjà donné, – trop de souffrances à la clé. Au fil du séminaire, Adam découvre avec stupeur à quel point elle a changé. Déjà physiquement, elle met davantage en valeur sa féminité, mais surtout elle manifeste un charme inattendu par sa sensibilité très intuitive, son rire, son intérêt pour les autres, sa conversation animée. Il est plutôt admiratif d'une telle évolution. Elle, en revanche, reste la même en face de lui, amicale, donc très à l'aise. Le séminaire se termine et Adam se sent un peu triste. Il constate en s'interrogeant qu'il a pris goût à ce contact avec elle, que cela va lui manquer. Le mot qui lui vient à propos d'elle, rafraîchissante… Il se rend compte que lui, le désabusé, se rapproche de sa propre sensibilité en échangeant avec elle. Un réflexe de fierté (ou de peur ?) le retient pour lui demander son téléphone (et ce n'est pas moi qui vais lui fournir !). Il s'en veut aussitôt, mais trop tard.

Elle, toujours fidèle à sa conviction négative, n'a rien vu. Il se débrouille finalement pour obtenir ses coordonnées et, très embarrassé, l'appelle. Elle ne comprend rien, que lui veut-il ? Aller dîner ensemble ? Drôle d'idée, mais que vient-il perdre son temps avec elle ? Perplexe, elle accepte et les voilà face à face, au restaurant. Comme elle n'attend rien, finalement ça l'amuse, cette situation insolite, et elle plaisante, mène la conversation, puis la clôt et repart sans qu'il en dise vraiment plus. Lui, est complètement désarmé de sentir une sorte de timidité et de ne pas terminer la soirée dans ses bras, selon son mode opératoire habituel. Il sent quelque chose de fragile bouger en lui avec un sentiment très ambivalent : c'est doux, agréable, mais le cynique en lui déteste. Il la relance pour d'autres sorties, elle a renoncé à comprendre et finalement trouve très agréable de passer du temps avec un homme sans subir les tourments de l'amour. Il est intéressant, les sorties, plaisantes, pourquoi s'en priver !

Le jour fatidique arrive où Adam est obligé de s'incliner, il est amoureux, le poisson est ferré. D'habitude, il avait à se dépêtrer des passions qu'il allumait... Il sait qu'il ne peut plus reculer, il va falloir vraiment tomber son armure. Le mental enclenche son grand jeu : il a perdu la boussole avec ses démarches psy et spi à la gomme. Le voilà comme une midinette de roman-photo. Et cette fille, qu'a-t-elle pour elle ? Sa névrose va forcément ressortir... Si ça se trouve, elle est complètement coincée sexuellement. Elle n'a rien d'un canon, pour lui qui est sorti avec des nanas vraiment top ! Et puis il va vite s'ennuyer, une fois la nouveauté passée. La monogamie, c'est pas son truc.

La tourmente le secoue fortement, il vacille, prêt à reculer. Il lui revient ce que nous avons maintes fois pointé ensemble : le mental s'agite = émotion refoulée. Quelle émotion ? La peur. Peur de quoi ? Perdre le contrôle, ne plus savoir où ça va le mener, morfler comme à 20 ans. Voilà l'obstacle identifié, donc le choix posé. Il reprend contact avec son aspiration de liberté, de vie plus intense, de sortir de son cadre mental. La réponse s'impose, y aller. Il arrive chez elle à l'improviste avec une gerbe de fleurs. Elle ouvre la porte et se retrouve le nez dans ces fleurs. Décidément ce type n'a pas fini de me surprendre ! Il veut me parler avant d'aller chez sa dernière conquête. Oui, il veut lui parler, justement. Et il lui dit. Qu'est-ce qu'il lui raconte ? Il dit l'aimer. Pour le coup, ça la met en colère. Il ne doit pas jouer avec elle, elle ne plaisante pas avec ça. C'est quoi son histoire, pour de vrai ? Mais il insiste et, d'un coup, tout lui revient depuis le premier dîner, ses yeux se déssillent, elle voit. Elle en est pulvérisée, aucun son ne sort de sa bouche. Elle réussit à bafouiller qu'elle s'apprêtait à sortir, qu'elle est en retard, qu'elle s'excuse mais doit partir. Aussitôt dit, aussitôt fait ; Adam se retrouve seul sur le palier, hébété. Même son mental peine à triompher, ses neurones ont disjoncté.

Quant à Ève, elle n'est pas partie, elle s'est littéralement enfuie en courant, sous le coup d'une véritable panique. Elle a envie de se jeter sur son téléphone et de m'appeler au secours. Au lieu d'un « oui », un grand « non » monte en elle. Entendre vraiment sa déclaration, c'est se jeter dans un bûcher en flammes, elle va se consumer de souffrance. Elle ne peut qu'avoir mal avec un homme comme ça, si elle se laisse prendre au piège de l'aimer. Donc tout verrouiller, garder la tête froide. Elle n'en dort pas de la nuit. Son immense attente d'une relation amoureuse secoue le couvercle et tempête en elle. Cette attente, elle veut l'amour d'un homme, elle le veut, elle n'en peut plus de désespérer depuis tant d'années. Que la division intérieure crée l'enfer, elle le vérifie sans conteste possible. Il faudrait plutôt parler d'écartèlement !

Adam a suffisamment recouvré de neurones pour conclure qu'il avait raison, cette fille est barjo. Une réaction pareille ! Dans quelle galère est-il allé se fourrer ? Assez honteux, il n'ose même pas en parler à ses potes. Ève, avec le jour, retrouve plus de calme et de lucidité et réalise que l'émotion l'a littéralement balayée. Elle ne va pas tolérer cet emportement davantage, l'adulte reprend les rênes. S'étant comportée brutalement avec lui au moment où il prenait le risque de s'ouvrir, elle lui doit de s'excuser et de lui expliquer la panique qui l'a saisie. Elle a retrouvé son axe ; une chose l'a convaincue de traverser sa peur, avoir vu son émoi d'hier – il ne jouait pas la comédie de la séduction. Voilà ce que son cœur a perçu malgré le vent de folie. Pas de grands discours, pas de promesses enjôleuses, juste une authenticité qui transparaissait.

Savoir s'il est l'homme de sa vie manifesterait encore la compulsion de son mental à fixer les choses et à se rassurer. Face à lui, elle se sent ouverte, digne, touchée. Au lieu de s'opposer, les deux courants qui semblaient inconciliables ont convergé, l'amour pour elle-même reconnaissant ses besoins derrière ses émotions. Oui, elle a tant besoin de vivre cet amour et oui, aussi, sans se précipiter en kamikaze vers des hommes qui ne la respectaient pas. Laisser la page complètement blanche, laisser venir, savourer l'incroyable inattendu de cette rencontre. Adam ne retrouve plus l'adolescente terrorisée de la veille mais celle dont la sensibilité le charme, avec une nouvelle dimension. L'amie joueuse s'est muée en une femme au regard intense qui se tourne vers lui. Il sent fondre ses préventions et se laisse gagner par la douceur enveloppante qu'elle émane. Il peut aussi laisser tomber le parcours type qui mène de la première avance au lit. Inutile et même nuisible de penser à l'instant d'après, juste se poser dans le présent, se laisser surprendre, goûter l'imprévisible. Cela le change tellement de sa manière habituelle ! Elle le surprend par sa chaleur et sa générosité dans les prémisses qui les rapprochent. Pour l'un comme pour l'autre, rien ne se déroule selon leurs habitudes mentales et émotionnelles. Il gardait toujours une arrière-pensée, un recul dans ses rapports avec les femmes. Son « commentateur intérieur » n'épargnait rien, les jugeait physiquement, sexuellement, évaluait ses propres performances. Il anticipait et contrôlait les ébats, le moment de rentrer chez lui, celui de calmer le jeu, pour préparer une rupture en douceur.

Distinguer désir et besoin

La pratique spirituelle offre le point d'appui qui permet de s'affranchir de cet emprisonnement : quelle nouveauté, quelle fraîcheur dans ces stratégies si bien rodées ? L'intériorisation nous conduit à revenir au cœur, dans l'instant, en cessant d'alimenter le duo mental/émotion. La relation amoureuse réveille les émotions les plus puissantes, les convictions mentales les plus coriaces, et nous devons tenir fermement la barre pour franchir les vagues. Adam avait à dépasser la profonde défiance qu'occultait son aisance apparente. Dans sa quête perpétuelle d'une femme qui rassemble ses critères de perfection, il assimilait ce désir à un besoin : pour être heureux, il avait besoin, pensait-il, d'une femme sans imperfection. Il méconnaissait son besoin réel, mécanisme universellement répandu, ignorant donc qui il pouvait être. S'il ressentait de l'insatisfaction, cela tenait forcément à l'objet de son désir – une femme pas à la hauteur de son idéal.

Nourrir nos besoins s'impose comme une nécessité pour la croissance intérieure. Mais cela demande de ne pas se méprendre entre désir et besoin. Le besoin comblé nous fait croître, dans le sens d'une liberté et d'une ouverture plus grandes. À la différence du désir qui perd de son attrait lorsque l'objectif est atteint, combler un besoin psychoaffectif apporte un surcroît d'énergie et renforce l'investissement. Dit autrement, le désir entraîne un phénomène d'accoutumance (il faut augmenter les doses pour obtenir le même résultat, donc dépendance au désir), tandis que le besoin ne demande rien de plus que de recevoir sa part. Une fois le plein effectué, il confère une période d'autonomie.

Le petit enfant a besoin de l'attention et du contact de sa mère. L'ayant reçu, il part explorer, jouer jusqu'à ce que le besoin se manifeste de nouveau. « La satisfaction d'un besoin ne pose aucun problème. Le besoin est naturel, normal, juste. Tout le problème est créé par l'apparition du désir qui se superpose au besoin. Le désir est toujours particulier, dépendant, lié à une émotion et à des pensées conditionnées[8]. » Tant que le besoin ne parvient pas à la conscience, on peut errer dans la poursuite d'un désir qui n'apporte qu'un contentement superficiel et fugace.

Ce dont Adam avait besoin, c'était de recouvrer sa sensibilité et de l'exprimer ; plus que d'accrocher une nouvelle conquête au tableau de chasse, selon son désir. Ève sort de son schéma habituel et, paradoxalement, sa conviction qu'elle ne peut intéresser Adam la protège de son emballement coutumier. Elle la protège, car elle traduit dans ce cas une vérité. Telle qu'elle était auparavant, elle faisait fuir Adam. Précisément pour cette raison, n'attendant rien, sa spontanéité s'exprimait en toute quiétude. Sinon, elle aurait guetté la moindre de ses réactions, elle aurait été suspendue à chaque appel. De ce fait, il avait un champ libre pour s'approcher, la découvrir sans aucune pression. Voir sa propre panique et son comportement de la veille, sans s'accabler, l'a conduite à s'assumer et à le recontacter, sans peur dévastatrice.

Le point d'appui, pour chacun d'eux, c'est le contact avec le cœur par l'acceptation de soi. Le besoin ne provient pas de notre volonté personnelle, à la différence du désir, nous en prenons acte et tâchons d'y répondre, que cela nous agrée ou non. Répondre au besoin, preuve concrète de l'amour, exige souvent de dépasser des résistances. Ainsi, une personne, dont le besoin est de s'affirmer, hésitera souvent à s'y risquer, par crainte du conflit…

---

8. Daniel Roumanoff, *Psychanalyse et sagesse orientale*, Paris, Éditions Accarias-L'Originel, 1996, page 108.

L'acceptation à l'épreuve
de la différence

Nos tourtereaux ont connu une période bénie pendant quelques mois, sans anicroche majeure. De son mécanisme névrotique, Ève avait gardé une séquelle positive, une grande attention à l'autre qui ravissait Adam. Quel changement : les antipodes de sa mère ! Il se sentait entouré de tendresse et s'autorisait plus de chaleur expansive, abandonnant son ironie souvent mordante. Il avait l'impression de se réhydrater ! Ève aimait échanger avec lui, le suivre dans ses initiatives d'activités et de sorties, elle sentait un vrai partenaire à ses côtés et pas seulement un bon amant. Avec son travail de surcroît, elle ne touchait plus terre chez elle, vivant à deux cents à l'heure.

Un soir, elle rentre tardivement de l'étranger, il dort déjà. Elle ouvre l'ordinateur et tombe sur sa boîte mail à lui. Une impulsion soudaine l'entraîne à regarder. Un prénom féminin… Un message sans équivoque. Foudroyée, la bouche sèche, tout s'arrête. Envie de hurler un non à trouer les murs. C'est trop nul, trop décevant, trop destructeur. Elle arrivait d'Allemagne, pleine d'élan, avec l'envie de lui proposer de faire un enfant. Elle était dans des dispositions si confiantes, tout coulait de source, et voilà qu'il manigance sa petite affaire minable dans son dos. Plus grave encore pour elle, elle le reçoit comme une trahison de la vie elle-même, une mise en cause de toute sa démarche. Un écœurement violent la submerge. Le réveiller, le secouer, l'insulter ? Le mal est fait. Partir ? Pour aller où ? Trop de douleur, trop d'émotion. Oui, réalise-t-elle, trop d'émotion, le choix se trouve là. Tout ce qui lui vient, toute cette violence ne la conduit qu'à réagir, à se débattre contre une douleur insupportable ? Ce n'est pas la bonne direction, elle va se faire encore plus mal.

De quoi a-t-elle besoin ? D'une présence amie, d'une aide pour affronter le cataclysme sans y laisser sa santé mentale, mais il est 2 heures du matin. Pourtant, il lui faut vraiment de l'aide, la partie s'annonce très dure. En attendant le jour, il ne lui reste qu'une certitude – ne pas se rajouter de la souffrance. Justement, elle a mal, trop mal, alors la réponse est là, pleurer, que ça sorte. Mais la colère revient, elle a envie d'insulter la vie, d'injurier Adam. Elle s'enferme dans le salon et hurle la tête dans un coussin. La vie est mauvaise avec elle comme sa mère, une marâtre jamais en manque de perfidie… Elle ressent la vieille blessure saigner à nouveau. Toute cette beauté, cette magie de leur relation des derniers mois, massacrées. Elle perd la notion du temps dans son désespoir jusqu'à sombrer dans le sommeil. Il la trouve ainsi, stupéfait, ne comprenant pas pourquoi elle ne l'a pas rejoint, mais n'ose pas la réveiller. Elle doit être malade… Il part discrètement en lui laissant un petit billet amoureux. « Mais comment fonctionne-t-il, il est schizo ce type !? »

Elle prend son téléphone et m'appelle pour un rendez-vous en urgence. Le ton de sa voix ne trompe pas. Face à moi, elle a d'abord besoin de sangloter avant même de parler, puis elle m'explique. Le plus intolérable est d'être fauchée dans un élan de confiance jamais connu auparavant. Au bord de renier toute sa démarche d'ouverture, le doute la submerge : « À quoi bon ? Je reviens toujours à la case départ, je suis maudite, ça ne finira jamais. » Je suis touché de la voir si mal et je lui exprime ma sympathie ; je me sens à ses côtés. Et maintenant que veut-elle ? Tout laisser tomber ou faire face ? Posé ainsi, malgré son envie de tout balancer, elle sait bien qu'elle ne veut pas retourner en arrière. Nous reparlons de la confiance : peut-elle admettre que *la confiance de l'adulte ne consiste pas à s'abandonner à l'idée que tout ira bien – ce serait enfantin, mais à envisager que tout peut arriver* et qu'alors, elle se crédite de la capacité à trouver les ressources pour faire face. Très précisément la situation qu'elle rencontre maintenant. Je lui rappelle l'expérience profonde qu'elle a vécue en *lying* et lui propose d'utiliser cette ressource, d'abord pour elle-même, dans son propre cheminement vers la liberté et aussi pour laisser émerger des réponses d'un autre ordre dans sa relation avec Adam. Comme le disait Swami Prajnanpad : « Tout ce qui vient à vous vient comme un défi et une opportunité[9]. » Le défi, oui, elle le voyait, pour le moins ! Mais l'opportunité, où, diable, une opportunité ? L'opportunité de découvrir le miracle de l'acceptation inconditionnelle… Elle leva les sourcils, mi-intriguée mi-sceptique. « En attendant, je

9. Swami Prajnanpad, *source orale* (Arnaud Desjardins).

retrouve Adam ce soir, je ne peux pas faire comme si de rien n'était, ça m'est impossible. [Long silence.] Il faut que je lui parle. [Sa voix reprend un ton plus déterminé.] Je veux voir ce qu'il a dans les tripes ».

Le soir venu, elle l'attend de pied ferme sur le canapé. Lorsqu'il entre, il perçoit bien que l'atmosphère n'incite pas à la plaisanterie, d'autant plus qu'il n'a pas réussi à la joindre de la journée, malgré les messages qu'il lui a laissés. Le malaise le gagne, que mijote-t-elle, une scène ? Il ne voit pas pourquoi. Tout se passait très bien entre eux jusqu'à son départ en Allemagne. « As-tu quelque chose à me dire ? commence-t-elle. – Non, mais pourquoi tu fais cette tête-là, quelque chose ne va pas ? – Oui. Mais c'est toi qui peux le dire. – Je n'aime pas ce petit jeu. – Adam, tu me déçois ! – Je croyais qu'on s'épargnerait ce genre de scène [son malaise grandit]. – Ah oui ! Je suis bien d'accord avec toi. Et toi, je croyais aussi que tu m'épargne-rais ça ! – Quoi, ça ? – Mais Adam tu te fous de moi [sa colère monte brutalement], tu te fous vraiment de moi ! [Elle rugit.] Arrête ! »

Dans la tête d'Adam tout se bouscule et s'affole. Il avait telle-ment cloisonné les choses dans son esprit pour éviter tout malaise, comme si cette aventure était une chose à part, ne concernant pas sa vie avec elle, qu'il lui avait fallu tout ce temps pour comprendre enfin de quoi elle parlait. Le cri d'Ève a transpercé l'armure et l'a frappé en plein cœur. Non, ce n'est pas une scène, c'est le hurle-ment de souffrance d'une femme bafouée, il le reconnaît. Donc, elle sait, Dieu sait comment, mais elle sait. Alors qu'il voulait abso-lument éviter ça ! Surtout que ça ne touche pas leur histoire…

Oui, il avait juste envie de faire l'amour au corps magnifique de Vanessa, c'était irrésistible. Mais il n'en était pas amoureux et ça ne changeait pas ses sentiments pour Ève. Il a très envie de mentir, de raconter n'importe quel bobard pour dire qu'elle s'enflamme à tort, que rien ne s'est passé, juste un petit jeu verbal, qu'elle oublie ça, qu'elle lui fasse confiance. L'expression implacable de son regard le cloue sur place, les mots restent figés dans sa bouche. Il ne se sent la force ni de mentir ni d'affronter la vérité et voudrait juste s'échapper, disparaître. Voilà, il pourrait partir en claquant la porte ! Son corps pétrifié ne répond pas. Anéanti, il baisse la tête en silence. L'enfer ! Une phrase lue dans un livre d'Arnaud lui vient soudain à l'esprit : « Pour sortir de l'enfer, il faut sauter là où les flammes sont les plus hautes. » Donc aller droit dans ce qu'il voulait éviter à tout prix. Le sang lui monte au visage, son cœur bat dans sa tête des coups sourds, les roulements de tambour qui annoncent une exécution capitale. Il monte sur l'échafaud en tremblant intérieurement de tout son être. Deux mots sortent péniblement de sa bouche : « Oui, Ève. » Il attend que la guillotine tombe, mais elle se tait. Un silence interminable. Il transpire abondamment. Curieusement, un calme s'installe en lui, mais oui, il a fait l'amour avec Vanessa, c'est la vérité, rien à rajouter à cela. Il ne se débat plus, il commence à l'assumer en face d'elle. Il reprend la parole simplement pour le dire, il ne cherche plus d'excuse, plus d'échappatoire. Oui, il a eu envie de cette fille, oui, il a voulu lui cacher, mettre une cloison hermétique autour de ça. Elle pleure, toujours silencieuse. Il voit combien il l'a blessée, le ravage causé. D'un coup, l'émotion l'envahit, ses larmes se mettent à couler. Il a mal de lui avoir fait mal. Elle lui demande de la laisser, de partir, trop bouleversée, elle est à sa limite.

Il ramasse lentement ses affaires dans une valise et se retrouve dans la rue, assommé. Est-ce fini ? A-t-il tout brisé ? Et il ne peut s'en prendre qu'à lui-même. Tant d'années où il n'avait plus aimé, le cœur replié, méfiant. Et voilà, il avait détruit cet amour, il s'est voué lui-même à la malédiction. L'idée du suicide lui traverse la tête. Il a envie de s'insulter, de se battre.

Sauter là où les flammes sont les plus hautes... Il l'a senti déjà tout à l'heure, c'est la seule issue. Il pourrait se précipiter chez Vanessa, mais après ? Non, aller se poser chez lui, se débarrasser de cette valise qu'il traîne. Maintenant il le sent, l'émotion le remplit des pieds à la tête – un sac de larmes. À peine franchit-il le seuil de son appartement, qu'il sanglote de tout son être, toujours avec la même phrase, *dans les flammes les plus hautes*. Un regard extérieur verrait un homme brisé, désespéré, mais intérieurement, il sait ce qu'il fait, il le permet, l'encourage. Il laisse une peine immense, intemporelle, jaillir de son cœur, une douleur à couper le souffle qu'il va chercher au fond de lui-même. Elle sommeillait depuis toujours à l'arrière, aussi loin qu'il se souvienne, teintant sa vie en gris. La douleur d'être mal aimé, seul, encore seul dans son désert. Il trempe mouchoir après mouchoir et vide la boîte de Kleenex, avec l'impression d'un lac qui se vide sans fin. Cela pourrait durer toute la nuit. Inlassablement, il retourne vers sa douleur pour n'en rien laisser subsister. Aller jusqu'au bout, jusqu'au moment où il ressent le plus aigu, l'indépassable. Voilà, son cœur s'est brisé, il ne l'a pas quitté d'un millimètre durant toute cette expression, il lui a laissé tout l'espace, donné toute son attention, son écoute. Le besoin est rempli, ce besoin, d'une attention entière que sa mère n'avait jamais su lui porter. Et son cœur, comme un enfant consolé et apaisé, trouve enfin le repos. L'amour commence à sourdre et à couler dans ses veines, il est enfin avec lui-même, sans distance, sans son éternel regard critique. Une petite flamme de joie commence à danser dans sa poitrine. Cet amour irrigue une terre asséchée, assoiffée, qui s'en gorge avec délice. Une douceur bienfaisante l'enveloppe, augmentant encore sa joie. Il s'aime, il l'aime, il éprouve de la gratitude pour elle, pour ce moment si heureux de réconciliation.

Et il lui écrit une longue lettre inspirée par cet élan. Il se sent poète, il en sourit lui-même – ce n'est pas son genre ! Les phrases s'enchaînent, s'entrelacent librement, dessinent des arabesques sur la feuille. Il les laisse courir, s'échapper de lui ; des mots tendres, émerveillés, surprenants fusent. D'où viennent-ils ? Jamais, de sa vie, une telle spontanéité ne l'a traversé. Incroyable qu'une source si vive puisse jaillir en lui ! Il va lui-même déposer, comme un trésor précieux, sa missive dans la boîte aux lettres d'Ève.

Celle-ci était restée de longues heures dans la même position sur son canapé. Elle n'a pas bougé d'un iota, comme une statue, le regard perdu dans le lointain. Elle digère le choc. Le déni premier d'Adam l'avait profondément heurtée, elle espérait tant qu'il se dresse en homme, qu'il assume… S'il s'y était cramponné, elle l'aurait chassé de toutes ses forces pour ne plus jamais le revoir, l'amour définitivement tué. Elle n'aurait pu supporter la médiocrité du mensonge, de la mauvaise foi par surcroît. Il aurait anéanti toute once de respect envers lui. Heureusement, il s'était repris, il n'avait pas marchandé, contre-attaqué, sali ce qu'ils avaient vécu, heureusement. La plaie béante dans sa poitrine la tient immobile, ainsi, jusqu'au lever du jour. Le bureau… Il faudrait aller au bureau. Elle se lève, le corps étrangement évanescent, sans consistance, les membres flottants, la tête vide de toute pensée. Seule la plaie vermeille concentre toute sa réalité, toute sa conscience d'elle-même.

Elle se prépare lentement, descend précautionneusement l'escalier, et trouve la lettre. Elle ne va pas la lire là, au milieu du passage, alors elle remonte chez elle. Elle retrouve sa place sur le canapé, contemple les feuilles dépliées sur ses jambes. Sans lire les mots, les lignes parlent d'elles-mêmes, des lignes de vie qui montent, descendent, se recourbent. Leurs pampres enlacent la plaie, lui murmurent des mots tendres, lui sourient. Son cœur lutte, se défend, divisé entre une sensation exquise et la douleur aiguë encore ravivée à chaque phrase découverte. Le contraste se tranche toujours davantage, le charme exercé, la puissance d'attraction exacerbant la douleur au lieu de l'apaiser. Dès qu'elle y cède, elle a la sensation de venir s'empaler sur une pointe acérée. L'aimer, c'est se tuer. Elle ne peut ni se laisser aller à l'aimer ni ne plus l'aimer. Elle passe des heures ainsi, encore immobile, oubliant complètement le bureau. Elle demeure paralysée face à une impossibilité, la trahison l'a transpercée en plein élan vers lui, d'une manière ineffaçable, sans retour en arrière possible. Et pourtant, chaque parole lue enflamme sa passion amoureuse, l'enivre, lui donne envie de se jeter dans ses bras.

Elle ne veut plus – et pas seulement par une décision raisonnée mais par instinct de vie, répéter, comme elle l'a tant fait, son schéma de kamikaze. Tant de fois, elle ne s'est pas respectée, tant de fois elle s'est accommodée par dépendance de comportements désinvoltes ou blessants à son égard que la mesure est pleine. Plus question de s'exposer ni de se détruire ainsi. Seule évidence qui monte à la lecture des mots d'Adam, l'impossibilité d'avancer comme de reculer. Le soir venu, elle finit par lui envoyer un sms : « Je suis extrêmement touchée par ta lettre, mais je ne peux dépasser le choc. C'est trop destructeur pour moi. » Maintenant elle a besoin de parler à une personne amie. Qui ? Tiens, à Isabelle qui a connu ce déboire. Celle-ci n'attend pas pour manifester sa colère. « J'en étais sûre, ce type est un séducteur, tu n'avais rien à faire avec lui. J'espère que maintenant tu as compris… Ma pauvre chérie, ne va pas te refourrer dans une galère avec quelqu'un qui ne te mérite pas. Ce week-end je suis dispo, je t'emmène demain soir à Étretat, je te bichonnerai, il faut que tu l'effaces de ta vie ! » Timidement, Ève tente de dire qu'elle l'aime encore, que ce n'est pas si simple et évident, mais Isabelle, avec son caractère entier, ne l'entend pas de cette oreille et estime de son devoir de la secouer, en réaffirmant, un ton au-dessus, les mêmes choses. Ève est touchée de cette ferveur amicale à la protéger, mais elle la ressent en décalage avec sa vérité de maintenant. Le tableau diffère grandement de sa dernière séparation, il y a trois ans. Certes, Adam l'a trompée, mais leur relation diffère tant de ce qu'elle a connu auparavant que la comparaison avec Jean-François ne tient pas la route. Elle-même a tant bougé dans son attitude intérieure et expérimenté avec Adam une qualité de relation inédite. En raccrochant, elle reconnaît clairement qu'il lui manque une écoute plus distanciée, moins partisane. Virginie pourrait peut-être lui apporter ça. Effectivement, elle lui tient un tout autre discours, dédramatise ce qu'elle considère comme un incident de parcours, si fréquent avec les hommes. Il serait amoureux de ladite Vanessa… mais ce n'est qu'une histoire de sexe sans lendemain. Il l'aime elle, le sent-elle, oui ou non ? Oui, elle le sent. Alors elle n'a qu'à marquer le coup, bien lui mettre les pendules à l'heure puis tourner la page. Ève trouve du vrai dans ce qu'elle entend mais elle *ne peut pas* prendre la situation ainsi. La douleur crie « non », comment pourrait-elle se nier à ce point en passant par-dessus ? Les deux appels lui confirment l'ambivalence extrême qui la tétanise sur place.

De son côté, Adam, en recevant le sms, espérant y lire une ouverture, voit sa belle sérénité vaciller. Le refus n'attend pas pour pointer son nez, et son mental reprend du poil de la bête avec ardeur : « Voilà juste le problème avec les femmes. Pourquoi ne peuvent-elles pas comprendre, et celle-là comme les autres, qu'il continue à l'aimer même s'il a fait l'amour avec une autre !? » Décidément, il n'est pas construit pour la vie de couple, il faut qu'il l'admette une bonne fois et qu'il laisse tomber le rêve romantique de l'idylle amoureuse. Ses potes ont raison, elle est sympa cette fille, elle a plein de côtés chouettes, mais ce n'est quand même pas un canon et surtout elle lui en demande trop. Il va se mettre un boulet à la patte et finir par s'étioler dans sa cage. Il renvoie un sms rageur : Tu n'as pas vu que j'ai aussi bougé, que j'ai assumé ? Qu'est-ce que tu veux encore, que je rampe ? Tu veux me mettre en laisse ? Si c'est ça, c'est mort, on arrête là. Elle répond aussitôt. Non je ne veux pas que ça dérape, qu'on se quitte avec la haine. Viens parler.

Pendant tout le trajet, Adam se demande – qu'est-ce que tu veux ? Il se sent plein de colère. OK, il a déconné, mais après il a mouillé sa chemise, il s'est mis à nu, il ne peut pas plus. Maintenant, ça le chauffe : non, pas cette relation à n'importe quel prix ! Il entrevoit par instants la réaction qui le pousse à couper et envoyer tout promener, mais celle-ci obscurcit vite ces éclairs de lucidité. En se retrouvant face à Ève, cette fois, il les voit, ces deux chemins devant lui. Ou il laisse à sa réaction la bride sur le cou et elle va sortir les mots exacts qui créeront l'irréparable, et voilà, ce sera fini une bonne fois. Et merde, les femmes… Il se cassera direct, et qu'est-ce qu'il a envie de faire ça ! Mais dans un coin de sa tête, une voix assourdie, à peine audible lui suggère une autre voie : « Non, Adam, tu crois *lui* faire mal, mais tu vas *te* faire mal. Tu as déjà oublié cet amour de la nuit dernière ? Qu'est-ce que tu veux, Adam, qu'est-ce que tu veux vraiment ? » Ève le regarde intensément, elle voit la colère dans ses yeux. « Assieds-toi. » Il sent un tremblement en lui, ne sachant plus trop où il en est. A-t-il une ennemie en face de lui ? Pourraient-ils arriver à se parler sans s'agresser ? C'est dur de lâcher cette réaction qui a envie de mordre, de faire mal ! Mais non, il ne voit pas une ennemie, ça l'aide de la regarder.

Elle lui parle. Avant, elle l'aurait accablé de reproches, elle l'aurait traité de monstre, de salaud, d'égoïste sans cœur. Elle l'aurait culpabilisé de toutes ses forces, montré à quel point il la faisait souffrir, elle aurait sangloté, hurlé, et aurait fini par s'en prendre à elle-même, elle, la pauvre conne qui donne tout, celle qu'on piétine et dont personne n'a rien à foutre. Eh bien non, elle ne veut plus se tordre les mains ni s'arracher les cheveux, elle ne veut plus se dégrader dans ce drame-là. Elle veut garder son axe – surtout ne pas se rajouter de la souffrance, s'aimer dans cette épreuve. Elle lui explique son impossibilité mais elle ne l'en rend pas responsable. C'est sa limite à elle, qu'elle sent de respecter, là, maintenant. Ce n'est pas pour lui faire payer ni pour une quelconque manipulation. Juste, ça fait trop mal. Peut-elle l'entendre ?

Lui, il aimerait entendre autre chose. C'est clair, les limites, il n'a jamais aimé ! Et puis là, il sent du désir pour elle le prendre au ventre et il aurait juste envie de lui faire l'amour sur le canapé. Au diable les mots, qu'il n'y ait plus cette distance entre eux !

L'écouter, l'entendre, lui demande un gros effort, ne pas la toucher, un encore plus grand. La petite voix dans sa tête continue : « Laisse-lui l'espace, respecte-la, ne bouge pas, attends ! » Peu à peu, ça vient, ça se calme en lui, il commence à vraiment la regarder, à l'écouter. Il sent qu'elle dit vrai, il perçoit sa douleur, il en mesure l'ampleur. Il la voit belle, digne, ce n'est pas du pathos, il en est ému. Mieux encore, au lieu de se crisper sur son refus et sur son attente qu'elle réponde à son désir immédiatement, il découvre une sorte de joie à la voir si différente de ce qu'il attendait. Elle n'est pas lui, elle n'est pas son désir, elle est ce qu'elle est, irréductiblement, pleine, entière. Au lieu d'en être contrarié, d'en prendre ombrage, il l'apprécie, il profite de ce qu'elle est, de ce qu'elle émane et, ô surprise, il n'attend plus rien ! Elle pourrait même être encore plus différente qu'il s'en réjouirait davantage... Elle termine en disant qu'elle va se faire aider pour dénouer ce blocage, sa priorité avant de pouvoir envisager une quelconque décision le concernant.

Adam, à son tour, veut partager ce qu'il vit, prêt maintenant à dire ce qui a déclenché sa colère et non à lui envoyer en pleine figure. Il lui raconte sa nuit inspirée, puis sa colère à la réception du premier sms. En l'évoquant, il réalise rétrospectivement la vulnérabilité à laquelle il s'était risqué en abandonnant ses défensives usuelles, en plongeant dans les flammes. Inconsciemment, il s'attendait, ayant totalement déposé les armes, à ce qu'elle s'y montre immédiatement sensible. Dans la mesure où il avait lui-même procédé à une reddition sans condition, il attendait la réciproque dans les mêmes termes. Elle lui ouvrirait les bras et ils se retrouveraient. Il avait été blessé qu'un tel retournement de son attitude où il avait mis tout son cœur ne suffise pas – que pouvait-il de plus ? Ève qui avait trouvé incroyablement gonflé le ton de son message (il ne fallait quand même pas renverser les rôles !) comprenait maintenant cette réponse hargneuse. Au moment où elle l'avait reçue, elle avait de justesse évité l'écueil : elle n'aurait eu envie que de l'insulter. Instinctivement, elle avait perçu que la relation ne tenait plus qu'à un fil et qu'une parole de trop aurait suffi à la rompre. Elle avait pressenti que seul un contact, en chair et en os, laisserait une chance de se parler vraiment et d'avancer. Ils se quittèrent, non en amants, mais l'un et l'autre plus apaisés, ayant exprimé ce qu'ils étaient.

Déposer les armes

> « Lorsque vous ne voyez pas la différence,
> vous établissez une séparation. Lorsque vous voyez
> la différence, vous devenez un [10]. »

Dans ce moment critique, chacun avait traversé bien des tumultes périlleux où l'autre ne correspondait plus du tout à leur attente. Leurs points les plus sensibles à vif, ils réunissaient tous les ingrédients pour se laisser emporter et transformer la situation en saccage. Ils ont pris l'entière responsabilité de leurs émotions, n'attendant pas que l'autre les prenne en charge, en l'y obligeant par des pressions ou des accusations. Déjà, cette seule attitude change toute la perspective qui, sinon, avec des intensités aussi extrêmes, ne saurait déboucher que sur un pugilat.

Ils ont mis en pratique deux aspects essentiels et inséparables. D'abord, résister à leurs impulsions immédiates ou, au moins, ne pas s'y attarder trop. Adam, après son déni initial, avait su rendre les armes, ne pas s'enferrer dans le mensonge et surtout ne pas suivre son mécanisme puissant d'évitement. Il avait aussi accepté dans son orgueil mâle de courber la tête et d'écorner son image narcissique. Son mental n'attendait pourtant que cette occasion pour triompher et le ramener dans le cynisme désabusé. La colère le poussait à couper définitivement, à se venger en assénant des méchancetés coupantes.

Cette mutation a été rendue possible grâce à l'autre versant de la pratique, vivre pleinement l'émotion, quelle qu'elle soit, instant après instant. C'est l'incontournable condition qui permet un début de maîtrise des réactions. Il avait osé plonger dans le désespoir de

---

10. Swami Prajnanpad, *L'ABC d'une sagesse*, *op. cit.*, page 127.

la solitude, de tout son être, avec courage et détermination, et découvert à cet endroit même une source d'amour insoupçonnée.

Ève connaissait par cœur les scènes prévisibles de sa propre part. Elle aurait donné le spectacle d'une désespérée, finissant par s'immoler elle-même au milieu d'un champ de ruines. Elle avait donc tenu bon face à la pente de l'autodestruction, de la victime éplorée. Surtout, elle ne s'était pas noyée dans la souffrance, pas plus qu'elle n'avait cherché à juguler ses émotions en s'imposant un héroïsme inadapté. Elle voyait bien qu'elle touchait sa limite et qu'elle avait besoin de toute son énergie, seconde après seconde, pour l'accueillir, pour rester présente. Pendant des heures, rien d'autre ne se révélait possible, pas même le plus petit mouvement du corps. Il fallait inlassablement rester avec elle-même, se tenir par la main, écouter son besoin du moment et tenter d'y répondre.

Ainsi, dans des conditions si difficiles, une relation réelle, sans échappatoire, a pu s'établir entre eux, Plus l'autre déçoit ou contrecarre notre attente, plus nos mondes respectifs se heurtent, chacun cherchant seulement à faire dominer sa vision. Tandis qu'en conservant la responsabilité de leurs états respectifs, Adam et Ève pouvaient ainsi leur accorder toute l'attention nécessaire. Ils n'assumaient qu'une seule tâche, reconnaître leur vérité de l'instant, lui permettre d'émerger complètement. L'ayant accueillie et reconnue, ils devenaient capables de l'exprimer à l'autre. Ils n'avaient rien à défendre, juste à s'assurer que leurs mots traduisent fidèlement leur ressenti, dont ils étaient les seuls ambassadeurs légitimes.

Le cœur et le corps leur confirmaient sur le moment la justesse de leurs dires, par une sensation d'allégement, de détente même si la douleur persistait encore, les deux pouvant coexister. Il s'agit donc d'une relation de chacun avec *sa* vérité subjective de l'instant, ce qui pose un troisième terme dans la relation. Sans cet espace intermédiaire consacré à la recherche d'authenticité, les deux mondes s'entrechoqueraient, s'opposeraient, les deux protagonistes voulant chacun prouver que *la* vérité se tient de son côté.

L'expression de sa vérité subjective ne consiste pas à verbaliser ce qu'on pense mais *uniquement ce qu'on ressent à propos de faits précis.* Comment accepter la différence de l'autre quand elle s'écarte tellement de ce que j'attendais, quand elle me blesse, s'oppose à mon désir ? Je ne peux l'accepter que si j'accepte préalablement ma propre différence, qu'elle me plaise ou non. Pas ma différence sur un plan général, mais la différence, là, maintenant : je diffère à la fois de ce que j'étais l'instant d'avant – j'étais bien, je suis mal ; et je diffère de ce qu'est l'autre, comme de ce qu'il attend de moi. Je ne ressens pas à l'identique ce qu'il ressent, je ne corresponds pas nécessairement à ce qu'il veut. Ce que je suis peut le décevoir et moi-même je peux me décevoir en voyant s'installer en moi des états intérieurs ou des réactions pénibles. Ma propre vérité émotionnelle réclame d'être admise sans discussion, juste parce qu'elle est. L'accepter m'amène à dépasser mes jugements et commentaires. Non, je ne suis pas autrement, je suis ce que je suis.

Quand, enfin, la paix s'installe entre moi et mes émotions, que l'impulsion à réagir retombe, je deviens disponible à la relation. Avant, c'était moi et moi, *moi seulement.* Maintenant je commence à ouvrir les yeux sur l'autre et découvrir à quel point il diffère de ce que j'attends. *Moi et l'autre !* Chaque différence que je perçois vient résonner dans ma sensibilité et exciter d'éventuelles réactions. Ma différence se manifeste ainsi à nouveau et demande encore à être acceptée. J'avance, dans cette navette incessante entre ma perception de l'autre et ce qu'elle éveille en moi.

Dans les moments de confrontation, l'autre incarne la menace, au minimum d'une déception et sinon d'une agression. M'ouvrir à lui va à l'encontre de mes réflexes archaïques de défense. Je dois me fournir des preuves que je ne vais pas trahir mon propre intérêt, que je suis bien solidaire de moi-même. C'est pour cela que veiller si attentivement à mon ressenti se révèle indispensable, en tant que preuve de l'amour de moi-même. Ainsi, je m'enhardis à laisser la vérité de l'autre me pénétrer, à la découvrir pour ce qu'elle est et non en référence à ce que j'attendrais.

Vient le moment où cette réalité de l'autre m'intéresse, je commence à voir avec ses yeux – ah oui, c'est ainsi qu'il le vit !

L'autre et moi. Je suis toujours là, mais intérieurement je me suis déplacé pour m'asseoir au côté de l'autre et regarder avec son point de vue. Cela m'éclaire. Comme je l'accepte, je le comprends, je rentre dans son monde. Je n'ai pas oublié le mien, alors maintenant nous sommes vraiment deux. Sinon, comme le disait Sacha Guitry à propos du couple, je cherche de deux à ne faire qu'un – « le tout étant de savoir lequel ! ». Je malmène l'autre pour qu'il colle à mon monde, tandis que lui se débat sous cette étreinte autoritaire, et réciproquement. Deux mondes, c'est trop pour moi, je n'en supporte qu'un, le mien… Donc nous croyons être deux mais en réalité nous ne le voulons pas, dès que la différence surgit, nous ne voulons qu'un monde, le nôtre. La différence qui est pourtant la condition même de la relation – si les deux sont confondus la relation disparaît – se présente à nos yeux comme la pierre d'achoppement alors qu'elle en est le fondement.

Plus je sens la différence, plus je sens ma propre existence s'affirmer en parallèle, dans un processus inséparable. La différence me révèle à moi-même, me fait sentir ma vérité. Oui, je suis ceci et tu es cela, une évidence de plus en plus lumineuse. Mon monde s'élargit, devient plus vaste en tolérant d'être bousculé. Les rigidités intérieures se fissurent, les résistances craquent. Après avoir causé la douleur, la différence éclaire, nourrit, renouvelle. En explorant le monde de l'autre, je découvre sous sa forme à lui, si différente de la mienne, qu'il aspire comme moi au respect de sa liberté, à la considération, qu'il déteste autant que moi le jugement, qu'il veut lui aussi être reconnu et accepté. Là, je ressens une unité avec lui, je nous sens pétris de la même pâte humaine.

Tenir de beaux discours sur la différence n'exige pas de grands efforts, l'accepter dans la réalité des faits représente un parcours quotidien, sans cesse mis à l'épreuve, et plus encore dans les crises. À travers ce cheminement de fourmi, nous mesurons ces choix qui s'offrent constamment à nous, *les défis et les opportunités.* Une vie délibérée, riche, intense ne saurait jaillir de la soumission, de la négation de soi ni de la résignation. Elle requiert un choix conscient : est-ce « oui » à ce que je suis, à ce qu'est l'autre ? Je conserve toujours la liberté de me cramponner au refus malgré ce qu'il me coûte.

Accepter l'autre ne signifie pas tolérer n'importe quoi, en aucun cas. Les décisions dans l'action viennent dans un second temps, comme nous l'observons pour Ève. Elle ne s'empresse pas de décider sous le coup de l'émotion. En même temps, en dégageant celle-ci de ses aspects réactionnels, elle peut se laisser guider par son ressenti sans se laisser emporter. L'émotion intégrée lui fait sentir la limite à ne pas dépasser. Elle n'a pas besoin de prendre des positions de principe ni de mûrir des stratégies. Elle avance pas à pas, vers l'inconnu, vers l'imprévisible qui émanera d'elle-même et d'Adam. Une confiance dans cette démarche elle-même devient son point d'appui. Que sortira-t-il de cela, elle n'en sait rien mais son axe l'assure d'une chose, elle ne se fera pas de mal.

Ne pas se faire mal ne consiste pas à s'anesthésier ni à refouler, bien au contraire. Nous sommes pourtant viscéralement persuadés que nous nous aimons nous-mêmes en nous fermant au désagréable et à la douleur. *Non, s'aimer, c'est oser ne pas éviter, ne pas éviter de ressentir ce qui dérange*. De même, aimer demande de ne pas éviter l'autre.

L'amour de l'autre

Le passage de *moi seulement* à *moi et l'autre* ou à *l'autre et moi* signifie sans ambiguïté que la relation devient la priorité. Nous sommes deux, je ne suis plus au centre du monde, où l'autre avait le devoir de me correspondre. L'amour comporte alors plusieurs aspects : ne pas lui nuire, me positionner clairement, le laisser s'exprimer, l'entendre et prendre en compte ses besoins. Après avoir vérifié la disponibilité de l'autre pour m'entendre, je vais donc m'efforcer de ne pas éluder l'exigence de la vérité. Je me dépouille de mes masques, je laisse tomber les faux-semblants et les alibis, je n'accuse ni ne me justifie et j'offre à l'autre le présent d'une authenticité – ce que je suis, là, sans fard, quoi qu'il en coûte à mon narcissisme. Je ne cherche plus à plaire ni à séduire ni à rassurer faussement.

L'autre sait qui est en face de lui et reste entièrement libre de prendre ou de laisser. Il est respecté dans son intégrité, rien ne lui étant imposé ni exigé. De moi-même, je me détache de *moi seulement* pour lui laisser une vraie place. En regardant la situation avec ses yeux, je me représente pour une part ce qu'il peut penser et, plus essentiel, je me mets au diapason de ce qu'il ressent. Autant le mental brille par sa complication sophistiquée, autant le cœur fonctionne sur des bases simples, diminuant les risques d'erreur : distinguer la tristesse de la colère ne requiert pas un master de psychologie. En m'imprégnant de ce que l'autre émane, une forme d'intuition se cristallise en moi. Il me vient un mot, un geste, une proposition, qui correspondent à son besoin latent du moment.

Où voir l'amour d'Adam pour Ève dans cette situation ? Adam et Ève avaient déployé des efforts considérables pour ne pas suivre leur pente habituelle et pour innover mais, à ce stade, ils avaient plus évité de se causer du tort que répondu mutuellement à leur besoin. Adam s'en rend compte le premier. Son comportement avait blessé Ève, il l'avait bien reconnu, mais ses propres demandes avaient reconquis l'avant-scène. Il s'était incliné devant l'impossibilité qu'elle lui exprimait, mais qu'avait-il fait pour elle ? Bien peu, et maintenant ? Il a vu combien elle a été éprouvée moralement et physiquement. Elle n'a pas dormi, sauté les repas, laissé tout en plan et zappé son travail. Il sait qu'elle doit repartir en avion le lendemain. Une aide matérielle serait bienvenue ; quelques courses, et il revient lui déposer un dîner tout prêt qu'il lui présente avec soin. Il lui propose de la conduire à l'aéroport au petit matin. Avant de s'éclipser pour ne pas lui imposer sa présence, il vient lui redire combien il a été touché de l'avoir blessée, que des excuses ne lui semblent pas adaptées dans ce genre de situation mais qu'il a vu, compris l'impact de son acte. Il perçoit bien son besoin de temps pour résoudre son impossibilité actuelle et le respectera, sachant bien qu'elle redoute son impatience et sa capacité à couper la relation. Il réaffirme ses sentiments envers elle afin que dépendance et peur du rejet n'influent pas sur sa décision : elle connaît son positionnement et dispose d'un champ libre, sans pression.

Nous retrouvons là l'humble exactitude de l'amour, de manière simple et concrète, sans prétention ni grandes déclarations romantiques : quelles sont les nécessités de l'autre, pas plus, pas moins ? Oui, l'autre a besoin de savoir où j'en suis, que je lui offre le sol ferme de ma vérité puis, comme le suggère Swami Prajnanpad, que par mon attitude, mes propos et mes actes, j'intervienne en favorisant la détente pour lui. Je ne cherche donc pas à correspondre à un idéal de personne aimante, ce qui alimenterait en moi une division entre ma vérité et cet idéal. J'attendrais, inévitablement, un résultat. Si celui-ci ne suit pas mes prévisions, une réaction en sens opposé risquerait fort de se produire – déception, agressivité.

La coïncidence exacte avec ma propre vérité conditionne l'ouverture de mon cœur. Si j'outrepasse cette limite, en voulant faire mieux que cette vérité, je crée une tension qui restreindra un élan authentique. Dit autrement, le mental reprend le contrôle en imposant son idéal et muselle le cœur. Dès que notre tête accélère le tempo, exige un état particulier, elle rompt le fil rouge si fragile qui nous relie à la vie spontanée du cœur. Certes, nous ne rayonnons pas encore d'un amour fermement établi à son zénith, mais les premières lueurs commencent à poindre. Comme nous entrevoyons mieux que son feu consume notre moi, la résistance de ce dernier à se laisser brûler nous ramène à la modestie de nos possibilités. Ce moment d'humilité où nous nous acceptons tels que nous sommes, encore égocentriques, seulement capables d'un amour timide et éphémère, accroît notre aspiration à lâcher davantage, à ouvrir les portes de nos protections.

Troisième partie

L'AUTRE SEULEMENT

« Quand vous aimez quelqu'un vous ne pouvez espérer qu'il fasse ce qui vous plaît. Cela reviendrait à vous aimer vous-même. Mais celui qui veut devenir un homme véritable [...] apprendra à aimer tout le monde, il travaillera au bien-être et au bonheur de tous et ne causera de tort à personne en le blessant pour sauvegarder son intérêt personnel. [...] Seul un tel homme est susceptible d'atteindre le statut d'un homme authentique [1]. »

Comme adultes, nous déployons, dans tous les domaines de l'existence, des liens, des constructions qui nous confrontent à l'altérité sous toutes ses formes. Très simplement, est « autre » tout ce qui n'est pas moi. Nous pouvons comprendre cet énoncé selon le découpage habituel : *moi*, c'est mon identité sociale, mon personnage, mon corps et l'*autre*, ce sont les congénères humains qui m'environnent.

Swami Prajnanpad définit le moi différemment, à partir de son fonctionnement qui oppose ce que j'aime à ce que je n'aime pas : nous réalisons l'altérité dès qu'apparaît ce que nous n'aimons pas. Si je me sens bien dans mon corps, la relation avec lui

1. Swami Prajnanpad, *La Vérité du bonheur, op. cit.*, page 58.

s'estompe, il se confond avec moi. Il n'y a pas moi *et* mon corps mais une seule entité – moi dans mon corps. Qu'une névralgie se déclenche, aussitôt la séparation revient entre moi et cette foutue douleur que j'ai dans le bras. Je peux même en vouloir à mon bras d'exister car il est devenu *autre*.

Même chose avec une émotion que je trouve désagréable, une pensée ou un souvenir qui me tracasse, une situation qui me contrarie, une personne qui me dérange. Est autre tout ce qui ne correspond pas à mon attente, à mon désir. L'adulte, à la diffé-rence de l'enfant, admet d'entrer en relation avec cet autre, qu'il surgisse intérieurement – état, sensation, pensée – ou extérieure-ment, sous la forme d'un événement ou d'un être humain.

Finalement la nature de l'autre n'importe pas autant que la relation que l'on entretient avec lui. Dans la souffrance, on refuse l'existence de cet autre et on ne cherche qu'à le supprimer par tous les moyens – entre moi et lui, il y en a un de trop. Entre moi et ma douleur, moi et mon angoisse, moi et ma déprime, moi et mon conjoint qui ne me comprend pas, moi et mon patron qui me stresse, moi et mon déficit bancaire, devinez lequel des deux doit disparaître ! Évidemment, le gêneur, l'empêcheur de tourner en rond, c'est l'autre. C'est à lui de revenir dans le droit chemin de mes conceptions et de mes attentes. Et qu'il ne tarde pas sous peine d'encourir mes foudres !

Arnaud Desjardins le formulait très clairement : « Nous vou-lons moi sans ma souffrance, et la transformation, c'est ma souf-france sans moi[2] ! » Il nous faut bien du temps et bien des déconvenues avant d'envisager que le gêneur n'est pas celui qu'on pense ! Alors, ce serait moi !? Difficile à croire ! Qui, sinon moi, se place chaque fois en travers du courant de la vie en râlant, en se plaignant, en s'affolant ? Qui boit la tasse tellement il se débat au lieu de nager avec le courant ? Puis-je continuer à nier que c'est bien moi ?

Je considère comme mien, comme moi, ce qui correspond à mes attentes, et tout le reste qui pose plus ou moins difficulté en

---

2. *Source orale.*

me résistant, c'est l'autre, le non-mien, le non-moi. Nous en faisons l'expérience frappante avec nos enfants : pendant leurs premières années, l'essentiel de ce qu'ils vivent et expriment rentre
dans nos attentes. Nous nous prolongeons en eux, ils sont nôtres.
Mais que survienne un jour où ils rompent cette belle harmonie
en trahissant vraiment nos attentes, et soudain ils deviennent
« autres »... presque comme des étrangers. « Je ne le comprends
plus », dirons-nous. Puis, ils changent encore et, à un moment
donné, ils vont réintégrer notre monde, ils feront à nouveau partie de nous.

Les frontières entre moi et l'autre (non-moi) se remanient
continuellement : comme un potentat capricieux décrète grâce et
disgrâce, nous considérons nôtre ou autre tout ce avec quoi nous
entrons en relation. Dans cette valse incessante l'autre peut devenir mien et inversement en une fraction de seconde. Ce fonctionnement s'exprime de manière caricaturale dans la phase *moi
seulement* – l'autre n'a d'existence qu'en fonction de moi. Puis il
s'assouplit et se nuance dans les deux étapes suivantes où j'admets
de mieux en mieux son existence et sa différence, au point même
de m'y intéresser vraiment. Encore une fois, l'autre représente
tout ce avec quoi j'entre en relation, en moi ou à l'extérieur, et pas
uniquement les êtres humains.

L'effacement du moi, nouvel enjeu

L'idée que l'ego représente l'obstacle numéro un à l'amour a
fait progressivement son chemin dans la relation adulte avec
l'autre. Au fil des expériences conscientes, cela nous apparaît de
plus en plus clairement. Nous arrivons donc au pied du dernier
bastion de résistance et non des moindres ! Cet ego omniprésent,
qui donne son avis sur tout, nous mettons bien du temps à voir
vraiment en face combien il nous gâche la vie. Trop confondus

avec lui, nous y sommes en même temps extrêmement attachés, quoi qu'il nous en coûte. Or, malgré les *satisfecit* qu'il s'octroie, il nous coûte cher, il nous prive de l'amour pur, de la joie, de la paix du cœur. Il ne sert à rien de s'énerver contre lui, ni de vouloir l'égorger.

Dans cette dernière partie, nous aborderons sa mise en cause, à partir de la vie au quotidien, à travers nos relations, notre ressenti. Parler d'effacement de l'ego suscite souvent méfiance et incompréhension. Si l'ego n'est plus aux commandes que vais-je devenir, un zombie ? Quelqu'un qui n'a plus de personnalité dont on fera ce qu'on veut ? Quand on rencontre des sages qui se sont libérés de l'ego, ils irradient l'amour, la vitalité, on ne fait nullement d'eux ce qu'on veut. Ils sont tout sauf fades ou insignifiants (ce que détesterait l'ego…).

L'effacement de l'ego n'est pas une destruction de la personnalité mais la mise en cause de l'égocentrisme qui, comme le mot l'indique, veut que le monde tourne à son idée, en fonction de lui. Il s'agit de revenir à notre place réelle plus modeste, celle de petit élément au sein de l'immensité de l'univers. La vie ne nous obéit pas mais nous pouvons tenter de nous y diriger, comme le navigateur sur l'océan. Contester l'emprise de l'ego ne consiste pas en sa mise au pilori. Il suffit de mettre au jour son jeu et d'en observer les conséquences pour parvenir à la vision claire de son imposture permanente. Il va prétendre qu'il est capable d'aimer en oubliant que c'est « je t'aime si… tu m'aimes » ; de même pour sa joie, seulement si tout lui réussit, et pour sa tranquillité, si on lui fiche la paix. « Si », c'est la marque du conditionnel, son mode préféré. Il le conjugue à toutes les personnes et à tous les temps : « J'aurais pu, j'aurais dû, pas dû, tu devrais, ne devrais pas, tu pourrais, ils pourraient quand même… » Sa machinerie, si bien rodée et complexe, manifeste une telle puissance que l'ampleur de la tâche pourrait nous décourager.

Heureusement l'émotion vient à notre secours encore une fois, car sa présence nous signale infailliblement que le couple ego/mental est à l'œuvre. Le j'aime/je n'aime pas de l'ego s'accompagne toujours d'une coloration émotionnelle détectable. Elle

CHAPITRE 11

La transformation de l'émotion

« Un sentiment [d'amour] peut-il apparaître sans qu'il y ait une sorte d'excitation émotionnelle au départ ?
Le sentiment à l'état naissant ne peut apparaître que comme émotion. Parce qu'au début, constitutivement, l'émotion est à l'origine. Elle ne fait que se stabiliser en devenant un sentiment [1]. »

Lorsque nous traversons des remous importants, face à des situations affectives de couple ou familiales, ou dans des démêlés professionnels, les sirènes de l'émotion nous enjoignent de réagir, sans nous laisser un véritable choix. Les stratégies négatives qui s'originent dans nos failles et peurs fondamentales tendent à nous gouverner impérieusement. Comme un navigateur, nous sommes confrontés à un coup de vent qui nous entraîne hors de notre route. Il ne s'agit pas tant de lutter contre ces forces, ce qui nous épuiserait, mais de les replacer dans une perspective dynamique. Comme elles risquent de nous dévier de notre trajectoire au point de nous la faire oublier, nous devons nous poser prioritairement la question fondamentale : « Avant cette tourmente, quel était mon cap, qu'est-ce que je voulais ? » La reprise de contact avec notre direction oriente tous nos efforts dans le sens voulu.

---

1. Swami Prajnanpad, *L'ABC d'une sagesse*, *op. cit.*, page 126.

Adam avait mis de côté son attirance physique pour d'autres femmes en s'engageant avec Ève. Bien évidemment, le désir est revenu à la charge, d'autant plus facilement du fait des absences d'Ève. Son chant persuasif a réussi à happer Adam qui s'en est arrangé en scindant la réalité en deux : le monde où il vivait son désir ne communiquait plus avec celui de son couple. Non, non, aucun souci avec son cap des derniers mois ! Comme s'il ne s'agissait pas d'une bourrasque, un beau déni ! En face d'Ève, le charme s'est dissipé brutalement, au moment où le navire allait se fracasser sur les récifs. Que voulait-il ? Il n'avait qu'une seconde pour se le rappeler, sous peine d'un naufrage définitif de la relation. Que voulait-il pour lui, dans son aspiration de vérité et d'intensité ? Que voulait-il avec elle ? Personne ne l'obligeait à rien – juste ce qu'il voulait, lui. Quand bien même il serait parvenu à endormir Ève en la manipulant, il aurait rompu son propre engagement. La division intérieure l'aurait installé dans un porte-à-faux.

Certes, idéalement, il fantasmait une relation affective solide qui le laisserait libre de vivre ses aventures à droite, à gauche. Mais il ne pouvait substituer ce but au précédent sans l'assumer clairement, donc en cessant de dissimuler son passage à l'acte. Réaliser ce fantasme aurait demandé de nouer et de tisser une relation sur cette base de vérité, d'emblée, laissant à la femme la liberté de prendre ou de refuser, et de pratiquer la réciproque si elle le souhaitait. À cette condition, il aurait retrouvé une cohérence et une unité intérieure.

Pas le concave sans le convexe

La tentation de rompre pour revenir à sa vie d'avant a représenté la seconde tourmente. Son mental ne s'est pas privé de jouer les sirènes. À nouveau, ni les raisons morales ni la culpabilité ne servent d'appui, mais seulement le rappel de ce qu'il souhaite – voir changer sa vie et sa relation avec une femme en prenant le risque d'aimer. Il joue alors une partie très serrée pour se réunifier autour de son but. *En effet, vouloir quelque chose, c'est vouloir aussi ses inconvénients, son coût.* Renoncer à Vanessa pour garder son cap ou, inversement, s'offrir cela avec les conséquences sur son couple, maintenant il en connaît le prix. Avec quelle totalité peut-il s'unifier : les aventures *avec* la solitude affective, ou bien l'engagement affectif *sans* les aventures ?

Chacun a pu observer la configuration banale où une relation de couple ayant bénéficié d'une période heureuse se dégrade dans un second temps, révélant chez les deux partenaires leurs aspects négatifs. Un homme m'exprime sa nostalgie de cette période idyllique. Il rêve à sa femme d'avant leur crise, où il l'a découverte dure et fermée. En fait, elle ne l'est pas devenue soudainement, mais cet aspect jusque-là latent s'est manifesté ouvertement. Il cherche à retrouver sa femme, mais la veut-il *avec* ce côté fermé, donc en totalité, ou ne veut-il que les 50 % qui le séduisent ?

C'est un point fondamental que, malgré son bon sens évident, le mental et l'émotionnel parviennent à occulter aisément. Ils se raccrochent à l'image qui leur convient et clament : « Ce n'est pas elle, cette dureté, elle, c'est la femme tendre d'avant. » Il en va de même vis-à-vis des contextes professionnels dont nous nous plaignons ou dont nous rêvons : les voyons-nous en totalité, le concave avec le convexe, ou manquons-nous de cohérence, ne voulant que les avantages sans les inconvénients ?

Pas un renoncement, mais un accomplissement

Swami Prajnanpad pourfend l'idée même d'obligation, soulignant ses conséquences mortifères et, de plus, son caractère illusoire. *Rien ne nous oblige jamais, sinon une part de nous-même* : le besoin de sécurité, la dépendance affective, la peur des conséquences. La liberté intérieure et la joie qui l'accompagne ne s'obtiennent que par des choix entiers, sans réserve.

La disparition de la morosité, de la lourdeur, l'apparition d'un dynamisme joyeux, d'une implication entière, signent le choix unifié. D'où la maxime de Confucius : *Celui qui sait une chose ne vaut pas celui qui l'aime, mais celui qui l'aime ne vaut pas celui qui en fait sa joie.* La joie nous sert de pierre de touche pour tester notre pleine adhésion. Un homme, après s'être séparé à plusieurs reprises de sa compagne, ne supportant pas son stress à elle, ni sa difficulté à l'accueillir lui, avec ses émotions, a fini par choisir de s'engager avec elle en toute conscience, sentant profondément la constance de l'amour qui le reliait à elle. N'en concluons pas que magiquement, il ne rencontre plus ces difficultés avec elle. Au moment où elles ressortent, au lieu de rebasculer dans « il y en a marre, je la quitte ! » puis d'osciller, de douter et de revenir, il sait, il s'y attend et il prend en charge sa réaction. Ainsi, il s'évite l'hémorragie du doute et de ces coupures qui l'épuisaient et mettaient à rude épreuve la confiance qu'ils pouvaient ressentir l'un envers l'autre.

L'unification préalable nous économise bien des émotions, bien des pensées négatives, et surtout, elle transforme notre vécu intérieur : ce que nous vivons incarne notre choix, nous avons inclus la difficulté, l'attendons de pied ferme et la traitons sans gémir. Unification, acceptation, expriment la même réalité – nous sommes totalement dans le mouvement de ce qui se passe, illustrant l'image traditionnelle de l'homme qui plonge et nage dans les rapides d'un fleuve : il ne les subit pas, il les utilise pour se faire porter mais en s'y dirigeant. Nous n'avons donc à renoncer à rien, si ce n'est à nos illusions, mais pas à la vie, pas au désir, pas à la possibilité d'être heureux maintenant, même si l'existence nous bouscule. Et que faire, quand la possibilité d'action est empêchée ?

La créativité

Ève, sous l'emprise d'une émotion trop puissante, ne peut ni rompre ni reprendre la relation. Elle prend la seule décision qui lui reste accessible – se laisser le temps d'explorer avec une aide ce blocage. Devant une émotion paralysante, quelles portes ouvrir encore ? L'énergie accumulée dans cette émotion peut alimenter d'autres processus. Ève l'a mis en œuvre rapidement, réalisant qu'elle lui fournissait un matériau de premier choix pour l'écriture de son roman. Les états traversés présentaient une telle richesse de contrastes qu'elle s'est attachée à décrire leur enchaînement dans toutes les nuances. Plus elle en pénétrait le mouvement, plus une passion s'élevait en elle pour ce travail de création. Elle trouvait tant à exprimer dans l'écriture, et d'une portée, elle le pressentait, qui dépassait largement son histoire personnelle.

Tout un chacun ne porte pas nécessairement des talents pour un art particulier, néanmoins, nous recelons tous des potentialités créatives et imaginaires. Je ne parle pas ici d'un processus de sublimation de la douleur mais seulement de son expression par un canal créatif, sans se laisser arrêter par le souci de la valeur artistique. Quand l'émotion est reconnue en tant que telle, nous pouvons lui offrir cette modalité qui ne cherche pas à remplacer une expression directe. L'intérêt d'une approche créative, c'est qu'elle nous fait découvrir l'émotion sous un autre angle, comme un potentiel d'énergie disponible pour alimenter d'autres formes.

Si nous nous dégageons d'une perspective esthétique, que faire, par exemple, avec une rage ? Utiliser le trait, la couleur, en laissant jaillir ce qui vient, sans réfléchir, juste en devenant le canal de cette énergie. Ou bien moduler des sons, l'incarner avec des gestes ou des postures, avec une danse, ou encore modeler de la terre, faire un collage, une compression, un montage photo. Cela pour lui donner une forme qui rende pour nous son existence tangible, reconnaissable, grâce à quoi l'acceptation et la désidentification nous seront rendues plus aisées. En le faisant, nous commençons à aimer cette rage et, au moment où le processus créatif atteint son plein essor, nous approchons une jubilation, tant nous épousons son mouvement.

En effet, l'émotion liée à la douleur psychique reste stigmatisée dans notre esprit comme un état négatif d'où tout plaisir semble absolument exclu. Nous cherchons donc à nous en débarrasser. De la vivre comme une énergie vivante, exprimable par la créativité la délivre de cette étiquette péjorative. Elle s'intègre dans notre paysage intérieur à partir de cette vision plus neutre, voire positive.

Nourrir la vie intérieure

Autre voie pour transmuter l'émotion, l'utiliser pour intensifier la vie intérieure. Quand notre vie se déroule relativement bien, nous sommes plus facilement entraînés dans le tourbillon de l'existence et de nos activités, ramenés à la surface de nous-mêmes. La douleur émotionnelle ravive brusquement la conscience de nous-mêmes, nous offrant l'opportunité de revenir en nous. Le cœur se rappelle à notre souvenir et réclame notre attention. Allons-nous l'entendre ou au contraire le fuir, en nous anesthésiant d'une manière ou d'une autre, hyperactivité, alcool, cigarettes, drogues, nourriture, sexe ? Tout peut servir à dériver l'attention.

Si nous relevons le défi, grâce à l'intensité émotionnelle, la vie intérieure sort de l'indifférenciation et de la tiédeur. « Dieu vomit les tièdes », dit la Bible… Quelle est notre relation avec cette émotion : combat, fuite, accueil ? À travers elle, nous percevons le cœur, sa sensibilité, nous percevons celui/celle en nous qui a mal. Quelle est notre ouverture ? Sommes-nous en résistance, en résignation ? En voulons-nous à la vie, à Dieu, à qui que ce soit, de vivre cette expérience douloureuse ? La subissons-nous ou la choisissons-nous ?

Dans certaines traditions spirituelles, on considère qu'il faut un cœur blessé par la vie pour être plus ouvert à Dieu. Swami Prajnanpad l'exprimait dans son langage non religieux en disant que la douleur éveille la sensibilité et la conscience de soi (on l'observe chez les enfants confrontés à des situations traumatiques qui mûrissent prématurément), tandis que dans les expériences agréables, la conscience de soi s'estompe.

S'asseoir en posture de méditation et se laisser toucher par cette énergie émotionnelle sans pour autant l'exprimer ni se laisser submerger ; sentir le cœur vibrer, avoir mal, mais laisser les choses être ainsi, se détendre, sentir comment le corps est lui aussi atteint dans son intimité ; être comme une main totalement ouverte sur laquelle cette douleur est posée, en ne l'agrippant ni ne la rejetant ; juste la laisser être sans la combattre ni rechercher un quelconque résultat. Insensiblement, par la posture, la détente, l'accueil, la tranquillité, l'état intérieur se transforme de lui-même, sans effort particulier pour cela. Nous en ressortons plus centrés et ancrés, plus sensibles et vivants, plus proches de la dimension spirituelle et des autres. L'émotion forte offre un accès privilégié à la contemplation, à la prière.

Le plaisir dans l'action

Quand nous touchons la limite du supportable sur le plan émotionnel, rester du matin au soir dans la douleur excède nos capacités et devient destructeur. Il est important d'alterner les moments d'accueil de la douleur avec des moments de répit dont nous avons besoin. Tout phénomène psychique est nourri et augmenté par l'attention qu'on lui porte. Nous allons délibérément soustraire l'attention à la douleur pour la transférer sur des perceptions sensorielles. La plus à même de nous en décoller est le plaisir, or il nous semble justement l'état le plus éloigné et le plus inaccessible.

Ce que je propose ici ne fonctionnera pas avec une personne souffrant de dépression ou de symptômes d'angoisse tels que, effectivement, elle ne saurait ressentir un quelconque plaisir. Mais quand il s'agit d'une émotion très intense vis-à-vis d'une situation actuelle, notre corps offre le support le plus naturel et vivant à notre attention. Nous allons donc choisir une action, quelle qu'elle soit, qui représente en elle-même quelque chose d'agréable et l'accomplir en cherchant le geste le plus fluide, le plus sensuel, le plus agréable. Il faut donc une action ou un sport qui comporte des gestes répétitifs et simples pour avoir la possibilité de tâtonner et de s'ajuster peu à peu. Nous arrivons, en nous laissant guider par la sensation de plaisir, à trouver la manière adéquate d'effectuer les mouvements.

L'émotion participe également au processus en donnant le tempo : si je suis triste, il sera plus lent que si je suis en colère… Le fait d'associer l'émotion, sans lui laisser néanmoins le leadership, permet une unification qui l'intègre, au lieu de s'effectuer sans elle ou contre elle. De la sorte le cœur ne reste pas en dehors. Prenons l'exemple de la marche en extérieur : la plupart des citadins sont dans leurs pensées quand ils marchent, se pressent vers leur but sans prêter attention à leur corps. Là, à l'inverse, je vais partir de la sensation du déroulement des pieds sur le sol, sentir mes cuisses et mes mollets travailler, le balancement du bassin, et le retentissement du mouvement dans le tronc, les bras et la tête. Ce sont mes pieds qui vont guider la marche. En m'accordant avec la respiration, je vais chercher le rythme des pas qui me correspond dans l'instant. L'apparition d'un plaisir animal du corps en mouvement, d'une sensualité de la démarche signe que le tempo est juste pour moi maintenant, ni trop rapide ni trop lent. Je sens que tout mon corps participe car je ne fais plus rien d'autre que marcher et sentir mes muscles, le contact de ma peau et de mes narines avec l'air. L'image d'un animal peut éventuellement m'aider à entrer dans cette sensualité.

Ces différentes pistes ne représentent que quelques-unes des possibilités qui s'ouvrent à nous lorsque l'émotion nous bouleverse. L'essentiel sera de réaliser la richesse du matériau qu'elle nous offre pour ressentir la vie avec plus de puissance, dans ses saveurs les plus contrastées. Nous cessons d'être le fétu de paille balayé qui subit les caprices du vent. Au lieu de me laisser emporter, je peux être là, je peux canaliser l'énergie, la diriger vers un but bénéfique pour moi et l'empêcher de semer le chaos. Autant il ne me revient pas de décider des imprévus de la vie, autant il m'appartient entièrement d'y mener ma barque avec autant de bonheur que possible.

Il s'agissait de découvrir un plan de conscience en deçà de l'émotion, et non affecté par elle. La clé pour le découvrir était de ne pas éviter le plus douloureux et, au contraire, de le choisir, de se laisser totalement traverser, transpercer, de lâcher peu à peu toute forme de résistance corporelle et mentale. Le refus de la douleur n'appartient pas qu'au domaine conscient, une bonne part demeurant inconsciente. L'attitude consciente d'ouverture et d'acceptation, la promesse à la profondeur d'un accueil inconditionnel, contribuent à dissoudre progressivement les refus inconscients, avec le temps que cela demande.

Le flux d'énergie psychique doit complètement s'inverser du non au oui, du refoulement à l'expression. Cette conversion requiert un engagement très profond, une grande qualité d'intériorisation et donc beaucoup d'énergie comme dans tout processus de transmutation. Le moi, toujours gouverné par la recherche de l'agréable et l'évitement du pénible, admet pour une fois de se mettre en retrait, de s'effacer temporairement pour laisser toute la place au phénomène douloureux. Il ne demande plus rien, il quitte les commandes et se tait.

En quelques séances, Ève a effectué une progression dans ce sens, vers plus de transparence intérieure dans une extrême sobriété. « Ça me tue » la conduisait à vivre une agonie sur le matelas, celle de quelqu'un transpercé par une pointe aiguë. Elle retrouvait une série de scènes de sa jeunesse où son père s'était montré particulièrement partial et injuste envers elle. Alors qu'ils s'adoraient, il avait brusquement changé d'attitude à la naissance de son frère. Jusqu'à ses trois ans, elle se voyait dans les bras de son père, sur ses épaules, courant vers lui, pleine de joie. Puis il y eut ce moment d'horreur pour elle où il avait le nouveau-né dans les bras. Ce spectacle l'avait paniquée et elle s'était précipitée sur lui. Il l'avait brutalement repoussée, trahison incompréhensible et définitive. Soudainement, elle n'existait plus pour lui, il n'avait d'yeux que pour ce bébé qui le rendait si fier. Il semblait avoir perdu tout intérêt pour elle, s'occupant principalement de son fils chéri. Ensuite, les images s'enchaînaient, son père lui demandant de veiller sur son petit frère, lui donnant systématiquement tort s'il se produisait une bêtise ou une dispute. Les loisirs partagés, le sport, c'était avec le fils… Elle avait le sentiment de gêner, d'être de trop. Les études de son frère comptaient tellement plus que les siennes, les bonnes institutions, la bonne école de commerce. Elle s'était efforcée par tous les moyens de reconquérir une place, essayant de lui faire plaisir, d'avoir des bonnes notes, de le rejoindre sur le terrain de ses intérêts. Puisqu'il préférait la gent masculine, elle est devenue garçon manqué. Par moments elle retrouvait davantage de proximité avec lui, mais il suffisait que son frère apparaisse pour qu'il l'éclipse aussitôt, confortant indéfiniment le scénario de trahison. C'était d'autant plus facile pour ce garçon sûr de lui de capter l'attention paternelle que tout lui réussissait. Avec l'adolescence, elle avait fini par refouler complètement à quel point la petite fille de trois ans avait aimé, adulé son papa. Elle s'était mise à le détester et à fuir autant que possible sa famille. Revoir ces premières images de bonheur irrémédiablement perdu suscitait le plus aigu de sa douleur : comment avait-il pu lui briser le cœur à ce point ?

Par-delà l'émotion

> « L'état de paix et de joie qui peut se révéler dans le *lying*, en plongeant au cœur de la plus grande souffrance, est un état qui n'a pas de contraire, parce qu'il n'oppose plus ce que nous aimons et ce que nous n'aimons pas[2]. »

Elle sentit un grand élan d'amour pour cette enfant qu'elle avait envie de consoler et de choyer, ce qui la ramena dans un état de tranquillité et de bien-être. Quant à l'expérience de l'agonie, elle avait senti plusieurs fois qu'au moment même où elle s'y livrait totalement sans résister, toutes les manifestations de la douleur se poursuivaient et pourtant elle n'avait absolument plus mal. Elle était le champ de ce bouleversement mais *n'était plus* le bouleversement. Une conscience très calme, immobile et silencieuse, regar-

---

2. Arnaud Desjardins, *Le Védanta et l'inconscient, op. cit.*, page 227.

dait ce maelström se déchaîner. Il était donc possible de rester indemne au cœur même de la tempête, comme le roseau de la fable. Il suffisait d'accepter de plier complètement sous le déferlement des bourrasques : la base ne bougeait pas. Cette découverte bouscula profondément Ève, démentant son expérience la plus enracinée – avoir mal, encore et encore.

Par moments, elle doutait même, suspectant une nouvelle forme de répression plus sophistiquée. Ne plus sentir aucune douleur déroutait sa logique, lui apparaissait presque irréel. Ce vide si calme l'impressionnait, elle avait presque envie de se raccrocher à ses perceptions antérieures, redoutant de disparaître. Effectivement, son intuition percevait bien qu'elle entrait dans un état de conscience où l'ego semblait absent. L'émotion qui s'y déployait n'était plus qu'un phénomène, un ensemble de sensations aussi neutres pour elle que des sensations indolores. Celui qui les trouvait pénibles et se débattait contre elles avait disparu de la scène intérieure, il demeurait silencieux. Et voilà ! Sans l'ego pour comparer, l'expérience était vécue pour elle-même, inaltérée par le jugement, absolument neuve, délivrée de toute charge négative.

« Il n'y a plus deux, moi et mon émotion, moi et mon inconscient, moi et ma vérité profonde. Il n'y a plus qu'un. Je suis réunifié, je suis ce que je suis[3]. »

L'expérience intérieure accaparait Ève, si bien qu'elle en oubliait presque l'enjeu relationnel avec Adam. Plusieurs jours durant, le calme l'appelait et l'absorbait, ne laissant pas de place à autre chose. Peu de pensées la traversaient et aucune émotion ne l'agitait plus. Pourtant, progressivement une intuition lui suggéra qu'elle devait encore poursuivre les *lyings*. Comme un tout petit nuage à l'horizon annonce un cyclone, elle sentait encore une oppression dans la poitrine qui enfla, enfla, pour éclater enfin. Pourquoi la trahison de son père la tuait-elle ? Elle pressentait autre chose derrière. La souffrance du bébé agressé par sa mère revint avec force et le lien se fit dans son esprit avec une évidence éclatante. Du jour où sa mère l'avait agressée, la confiance en elle avait

_____
3. *Ibid.*, page 221.

été irrémédiablement détruite. Elle avait vu un monstre assassin.
Son cœur s'était fermé de terreur, elle ne voulait plus rien recevoir
de sa mère. Elle se débattait quand celle-ci voulait la nourrir et
vomissait ses biberons. Tout l'amour s'était reporté sur son père qui
était devenu son unique pôle affectif. En le perdant aussi, elle perdait tout appui affectif parental. Dans cette scène avec son frère,
son univers s'était entièrement écroulé, elle n'avait plus personne.
Tuée, elle l'avait bien été, psychiquement. Au lieu de l'accabler,
cette évidence la libéra d'un grand poids. Elle se sentit l'enfant de la
vie et non plus celle de ses parents.

De nouveau, le calme intérieur s'était installé durant la séance
et coexistait avec l'expression de la douleur. Sa conscience, au lieu
de se focaliser uniquement sur son propre désespoir, s'était décen-
trée d'elle et embrassait toute la situation. Le monde ne tournait
plus autour d'elle, la vision qu'elle avait de la petite fille ne différait
plus de la vision de ses parents et de son frère – un seul et même
regard pour tous, égal, neutre, sans jugement. Elle ressentait le
vécu de chacun dans sa participation à la situation et en comprenait
intimement la dynamique : il ne pouvait en être autrement, ce qui
s'était passé s'était déroulé comme un ballet minutieusement réglé.
En ce sens, c'était parfait. Elle ne le prenait plus personnellement.
Son père et sa mère, menés par leurs propres réactions émotionnelles, avaient agi exactement suivant leurs ordres inconscients.
Tout ressentiment, toute tristesse avait disparu, remplacés par un
sentiment de paix, une bienveillance qui s'étendait à chaque
membre de la famille.

Elle voyait les tensions et le mal-être profonds de sa mère qui
la rendaient inaccessible et agressive, l'insatisfaction de son père
dans son couple qui l'avait d'abord poussé à investir la relation
avec elle, mais pour lui-même plus que pour elle. Il avait suffi que
son frère naisse pour qu'il l'abandonne au profit de ce dernier, en
l'occultant totalement. Un tel détachement, un tel calme et, surtout, cette compréhension bienveillante la surprenaient. Voilà des
sentiments qu'elle n'avait jamais éprouvés envers ses parents. Ran-
cœur et amertume l'avaient quittée. Et Adam, au fait ?

Son impossibilité d'aller vers lui s'était volatilisée. Il lui semblait revenir d'un lointain voyage, tant ses perspectives intérieures
avaient changé. Son infidélité ne lui apparaissait plus sous un jour

aussi dramatique. Oui, cela s'était produit. La conviction d'avoir affronté cette douleur, intolérable pour elle, jusqu'au bout, l'habitait. Elle avait fait ce qu'elle avait à faire et se sentait en paix, disponible pour le revoir. En même temps un pan d'attachement était tombé : sa vie ne reposait plus sur cette relation et elle ne cherchait pas une sécurité sans faille pour se rassurer. Dans l'équilibre entre concave et convexe, les aspects heureux et nourrissants l'emportaient.

Adam perçoit très vite, dès qu'ils se revoient, qu'un changement indéfinissable mais très net s'est produit en elle. Il a l'impression qu'elle lui échappe, non qu'elle se montre distante mais parce qu'elle semble se suffire à elle-même. Il en est quelque peu dérouté. Si les femmes dépendantes le rebutent, cette force indépendante qu'il perçoit en elle l'inquiète un tant soit peu et l'oblige à se positionner différemment. Ou bien il pourrait glisser lui-même dans une désagréable dépendance, tel un garçon qui cherche l'attention de sa mère, ou bien il suit cette incitation muette à s'intérioriser lui-même davantage. Après quelques jours de flottement qui en arrivent même à le déstabiliser dans l'expression sexuelle de sa virilité, il saisit l'enjeu. Il comprend que la relation aborde un nouveau registre, moins fondé sur l'attachement mutuel. Le célèbre « aimer ce n'est pas se regarder l'un l'autre, c'est regarder ensemble dans la même direction » de Saint-Exupéry lui revient pour formuler juste ce qu'il pressent. En s'abreuvant chacun à la source de leur être, ils se tournent vers ce qui leur est commun, ce qui les unit au-delà des mots, des images, une réalité en dehors des fluctuations d'humeur. Leurs humeurs existent toujours, varient, bonnes ou mauvaises, mais leur importance s'est relativisée, comme des nuages qui passent dans le ciel.

Cette mutation de l'attachement amoureux en une *communion* ne constitue pas un acquis définitif sur lequel on peut se reposer mais une ouverture qu'il convient d'entretenir, tant les habitudes émotionnelles anciennes se révèlent tenaces et récidivantes. La vie intérieure des deux partenaires en constitue le fondement et la condition. Chacun est nourri et stimulé par ce que l'autre expérimente dans ce domaine, et c'est le plus beau cadeau qu'il puisse lui offrir – plus précieux que les gerbes de roses, les diamants et les soirées romantiques – malgré tout le charme de celles-ci.

Vivre aux côtés de quelqu'un qui *est en lui-même* garantit une vérité de relation, une confiance profonde. De ce socle d'authenticité va naître un élan à rendre l'autre heureux, à lui prodiguer de l'attention et des égards. Comme l'autre, à travers la communion, participe de la même réalité que moi, tout ce qui le réjouit me réjouit. Non seulement, aller dans son sens ne me retire rien mais peut m'apporter plus de joie encore que si je le faisais pour moi-même.

Nous connaissons cette qualité d'amour spontanément dans les relations avec nos enfants, au moins dans certains moments, quand nous sommes à leur service et que leur contentement nous illumine. Et, avec un degré de détachement supplémentaire, quand nous œuvrons pour eux et qu'ils ne nous en savent aucun gré immédiat. Nous sentons pourtant une satisfaction et une paix de faire ce qui nous apparaît bénéfique pour eux, indépendante de leur approbation.

Pour Ève, la relation avec un homme ne représentait plus l'enjeu capital qui allait conditionner la réussite de sa vie. Elle, la rejetée, la mal-aimée, la nulle, se sentait porteuse d'une valeur dont elle ne pouvait plus douter. Elle goûtait une richesse de sensations intérieures renouvelées dont l'attrait se révélait supérieur à tout ce qu'elle avait connu. En même temps, elle savourait intensément ce qu'elle partageait avec Adam, en mesurant d'autant plus le prix. Elle lui manifestait généreusement sa tendresse, se réjouissant des petits détails autant que des grandes étreintes amoureuses. Elle s'appuyait maintenant sur la seule certitude, la réalité de ces instants actuels auprès de lui. Ce qu'il en serait plus tard, elle en savait désormais le caractère définitivement imprévisible. S'accrocher à lui comme elle l'aurait fait auparavant la rebutait – une mendicité indigne d'elle. Elle se consacrait à l'écriture de son roman, travaillait beaucoup, rencontrait des auteurs qui la passionnaient. Quand elle rentrait de ses déplacements et qu'ils se retrouvaient, elle débordait de vie, d'anecdotes, elle avait envie de jouer, de rire.

Le processus des *lyings*, quand il est pratiqué avec cet engagement profond, conduit à travers l'acceptation inconditionnelle à réaliser que le cœur de notre être demeure intact quoi qu'il nous arrive, même si la douleur nous accable sur le plan psycho-affectif. Cette expérience de la coexistence simultanée de deux plans de conscience si différents change notre regard sur les émotions. Nous *voyons* qu'elles sont des turbulences, même très intenses, et qu'elles auront inévitablement une fin, que leur existence n'est que passagère et n'affecte pas ce que nous sommes fondamentalement.

En laissant toute la place à cet *autre* en nous, nous vivons le paradoxe – je me donne en pâture à la douleur, je la laisse me dévorer et il ne m'arrive rien, je ressors intact, plus vivant même qu'avant. C'est une méditation très particulière qui rejoint l'essence véritable du tantrisme[4] – la possibilité de transformer toute expérience, même la plus négative, en connaissance et en amour.

---

4. Le tantrisme, courant qui existe dans l'hindouisme et le bouddhisme, prône l'expérience consciente de la vie (*bhoga*) plutôt que le renoncement pour se libérer de l'asservissement au désir.

CHAPITRE 13

Ouvrir la prison mentale

> « C'est l'expérience de la satisfaction aussi bien que de la frustration que vous avez vécues dans votre petite enfance qui établissent les bases de vos dispositions mentales ; et ces dispositions mentales restent les mêmes tout le long de la vie, à moins que vous ne les observiez consciemment, d'un point de vue neutre et objectif[1]. »

La plongée dans les profondeurs durant les *lyings* demande en parallèle, pour permettre au processus transformateur d'aboutir, de cerner la conviction négative sur laquelle repose tout le complexe émotionnel issu du passé. Ces deux aspects de la démarche vont de pair et sont inséparables.

Comme le corps étranger qui excite et relance l'inflammation tant qu'il n'a pas été retiré, la conviction alimente sans fin les mêmes émotions si elle n'a pas été totalement déracinée. À travers des expériences douloureuses de l'enfance, on a tiré une conclusion qui est devenue pour soi une loi intangible dictant une attitude fondamentale dans la vie. Si on a laissé dans la détresse un enfant sans répondre à ses appels, il en déduira qu'il faut n'avoir besoin de personne et ne compter que sur lui-même. Tout son

1. Swami Prajnanpad, *La Vérité du bonheur, op. cit.*, page 21.

comportement extérieur mais aussi, plus subtilement, sa manière d'être seront conditionnés par cette conviction.

Quand une personne prend conscience qu'elle peut se sentir bien, mais pas au-delà d'un certain point, c'est qu'une loi interne ne l'autorise pas à être pleinement joyeuse. Elle avait sûrement expérimenté que cela lui attirerait des ennuis et l'avait vérifié dans sa vie. Le terrible de ces convictions, c'est qu'elles cherchent sans cesse à se confirmer et qu'elles y parviennent. Une fois que le travail thérapeutique les a bien battues en brèche, il reste nécessaire d'y revenir encore pour en venir à bout complètement, sinon elles entachent la joie de vivre et limitent la capacité à aimer.

Miner les assises de l'ego

L'un des aspects qui caractérisent l'ego se manifeste dans la tendance à répéter ces schémas anciens, malgré leurs conséquences négatives. Issus de la souffrance à l'origine, ils la reproduisent indéfiniment en rejouant des modes relationnels et des situations similaires, sur un plan réel ou symbolique.

C'est là tout le paradoxe de ce mécanisme où, par exemple, une personne marquée par un rejet parental aspire désespérément à être aimée et acceptée et, en même temps, par sa méfiance et sa défensive attire exactement ce qu'elle redoute. Pourquoi cette répétition si cruelle ? Pourquoi tomber amoureuse de partenaires peu aimants qui l'utilisent sans considération ? Pour une large part, je le comprends comme une tentative de réécrire l'histoire en repartant toujours du même endroit : « Un homme aussi peu aimant que mes parents va bien finir par me reconnaître et m'aimer, ce qui réparera ma blessure. » Un homme spontanément aimant et chaleureux ne présente aucune valeur dans cette perspective, puisqu'il faut reprendre les ingrédients négatifs familiers. Tout cela concerne ce que nous avons déjà abordé dans les chapitres précédents lorsqu'on cherche à s'émanciper de l'emprise du passé.

Maintenant, envisageons un niveau plus profond, quand ce schéma a perdu de sa toute-puissance. « Je suis indésirable » confère à l'ego sa carte d'identité, son histoire, ici sa tragédie en plusieurs actes. Cela s'assortit d'un vécu intérieur particulier qui valide l'authenticité du sentiment de soi : quand je ressens ça, c'est bien moi. Malgré sa résonance douloureuse, ce sentiment représente ma base, mon paysage intérieur habituel. L'ego qui recherche toujours la maîtrise, craignant d'être surpris, submergé, préfère revenir à ce qu'il connaît, à ce pays natal où il sait prédire l'avenir. Jusque-là, il affirmait que l'autre, quoi qu'il en dise, ne m'aimait pas et qu'infailliblement cela se révélerait tôt ou tard. Il préférait triompher à mon propre détriment en clamant – je l'avais bien dit ! – plutôt que d'être entraîné sur des terres inconnues.

Grâce à la thérapie, il a admis que l'autre pouvait éventuellement m'aimer et il se contente de penser que je ne suis pas vraiment comme les autres, spécial, avec un sort particulier, et que je ne peux donc accéder à un bonheur sans entrave.

S'il se passait en moi quelque chose de nouveau et d'heureux, d'une part, il perdrait tous ses repères, il ne saurait plus prouver son utilité. Trop d'incertitude le paniquerait, le jetterait devant un grand vide. D'autre part, son savoir et son pouvoir seraient mis en cause. Tout ce qu'il prétend encore, avec un bataillon de solides arguments – l'impossibilité d'être heureux avec le nombre de rejets avérés comptabilisés dans ses archives –, serait démasqué comme fallacieux. Incriminer ses derniers arguments met sa légitimité et son existence en question, ce qui explique la résistance qu'il oppose à ce changement plus radical. Plutôt régner par le malheur que céder son pouvoir !

Il faut alors le traquer dans ses retranchements, sans lui laisser d'échappatoire, en démolissant sans pitié sa rhétorique. Ce que Swami Prajnanpad appelait *la destruction du mental*. Dans une approche pragmatique comme celle-ci, la mise en cause de l'ego prend un sens beaucoup plus compréhensible, lorsqu'on constate d'évidence qu'il est le dernier obstacle à la joie immédiate et à l'amour. Il n'est nullement condamné pour des raisons moralisantes ou philosophiques. Il lui est juste demandé de bien vouloir reconnaître sa vision fausse, de ne plus s'y cramponner comme un forcené et de s'incliner devant ce qui le dépasse totalement, la non-séparation et l'imprévisibilité absolue de la vie.

Ébranler la conviction-racine

Adam, témoin étonné de la métamorphose d'Ève, s'interrogeait sur lui-même. Développait-il vraiment toute son envergure ? Son vieux doute le reprenait : sa vie à lui n'était-elle pas médiocre, finalement. Que réussissait-il vraiment ? D'accord sa start-up, c'était sympa, ça démarrait gentiment, et après ? En musique il ne resterait jamais qu'un amateur, comme sur le plan spirituel… Il n'aurait pas davantage l'étoffe d'un Krishnamurti. Il recommençait à s'en vouloir de ne pas être plus, ce qui l'assombrissait. Il demanda à me parler et me fit part de ce retour en arrière dans lequel il se sentait glisser. Typiquement, il se trouvait sous l'emprise d'une conviction négative qui l'empêchait d'être heureux : auparavant la critique mitraillait surtout l'extérieur, maintenant elle doutait de ses réalisations et finissait par se retourner contre lui. Le maître mot qui résumait tout, c'était « médiocre ».

Où cette idée de médiocrité prenait-elle ses racines ? Durant sa thérapie nous avions déjà travaillé à plusieurs reprises sur les sources de son insatisfaction chronique. Cette fois, il savait que la réponse ne relèverait pas d'un nouveau changement de compagne ou de métier. Il fallait s'attaquer au noyau même de l'insatisfaction, celui qui le coupait d'une adhésion sans recul à la vie. Médiocre… ô combien, la relation de couple de ses parents et celle du second mariage ne lui faisaient guère plus envie. Médiocre, l'enfance qu'il a vécue dans ces ambiances tendues, avec un père qui abandonne le foyer familial, une mère gémissante et un beau-père à supporter. Alors, médiocres ces adultes ?

Oui et non, médiocres dans leur manière de conduire leur vie, de se comporter entre eux et avec leurs enfants, mais pas médiocres en eux-mêmes. Certes il ne les trouvait pas brillants sur le plan de leur réussite sociale, de leur culture ni de leur intelligence, mais il réalisa progressivement que la plus grande médiocrité à ses yeux ne résidait pas là. Finalement, elle concernait le cœur : il les sentait étriqués, sans joie véritable. Comment pouvaient-ils se satisfaire d'un univers mental aussi mesquin, empli de jugements et de rancœurs ! Enfant, il s'était promis de ne jamais devenir comme eux – plutôt mourir ! Sans voir qu'à ce moment précis le jugement l'avait lui-même contaminé, fermant son cœur à son insu. Il s'était coupé d'eux autant qu'il l'avait pu, renforçant, à coups de « je n'aime pas », la coque de l'ego : en se démarquant, il accroissait le sentiment d'une séparation infranchissable entre lui et ce trio parental d'abord, puis avec tous ceux qui leur ressemblaient. Des ressemblances, il en détectait partout, comme un radar. En cumulant les défauts des trois, le panel ainsi constitué ratissait large, n'épargnant quasiment personne. Les quelques individus qui ressortaient indemnes de ce tir nourri le surprenaient énormément autant qu'ils le fascinaient.

Ève qui avait appartenu au troupeau des médiocres à éviter – catégorie « mère victime en demande », s'était propulsée contre toute attente dans l'élite. Pis, sans le savoir, sa générosité joyeuse renvoyait qu'en comparaison, lui, Adam, ne valait pas mieux que la masse. S'il s'était placé au-dessus du *vulgum pecus*, il ne s'en distinguait plus. Il avait rejoint le peloton par son incapacité à se réjouir. La découverte toute fraîche que la médiocrité concernait la vie intérieure, les qualités de cœur, modifiait complètement sa compréhension. Il réalise donc la logique infernale de cette conviction qui crée exactement ce qu'il exècre au lieu de l'en prémunir. Plus le cœur se ferme, plus le vide qu'il laisse engendre de la frustration et du malaise, augmentant la propension à juger. Le refus qui imprègne tout le mécanisme en explique à lui seul les conséquences négatives – enfermement, séparation, division intérieure et insatisfaction. Même si, pour lui, ce phénomène s'était considérablement amorti, ne produisant plus qu'une restriction subtile, il suffisait pour obscurcir encore sa joie.

Son expérience nous montre pourquoi nous avons intérêt à fréquenter des personnes très ouvertes et, à un degré de plus, évoluées spirituellement, car à leur contact nous percevons plus nettement ces limitations intérieures et l'aspiration à les transcender. Comme les appels au voyage des oies sauvages réveillent les prisonnières de la basse-cour, la contagion de l'amour authentique sait infiltrer nos barrières mentales et réveiller notre cœur. Si l'intelligence aide pour élucider la genèse d'une conviction, comme elle s'est toujours élaborée sur un fond émotionnel, la tête ne suffit pas quand on veut la déraciner.

Adam sollicita donc son cœur afin qu'il lui ouvre sa porte. Quand, enfant, il avait pris conscience de l'univers psychique disharmonieux de ses parents, quel ressenti avait été occulté en lui par son jugement ? Indéniablement, une grande tristesse de ressentir la mésentente, les réactions de fermeture agressive, les plaintes et les reproches et finalement le peu d'attention portée aux enfants. Sa sœur et lui ne pouvaient compter que sur eux-mêmes dans ce contexte. Il avait, au sens propre, mal au cœur autant pour eux que pour lui-même. Quelle désolation de vivre si mal, de créer tant de malheur autour de soi ! Le jugement avait disparu, il ne subsistait qu'une peine profonde et même un début de compassion envers cette famille en souffrance. Il reprenait sa place au milieu d'eux, tout à la fois solidaire de cette errance humaine et libéré de l'aveuglement qui la causait. Il savait, à travers sa propre démarche, qu'on pouvait conquérir une vie aux choix entiers et dépasser la morne existence dirigée par le mental et les réactions.

Pourtant, il demeurait encore une dernière barrière qui, dans l'ombre, restreignait son bonheur. Pourquoi ne pouvait-il se réjouir davantage, à croire que cela présentait un risque ? Surgit le mot « peur ». Peur de quoi ? Peur de mourir. Lui heureux, la vie s'arrêtait, il ne parvenait plus à se représenter un futur vide des tourments du doute. Il mourrait peut-être d'ennui ! De plus, il pressentait un interdit. Il s'était tellement accoutumé à vivre sur ses gardes, à part des autres, qu'il ne savait plus poser les armes. D'abord il risquait de disparaître, il ne s'imaginait pas sans cette sentinelle intérieure, c'était une première mort. Simultanément, il avait le sentiment de trahir ce qui l'avait dirigé depuis tant d'années. Un abandon de poste ! Rejoindre l'ordinaire et s'y fondre… Je lui fis remarquer que le bonheur sans mélange ne courait pas les rues, pour le moins, et que tensions et morosité constituaient l'ordinaire le plus répandu dans nos sociétés contemporaines. Il ne risquait pas tant de se noyer dans une banalité de masse ! Finalement même cet argument appartenait encore au registre de la pensée et donc pouvait être contesté par une autre pensée, par un « mais »… Réaliser qu'aucun raisonnement n'avait finalement de consistance le conduisit à voir que le moi s'accrochait encore pour sauver son identité, qu'il voulait demeurer *hors du lot commun*. Un sourire apparut sur ses lèvres : il découvrait le comique de cette tentative pour garder ses prérogatives… Le saut dans le vide qu'il avait redouté débouchait sur un éclat de rire !

Cette ouverture amena Adam à vivre avec une plus grande légèreté, le délivrant du jugement qui passait tout au crible de la médiocrité. Une spontanéité joueuse qu'il avait toujours bridée se manifestait enfin et créait une complicité nouvelle avec Ève. Ils pouvaient partager ensemble ce regard amusé sur la vie.

Au-delà de la conviction

> « Être libre, c'est être libre de la conscience
> ou de la prétention qui fait dire : "Je suis quelqu'un,
> je suis quelque chose." [2] »

La liberté vis-à-vis d'une conviction-racine du mental se gagne en quittant le plan de la pensée, c'est-à-dire en la désinvestissant et non en la contredisant par une conviction positive. Ce point est fondamental, car les résultats qu'on obtient avec une pensée positive trouvent là leur limite. Comme un cancer récidivant, la conviction peut revenir à la charge et renverser celle qu'on lui oppose pour la contredire.

Il ne s'agit pas de convaincre Adam que rien n'est médiocre, ni lui ni le reste, mais de l'amener à réaliser que cette idée de médiocrité s'interpose comme un prisme et déforme tout ce qu'il perçoit. La médiocrité n'appartient pas à ce qu'il voit : elle réside dans son œil. De ce fait, il ne voit pas les choses ni les êtres tels qu'ils sont, il les pense avec la médiocrité comme base de référence. La croyance en cette conviction lui confère une position de pouvoir d'où il distribue ses verdicts, lui donnant l'illusion d'une supériorité confortable. Il en paye la rançon par le goût amer qui en résulte dans son vécu et par une séparation d'avec ce qui

---

2. Swami Prajnanpad, *ABC d'une sagesse, op. cit.*, page 42.

l'entoure. Actuellement, comme elle s'attaque à lui, c'est de lui-même qu'elle le coupe. Pour s'en délivrer, il doit admettre de lâcher cette prétention. C'est la condition pour se retrouver réunifié et de plain-pied avec la vie.

La démarche passe immanquablement par la prise de conscience du caractère erroné de la conviction, dans son principe même. Cette dernière catalogue sans connaître, se prétend objective alors qu'elle n'est que subjectivité projetée sur le monde. Cela s'applique autant aux convictions positives : « c'est génial » n'a pas plus de légitimité que « c'est médiocre ».

Lâcher une conviction, quelle qu'elle soit, représente un acte d'humilité, en reconnaissant que nous ne savons ni ce que nous sommes, ni ce que sont les autres réellement. En nous inclinant devant le mystère irréductible de la vie et de l'être humain, nous revenons à la vérité de notre ignorance. Dans cette attitude intérieure, délivrés de ces lunettes déformantes, nous commençons à découvrir d'un œil neuf ce que nous percevons. La conviction qui érigeait son rempart pour protéger l'existence de notre ego le laisse à nu. La réalité peut alors le pénétrer sans résistance et lui imposer le silence. Il ne lui reste que l'issue de se fondre discrètement. Nous vivons parfois cette expérience devant le spectacle grandiose des éléments naturels, lorsque leur puissance réussit à suspendre le flot des bavardages et des jugements intérieurs. Nous accédons à ce silence sans qu'il soit besoin d'extraordinaire, l'existence en ses moindres détails suffisant à nous absorber dans sa contemplation.

Ces convictions qui nous semblent si évidentes, si vraies, se projettent non seulement dans une vision déformée de nous-mêmes, des autres et de l'existence, mais aussi sur le processus de transformation lui-même. Beaucoup de personnes, tout en s'engageant dans une démarche de transformation, ne croient pas vraiment, au fond d'elles, qu'un véritable changement est possible. Elles ne le méritent pas, ce n'est pas pour elles, elles peuvent juste en rêver et le repousser dans un futur qui ne se produira jamais. J'ai alors à les pousser dans leurs retranchements, en luttant pied à pied avec leurs arguments, afin qu'elles fassent, au moins l'espace d'un instant, l'expérience qu'une véritable ouverture leur est accessible.

CHAPITRE 14

Dépendre de soi

« Être libre, c'est être libre de la mère et du père[1]. »

Pour la plupart d'entre nous les conditionnements les plus tenaces, les blessures et les manques les plus sensibles impliquent nos parents. Swami Prajnanpad définissait la liberté intérieure du sage ainsi. Comment comprendre son affirmation ? Déjà, la formulation ne précisant pas, libre de *ma* mère et de *mon* père, elle nous conduit à une réflexion plus vaste concernant la dépendance envers les figures parentales et pas seulement envers nos géniteurs. Celle-ci s'étale de la prime enfance à l'entrée dans l'âge adulte. Dépendant de soi (*self-dependant*, selon l'expression de ce maître) équivaut donc à l'adulte accompli qui n'attend plus que ses parents ni leurs substituts prennent en charge ses besoins.

En effet, de même que libre du désir ne signifie pas sans désir, indépendant ne signifie pas sans besoin ; l'autonomie n'est pas l'autarcie. Autrement dit, la liberté consiste à cesser d'attendre d'autrui qu'il porte la responsabilité de nos besoins. *Self-dependant* pourrait alors se traduire par « responsable à 100 % de soi ». Tant que j'attends de quelqu'un, je demeure assujetti à son bon vouloir et mon humeur variera en fonction de sa réponse. Je risque de

---

1. Swami Prajnanpad, *source orale* (Arnaud Desjardins).

fluctuer entre contentement et insatisfaction. Plus forte la dépendance, plus vertigineuses les oscillations !

Certains qui ont connu trop de carences dans l'enfance cèdent à la tentation de nier leur besoin, croyant résoudre ainsi le problème. Rappelons que la liberté ne s'accommode d'aucun déni : ce chemin-là ne saurait y conduire. Mes besoins doivent être reconnus par moi et il m'appartient entièrement de les nourrir. L'autre ne me doit rien mais je peux tout lui demander, dans la mesure où j'admets qu'il puisse accepter autant que refuser. Dès que j'exerce une quelconque pression sur lui, je perds ma liberté. Mon énergie se focalise et je me tends pour obtenir satisfaction – je recommence à attendre, adieu la paix, adieu la détente !

« Libre de la mère et du père » implique deux grands aspects : nous libérer de l'impact négatif de ce que nous avons vécu dans l'enfance avec nos parents et des dépendances qui subsistent encore à l'âge adulte envers eux, d'une part, et devenir un père et une mère pour nous-même, d'autre part. Ce deuxième aspect renvoie à l'amour de soi évoqué précédemment.

Manque et dépendance

> « Deux ne peuvent rester toujours ensemble, c'est pourquoi rien ne peut être fondé sur la dépendance. [...]
> Vous devrez vous séparer de tout ce qui est extérieur. Telle est la loi de la nature. Ce qui ne peut être séparé, cela seul est réel[2]. »

Séquelle tenace des carences de l'enfance, le manque représente un obstacle majeur à la joie et à l'amour. Chaque être humain s'y trouve confronté à des degrés divers. Il peut se manifester autant sur le plan de l'être que sur celui de l'avoir. Swami Prajnanpad disait que pour se sentir *être*, l'enfant avait primor-

---

2. Swami Prajnanpad, *L'ABC d'une sagesse*, *op. cit.*, page 81.

dialement besoin *d'avoir* : l'amour reçu lui donne sa colonne ver-tébrale, sa confiance en lui. Nombre d'entre nous n'ont pas *eu* ou pas suffisamment.

Quand l'attention, la chaleur, la tendresse, la reconnaissance, la protection, le soutien, le cadre, ont manqué dans nos jeunes années, nous attendons de les *avoir* enfin, voire nous exigeons que la vie répare cette injustice à travers notre partenaire amou-reux. Ce dernier doit nous donner enfin ce que nous n'avons pas reçu et s'il ne répond pas, nous cherchons à nous remplir, à avoir d'une manière ou d'une autre, à rencontrer celui ou celle qui nous donnera enfin.

De plus, la tendance à la répétition nous conduit à choisir des partenaires qui vont reproduire les ingrédients de la situation d'enfance et ne sauront justement pas nous apporter ce que nous recherchons. Avec cette faim inextinguible qui nous ronge, il nous faut avoir plus que ce que nous recevons, beaucoup plus, infini-ment plus, au fond nous voulons un amour sans limites, absolu, inconditionnel. Nous espérons un « oui » sans « non » et rejetons tout ce qui nous apparaît comme une limitation. Les comporte-ments addictifs servent à occulter cette béance intérieure, tout en assouvissant la propension à outrepasser les limites. Là où l'enfant n'avait aucun contrôle pour assouvir son besoin et ne connaissait que sa frustration, l'addiction permet de se remplir, indépendam-ment de quiconque, et sans limites.

Le travail thérapeutique éclaire l'origine de ces manques et aide à les affronter en cessant de s'anesthésier et de fuir. Le manque s'accompagne d'émotions qui sont masquées au départ et qui demandent à être vécues en pleine conscience : le désespoir de la solitude, l'angoisse extrême du vide, la destructivité rageuse de l'impuissance, car c'est en les vivant que nous nous délivrons. De fait, les tourments que le manque inflige à l'enfant engendrent des refus inconscients profonds qu'il faut mettre au jour et dis-soudre.

Nous commençons alors à accepter que la vie nous a privés de dimensions essentielles durant notre développement et que c'est ainsi. La démarche nous conduit également à développer

l'amour de nous-mêmes pour nous dégager de ces attentes proje-
tées sur les autres. Compte tenu de notre destin individuel, nous
portons chacun des figures archétypiques de la mère et du père
avec les qualités particulières qu'ils incarnent pour nous – la tendresse, la protection, le soutien, l'attention, la force. Nous avons
besoin de contacter ces qualités en nous-mêmes pour nous entourer d'un amour intelligent. Celui-ci s'ingéniera à créer le contexte
nécessaire afin que nous puissions donner le meilleur de nous-
mêmes et nous rendre pleinement disponibles aux autres, autant
que notre énergie le permet.

Sur la voie spirituelle, on parle souvent de vigilance que certains interprètent comme une forme d'autosurveillance constante.
En réalité, vigilance provient étymologiquement de « veiller », précisément ce que font des parents aimants, pour assurer le bien-
être de leur enfant. L'autonomie proviendra de la capacité à
veiller sur soi, tel un père et telle une mère attentifs, afin que le
cœur puisse aimer sans retenue et se sentir joyeux. Dans leur
démarche, nous avons vu Ève et Adam cheminer vers ce but, en
traversant les obstacles formés de leurs émotions, de leurs convictions et de leurs attentes.

Cette autonomie grandissante s'observe spécialement dans la
relation de couple. La confiance tissée avec le temps autorise une
liberté croissante l'un envers l'autre, pour demander, pour accepter ou refuser, pour donner et recevoir, chacun prenant la complète responsabilité de lui-même.

Quand les niveaux les plus lourds du manque se sont allégés,
un manque plus subtil se manifeste, le manque à être. Nous pres-
sentons quelque chose d'étriqué en nous, nous aspirons à plus
vaste, plus vivant, plus, plus, plus... Cette fois nous ne voulons
plus le recevoir de l'extérieur mais l'avoir en nous. Le sans-limites
nous attire et nous recherchons des expériences intérieures qui
vont nous le donner. Dans cette quête d'*être* plus, nous sommes
encore animés par le désir d'*avoir* plus... d'être ! Et nous retrouvons encore le refus : ce qui est, tel que c'est, ne nous suffit pas
– trop ordinaire, trop banal, pas assez intense. Nous voulons
mieux et plus. Comme Adam, nous retrouvons alors le tourment

du manque qui se projette dans une quête existentielle. Nous butons sur notre prison mentale qui ne sait raisonner qu'en termes d'avoir. L'ego compare et dévalorise la perception de l'état intérieur du moment, jugé insuffisant pour le satisfaire. Le trouvant médiocre, il le récuse, ne voyant pas qu'ainsi il se coupe l'accès au cœur. La perte de contact avec le cœur laisse un vide qui génère le sentiment de manque.

Le « non-manque »

« La spiritualité ? C'est seulement un autre nom pour désigner l'indépendance et la liberté sous tous leurs aspects [3]. »

Persuadés que quelque chose d'essentiel nous fait défaut, nous ne réalisons pas que cette conviction même alimente le manque. L'ego, voulant s'approprier les qualités de l'être et n'y parvenant pas, croit qu'il lui faut plus. Il veut *avoir* la paix, *avoir* l'amour sans réaliser que c'est lui qui fait la guerre à la réalité présente, jugée insuffisante à ses yeux et que le seul obstacle à la paix et à l'amour, c'est lui.

L'état du cœur doit être pris tel qu'il est, quel qu'il soit, car le point de transformation se trouve précisément là. Quand nous vivons toutes les émotions liées au manque, sans résister, nous cessons d'attendre de l'extérieur (de Dieu et des autres !) puisque notre attention est entièrement dévolue à ce que nous ressentons. Nous découvrons la plénitude précisément là, dans l'instant, plus rien ne restant suspendu au futur, ni attente ni projection. La nostalgie de la plénitude peut nous inciter à chercher cette dernière désespérément, à supplier Dieu, les sages et les saints pour qu'ils nous l'accordent. « Dès que vous mettez Dieu à l'extérieur et que vous voulez atteindre la divinité, vous oubliez qui vous

---

3. Swami Prajnanpad, *L'Art de voir*, *op. cit.*, page 181.

êtes[4]. » Alors que si nous acceptons simplement de ressentir pleinement la nostalgie, celle-ci nous emplit, notre cœur vibre, déborde et l'idée de manque disparaît, car « le sentiment se suffit à lui-même, ne dépend que de lui-même[5] ».

Cette expérience nous est possible dès que nous cessons de chercher autre chose que l'état qui est le nôtre dans l'instant. Nous retrouvons, à toutes les étapes de la démarche, la même vérité : l'ouverture du cœur passe par l'acceptation inconditionnelle de l'état émotionnel du moment. L'émotion est le passage obligé, l'émanation du cœur qui demande seulement à être reçue comme telle pour se détendre par l'acceptation et devenir un sentiment d'unité et d'amour.

4. Swami Prajnanpad, *De la sérénité*, *op. cit.*, page 44.
5. Swami Prajnanpad, *L'ABC d'une sagesse*, *op. cit.*, page 126.

nous avertit qu'il sévit ! Mais surtout, quand nous acceptons l'émotion, en la purifiant du refus, nous accédons à l'amour. Seule l'émotion nous permet ce chemin direct vers *le cœur du cœur*, comme le disait Swami Prajnanpad. Elle en est l'expression inaboutie. « Il y a un sentiment venant du cœur exprimé à travers les émotions [...]. Si on est conscient, on jouit de ces émotions et on en prend possession, on les assimile. Les émotions sont faites pour mûrir en sentiments [3]. » Dans son vocabulaire « sentiment » désigne l'amour stable, non égoïste, indépendant des fluctuations émotionnelles liées au sentiment amoureux, et toujours positif (donc qui ne peut s'inverser en haine ni en rejet).

Ce maître nous rappelle aussi que l'émotion témoigne qu'un événement ou une situation nous a arraché à nous-même, à notre état naturel et que par ce mouvement affectif l'équilibre de la paix cherche à se rétablir. « La nature essaie toujours de revenir en arrière [à l'équilibre], à sa position normale et réelle. C'est la béatitude qui essaie de revenir. [...] Ainsi ces émotions montrent que quelque chose d'étranger est venu à vous et cet élément est rejeté, éliminé... pour vous rendre libre, pour vous rendre à vous-même [4]. »

Cesser de refouler l'amour

Enfin, à mesure que notre lucidité grandit nous découvrons un paradoxe impressionnant en nous-même et chez la plupart des autres. Chercher à éviter la douleur répond à une logique bien compréhensible mais se défendre de l'amour va, en revanche, contre le sens naturel. Pourtant, force est de constater l'armure que porte l'ego pour s'en protéger, alors qu'il recherche constamment à être aimé... L'ego reste attaché à la position de l'enfant, *moi seulement*, ce qui l'intéresse c'est d'*être aimé*. Nous avons vu

---

3. Swami Prajnanpad, *De la sérénité, op. cit.*, page 265.
4. *Ibid.*, page 207 et pages 84-85.

dans la première partie que déjà, par ses attentes et exigences, il rendait cet objectif problématique. *Aimer* l'inquiète plus encore car cela demande de quitter l'armure, de se donner. Vivre pleinement la sensibilité, c'est prendre le risque de la vulnérabilité, c'est tout ressentir avec acuité. « Et si j'y perds des plumes, si l'autre me bouffe, si l'on abuse de moi, si l'on me blesse », s'inquiète l'ego. Pour lui, l'amour est trop dangereux, l'entraîne hors de son contrôle, avec l'épouvantail de la peur de souffrir qui rôde toujours à l'arrière-plan – « Si je m'ouvre, que va-t-il m'arriver ? »

Je me souviens ainsi d'un moment très fort dans le passé où je me suis senti baigné par un amour puissant. Tout mon corps s'est mis à trembler de peur de manière incoercible. C'était tellement insoutenable que j'ai battu en retraite. Il m'a fallu le temps d'apprivoiser cette peur pour m'ouvrir sans restriction. Oui, la part la plus sensible de nous-mêmes, la plus belle, la plus précieuse est celle que nous refoulons le plus. Nous la mettons sous les verrous, tellement bien enfermée que nous finissons par oublier qu'elle est là. Quand par miracle, elle s'échappe l'espace d'un instant et qu'elle se montre, nous sommes gênés, mal à l'aise, voire honteux comme si nous avions été indécents. Combien de fois l'ai-je observé aussi bien dans les séances individuelles qu'en travail de groupe, la personne s'excusant au moment où la vérité de son cœur se manifestait enfin !

Si nos vies sont insatisfaisantes, moroses, stressées, que nous manque-t-il pour être heureux ? L'amour, non plus *être aimés* comme des enfants, mais *aimer* comme des adultes. Aimer notre vie et la vie, nous aimer nous-mêmes, aimer ce que nous faisons, aimer les autres, et pas seulement nos proches. Regardez en vous-même et posez-vous vraiment la question : autre chose vous donnerait-il plus de joie et de paix ? C'est le besoin le plus profond et le plus fondamental de l'être humain qui le connecte à la totalité de l'univers. Si le petit moi accepte de s'effacer et renonce à vouloir régner sur son territoire toujours menacé…

CHAPITRE 12

L'effacement du moi

« Quand vous ressentez et expérimentez complètement et totalement le désespoir, aucune réaction ne suit. Rien d'autre n'est créé. Vous obtenez la réalisation complète, vous avez *jñana*, l'illumination[1]. »

Pendant longtemps, l'idée d'effacement du moi demeure très théorique et bien éloignée de nos préoccupations ou bien nous l'imaginons comme un contrôle volontaire à exercer sur nous-mêmes pour restreindre notre égocentrisme. Une puissante émotion nous offre l'opportunité vivante d'expérimenter ce moment paradoxal où le moi consent, en pleine conscience, à laisser toute la place à l'autre. *L'autre seulement,* en ce cas, c'est l'émotion qui, recevant toute la place, peut se transformer en sentiment d'amour. Nous découvrons qu'en l'absence du moi, elle perd son caractère douloureux. Cette expérience stupéfiante rend concrète et surtout plus attrayante la notion d'effacement.

---

1. Sumongal Prakash, *L'Expérience de l'unité. Dialogues avec Swami Prajnanpad,* Paris, Éditions Accarias-L'Originel, 1986, pages 453-454.

Quand le moi s'efface en lying

Ève, pour se déterminer à propos de sa relation avec Adam, avait besoin de plonger en elle-même. Elle savait maintenant d'expérience qu'Adam pouvait aller voir ailleurs et, quand bien même lui aurait-il promis de ne pas recommencer, cela ne la préservait pas du risque d'une façon certaine. Voulait-elle vivre avec cette épée de Damoclès ? Renoncer à Adam lui arracherait le cœur, et son inclination spontanée l'incitait à poursuivre la relation. Je lui avais donc proposé de faire une série de *lyings*, pas seulement afin qu'elle puisse trancher, mais surtout pour qu'elle expérimente un complet lâcher prise. Sa décision émanerait alors d'un tout autre niveau de conscience. Sa pratique antérieure des *lyings* et la prégnance actuelle de son émotion facilitaient la démarche.

En quelques minutes, elle se plongeait aisément dans son ressenti. L'image très forte de venir se transpercer le cœur, si elle suivait son élan envers Adam, s'imposait dans son esprit et s'accompagnait d'une douleur intense dans la poitrine. Comme une image de rêve, elle condensait symboliquement l'essence de la situation. Nous avions là notre point de départ. Je lui avais recommandé, au préalable, de se préparer à ces séances en s'intériorisant et en adressant une intention d'acceptation vis-à-vis de tout ce qui pourrait émerger de son être profond, instaurant ainsi un climat intérieur de confiance. Très imprégnée de cette attitude, elle voulait vraiment élargir le cadre du fonctionnement habituel de ses réactions mentales et émotionnelles, en s'ouvrant à une dimension plus vaste, inspirée par l'amour. Confrontée à une émotion qui la dépassait, elle s'inclinait devant la vérité du présent : par ses moyens usuels, elle ne trouvait pas d'issue. Elle s'en remettait à l'intelligence du cœur, et acceptait de la laisser œuvrer, quel que soit le chemin à suivre et son aboutissement. La douleur dans sa poitrine s'intensifiait, son visage, sa voix, l'exprimaient sans équivoque : « Si je vais vers lui, ça me tue. » Il était clair pour elle comme pour moi que la situation présente faisait résonner un enjeu vital plus ancien. Lequel ? Avec qui ? Comment ? Nous avions bien des hypothèses, mais nous ne recherchions pas une explication.

Conclusion

« Tout ce qui vient à vous, vient à vous
comme un défi et une opportunité[1]. »

La transformation des émotions participe d'une démarche qui dure dans le temps et suppose une évolution globale de la personne. Cette progression ne doit en aucun cas occulter la possibilité d'une transformation d'un état émotionnel, dans l'instant, face à une situation particulière, qu'on peut expérimenter sans s'engager dans un processus aussi long et impliquant. Tout le monde ne souhaite pas s'y lancer et le lecteur trouvera ici une synthèse des ingrédients qui lui permettront de tenter cette alchimie par lui-même. Quels en sont les principes essentiels ?

– *Tout prendre.* En premier lieu, se garder de toute discrimination négative envers certaines émotions sous prétexte que nous les trouvons indignes de nous, puériles, mauvaises : prendre toute émotion telle qu'elle s'impose spontanément, sans la discuter, déjà pour reconnaître sa nature – peur, colère, jalousie, désespoir, ressentiment. « Aucun déni, jamais, sous quelque forme que ce

---

1. Swami Prajnanpad, *source orale* (Arnaud Desjardins).

soit[2] », recommandait Swami Prajnanpad. Nous serons souvent confrontés à des jugements et à des émotions secondaires qui interfèrent et brouillent notre conscience, comme la peur, la honte et la culpabilité. Elles aussi doivent être identifiées pour aboutir à un état des lieux aussi précis que possible des forces en présence, englobant aussi le fait déclencheur. Par exemple : je me sens mal après un conflit avec ma compagne. Qu'est-ce que je ressens ? Je suis énervé, contrarié, je lui en veux.

– *Préciser.* Qu'a-t-elle fait pour cela ? Elle a encore une fois accordé la priorité à des considérations matérielles qui me semblaient secondaires, alors que je cherchais à lui communiquer quelque chose d'important pour moi. Déjà pour reconnaître cela, je dois au préalable constater les jugements qui montent contre elle et les pensées réactives de vengeance qui risqueraient sinon de m'absorber complètement et de me dissimuler mes émotions. L'animosité de ces pensées me confirme que j'ai de la colère et du ressentiment.

Je reviens donc à moi : quel est le point sensible qui a été touché ? Cette question est fondamentale, car sous l'effet de la colère j'ai envie de me fermer, de décréter qu'elle est trop bornée, qu'elle ne me mérite décidément pas et que je n'en ai rien à fiche. Il est donc essentiel d'admettre que je suis touché dans un point sensible et que je ne prétende pas le contraire. Dans bien des situations notre amour-propre voudrait être au-dessus de certaines réactions émotionnelles – même pas mal ! – et nous aurons tendance à les nier. Donc ne pas nous mentir au nom de la bonne image que nous voulons préserver de nous-même.

– *Ressentir pleinement.* Nous pouvons dire : « Je sais très bien que je suis énervé », mais en fait cette conscience se cantonne à un niveau très superficiel de nous-même. C'est un piège dans lequel nous tombons souvent. Quand nous disons : « Je sais très bien », nous ne nous arrêtons pas sur l'émotion, nous passons dessus

---

2. *Ibid.*

sans la vivre réellement. Nous sommes emportés par elle sans véritable expérience consciente de tout ce qui se modifie en nous du fait de cette émotion, psychiquement et physiquement. Nous sommes sous emprise et ne le mesurons pas.

Constater la présence de l'énervement et du ressentiment doit nous conduire à un arrêt sur image : si j'ai cette intensité de réaction, un point sensible a été touché, lequel ? Dans mon vécu, ses préoccupations matérielles comptent plus que ce qui me tient à cœur, donc plus que moi et, de surcroît, cette situation s'est répétée, ce qui explique le ressentiment. Je suis blessé et même, pour une part, humilié de passer ainsi après des histoires de courses et de placards à ranger. Plus je me rapproche du point sensible, plus la colère se mue en tristesse. Derrière mon irritation, j'ai de la peine que ma compagne ne perçoive pas l'importance pour moi de ce que je veux partager avec elle. Et puis, en y regardant de plus près, je m'aperçois aussi que je ne suis pas très à l'aise, car je sais que je l'ai agressée, que je ne voulais rien entendre de son point de vue sauf pour le contredire, tant la colère m'agitait. Maintenant, je me sens pleinement en contact avec la palette d'émotions déclenchées par la situation. Je les ai identifiées, je les ressens, je vois où ça fait mal.

– *Lâcher prise.* J'ai commencé à me détendre et le moment arrive où il serait bienvenu de lâcher prise. Lâcher quoi ? Déjà, l'idée que j'ai forcément raison, que mon attente était prioritaire et donc qu'elle a tort et mérite des mesures de rétorsion ; puis, que je ne m'accroche pas à l'interprétation qui affirme qu'elle se préoccupe plus du matériel que de moi. Est-ce une certitude à 100 % ? Non. Je suis juste sûr qu'elle n'a pas été disponible à ce que je voulais lui dire et que j'ai mal vécu cette situation et me suis senti blessé.

– *Admettre que je ne sais pas.* Lâcher implique de reconnaître que je ne sais pas, qu'une large proportion des éléments qui ont concouru à cette scène m'échappe totalement. Mon point de vue se limite à *un* point de vue. Le réaliser véritablement me conduit à quitter le ton cassant et péremptoire de la colère, pour une attitude plus ouverte. Un début d'acceptation devient possible, quand je vois qu'il ne m'est pas nécessaire de comprendre tous les tenants et aboutissants pour accepter.

– *Accepter pour comprendre.* La compréhension découlera naturellement de l'acceptation, alors que, le plus souvent, nous exigeons en priorité de comprendre avant d'accepter.

– *Ressentir plutôt que penser.* Plus je rumine dans ma tête à propos de la situation, moins j'arriverai à accepter. Alors que si je m'intéresse à ce que je ressens dans mon corps et dans mon cœur, cela me sera plus aisé : je sens l'oppression dans la poitrine, la tension dans mes bras et mes jambes, la crispation de mon visage, mon vécu émotionnel. Je laisse ces sensations évoluer d'elles-mêmes, en les acceptant et en me relâchant autant qu'il m'est possible.

– *Choisir plutôt que supporter.* Pour que l'acceptation soit libératrice et joyeuse, elle doit être vécue comme un vrai choix, positif : je peux facilement refuser, je peux aussi accepter sur un mode passif, tiède – bon, c'est comme ça… ma compagne est comme ça… Mais en ce cas, le résultat risque fort de me décevoir, à la mesure de cette tiédeur.

– *Voir un défi et une opportunité.* Je peux plutôt choisir activement cette situation comme un défi et une opportunité. Elle me défie parce qu'elle déçoit mon attente : vais-je trouver la ressource pour saisir la balle au bond ou vais-je répéter la scène de ménage sans surprise, une fois de plus ? Elle m'offre l'opportunité de m'ouvrir, de dépasser le plan superficiel, d'élargir le champ de mes possibles.

– *M'ouvrir à la créativité et à l'imprévisibilité.* Cette attitude qui relève le défi m'emmène vers la nouveauté, vers l'imprévisible. Je ne sais plus ce qui va sortir de moi, je vais le découvrir en même temps que ma compagne – cela devient passionnant. Je fais confiance à l'intelligence du cœur qui va savoir trouver un chemin, sans que je me prenne la tête à élaborer une quelconque stratégie. Alors que la tête oppose (j'ai raison/elle a tort), le cœur intègre les points de vue contradictoires en nous englobant tous les deux dans sa vision bienveillante : comme une mère entoure du même amour ses enfants qui se disputent. Je m'appuie aussi sur mon corps qui dispose de ses propres antennes et de son intelligence instinctive.

– *Me laisser aller à la détente.* L'acceptation a contribué à me détendre physiquement et je peux pousser plus loin dans cette direction en respirant avec le ventre, en le mettant en mouvement, pour retrouver une fluidité, une circulation de l'énergie. Me mobilisant ainsi, je me rapproche du plaisir sensuel de sentir la vie palpiter, avec d'autant plus d'intensité, après toutes ces émotions. Mieux je me sentirai dans mon corps, plus vivante sera ma réponse.

– *M'impliquer pleinement.* Tête, cœur et corps participent tous à l'alchimie qui va transformer un homme énervé et agressif en un homme aimant, déjà en lui-même, puis avec l'autre. Oui, le processus réclame la participation de tout mon être, que rien ne soit laissé en dehors, que rien ne soit évité. L'amour exige cette entièreté, ce don de soi complet qui en même temps m'emplit.

– *Répondre à la situation.* À partir de ce terreau fécond, la réponse se développe naturellement, prenant en compte l'ensemble de la situation, et pas seulement mon point de vue personnel. La transformation ne s'arrête pas à celle du vécu émotionnel, son aboutissement se concrétise par l'action, une action qui exprime l'unité avec l'autre, avec la situation. L'amour est réponse à ce que la vie me demande maintenant. L'égocentrisme laisse la place à une vision plus vaste où je deviens un élément au même titre que les autres.

Tout ce processus demeure très discret, ne recherche pas les effets spectaculaires, les auréoles ni les arcs-en-ciel ! La détente de l'acceptation mène à la simplicité, à la sobriété. C'est l'exactitude de l'amour, juste ce qui est demandé, pas plus, pas moins. Je me sens intimement relié à tout ce qui m'entoure, issu de la même réalité.

Si je reviens à l'exemple, qu'est devenue mon irritation de départ ? Le parcours intérieur de la colère jusqu'au point sensible, l'ouverture et la détente ont changé mon état. Je nous vois chacun plongé dans nos préoccupations particulières – la vérité de la différence ! « Lorsque vous voyez la différence vous devenez un[3]. »

Je vois aussi que prendre contre moi l'indisponibilité de ma compagne crée de la souffrance en moi. Cette souffrance rejaillit en agressivité et cherche à s'assouvir en la blessant. Cela m'éloigne encore plus d'elle au moment où je voulais en être proche. Tandis que percevoir le lien qui nous unit restitue son indisponibilité momentanée comme un incident de parcours qui peut être traité sans remous et même avec humour.

L'amour a été mis au défi et paradoxalement il va se nourrir de cette difficulté : vais-je m'aimer suffisamment pour ne pas prendre comme une offense personnelle cette situation, et vais-je aimer ma compagne suffisamment pour m'ouvrir à elle telle qu'elle est ? Il ne s'agit surtout pas de forcer un sentiment de manière volontariste mais d'un changement complet de perspective : *le passage du point de vue de l'ego à la perception de ce qui est*. L'ego s'est focalisé sur un aspect, réduisant ici l'immensité infinie de la réalité à l'indisponibilité de ma compagne pour moi. *Ce qui est* ne peut être défini, ne peut se ramener à un événement particulier, c'est le mystère de l'existence. Cela, l'ego ne peut l'appréhender, il doit, au contraire, se laisser absorber par ce mystère et s'y fondre.

L'amour l'emporte alors dans son flux, faisant disparaître en même temps mon problème. Plus d'ego, plus de problème ! Plus

3. Swami Prajnanpad, *L'ABC d'une sagesse*, *op. cit.*, page 127.

d'ego ne signifie pas de le supprimer mais de réaliser qu'il est le fauteur de troubles, comme le voleur qui crie « au voleur ! » pour détourner l'attention. Il faut juste lui demander de ne plus s'en mêler, de s'effacer discrètement. Il prétend servir au mieux mon intérêt alors qu'en fait sa maladresse, sa vision étriquée, sa susceptibilité, son avidité le contrecarrent et me desservent.

Au long de ce parcours, de la souffrance à la douleur, puis de la douleur au sentiment, le ressenti émotionnel a représenté le fil rouge de la transformation. Il en est le lieu et le vecteur et nous permet de savoir comment nous sommes situés, suivant en parallèle les quatre positions, *moi seulement, moi et l'autre, l'autre et moi, l'autre seulement*. Nous pouvons les repérer aisément dans l'exemple qui précède où *moi seulement* se heurte à l'existence de l'autre, pour finalement l'inclure et cesser de s'opposer à lui. *L'autre seulement* ne signifie pas ma compagne *seulement*, mais s'élargit à la globalité de la situation telle qu'elle est *seulement*, sans l'interférence de l'ego, sans moi ni mes commentaires. *L'autre seulement* traduit simplement que *moi* s'est effacé de la scène : l'instance qui s'interpose et juge, compare, rejette, agrippe a disparu au profit d'une connexion directe avec la vie. L'autre seulement équivaut à la vie *seulement*, à l'amour *seulement*, sans condition.

Épilogue
Une méditation pour transformer la douleur émotionnelle

Pour accueillir votre émotion, il faut déjà libérer un espace intérieur. Celui-ci requiert d'abord que vous vous installiez dans une posture stable, la colonne vertébrale verticale, soit assis en tailleur si votre souplesse vous le permet, soit sur une chaise. Sentez bien vos appuis avec les pieds sur le sol, avec le bas de votre corps sur la chaise ou le coussin, enracinez-vous. Votre dos doit être bien placé selon son axe, pour s'étirer dans la verticalité. Cette structure, une base bien stable dans laquelle se plante le pilier central de la colonne, va vous donner votre point d'appui, ce qui ne doit pas bouger tout au long de l'exercice.

Quand cette première étape est établie, vous pouvez aborder le relâchement de toutes les tensions physiques superflues, ce qui va libérer l'espace intérieur. La douleur émotionnelle met votre tête en recherche de solutions qui veulent la faire cesser. Retenez votre esprit de partir dans cette quête, incitez-le à lâcher, à se reposer, à ne plus chercher quoi que ce soit, jusqu'à ce que vous perceviez un espace dans votre tête, jusqu'à ce que celle-ci respire, au propre et au figuré : à l'inspiration, sentez l'air frais rentrer par les narines directement dans votre boîte crânienne et aérez celle-ci comme une pièce dont vous ouvrez la fenêtre. L'expiration renvoie à l'extérieur les tensions mentales confinées dans la tête. De même dans votre poitrine, sentez la région du cœur et grâce au

va-et-vient du souffle, élargissez cet espace que la tension émotionnelle tend à rétrécir. Le ventre est aussi un espace d'accueil
précieux : décrispez le diaphragme en expirant plusieurs fois profondément par la bouche, permettant ainsi à la respiration de
descendre vers le bassin.

Vous êtes maintenant prêt pour aborder l'émotion douloureuse. Dans ce contexte intérieur plus tranquille et posé,
demandez-vous le plus précisément possible ce qui vous fait mal,
ce qui vous fait le plus réagir. Trouvez les mots qui le font résonner en vous jusqu'à ce que vous sentiez – c'est exactement ça –
vous avez trouvé le point sensible. Vous le reconnaissez au fait
que l'émotion acquiesce et que le corps réagit. Restez un moment
avec cette émotion, juste comme ça, sans rien faire, pour laisser
les choses se décanter d'elles-mêmes. Puis demandez-vous ce dont
vous auriez besoin dans cette situation mais *sans la changer.* Par
exemple, j'ai peur de mourir parce qu'on vient de me découvrir un
cancer. Je pourrais penser – j'ai besoin qu'on me dise que c'était
une erreur, que je ne suis pas malade. Non, c'est me demander,
ayant ce cancer, de quoi ai-je besoin ? D'une personne proche qui
m'entoure de son affection et m'encourage, d'un médecin en qui
je puisse avoir confiance.

Puis quand ce besoin vis-à-vis de l'extérieur a été reconnu,
demandez-vous à nouveau de quoi vous auriez besoin, mais cette
fois de votre part à vous. Dans cet exemple, je pourrais voir que
j'ai besoin de ne pas me laisser entraîner par la panique, de ne pas
entretenir dans mon esprit des pensées noires. Je pourrais voir
aussi que je rencontre l'une des grandes épreuves de l'existence et
que j'ai besoin d'être entièrement là, de faire appel à toutes mes
ressources de vie, à mon instinct, à mon intuition et à mon intelligence. Je pourrais voir encore que j'ai besoin de me familiariser
avec la perspective de la mort que j'avais jusque-là reléguée dans
un futur très lointain, irréel. Pas dans le sens d'un fatalisme – j'ai
un cancer, je vais mourir – mais comme une réalité à intégrer.
Que la potentialité de la mort devienne plus réelle me sert à jauger
si ma manière de vivre répond véritablement à mes aspirations
profondes. Je peux voir ainsi que j'ai besoin de ne plus négliger

certaines choses, mon corps, certaines relations essentielles, ma vie intérieure, etc.

Cette interrogation sur ce dont j'ai besoin de ma propre part représente le moment essentiel. Une écoute attentive, ouverte totalement à ce qui peut surgir de moi-même – y compris des vérités qui me dérangent – va permettre l'émergence créative d'une vision nouvelle, transformée, sur la base d'une réunification autour de cet événement difficile. Il se peut que l'idée d'une action concrète à laquelle je n'avais pas du tout pensé me vienne mais je ne cherche pas à la provoquer. Je laisse les choses venir d'elles-mêmes par la détente et l'ouverture.

Remerciements

Je remercie toutes les personnes qui m'ont accordé leur confiance pour les accompagner dans cette démarche. Leur expérience a contribué à l'écriture de ce livre et à forger les deux personnages principaux.

Ma gratitude va à Geneviève Imbot-Bichet, à ma femme Muriel et à Pascale Senk pour leurs précieux conseils dans la structuration finale du manuscrit.

Table des matières

Ouvrage proposé et publié
sous la responsabilité éditoriale de Pascale Šenk

Cet ouvrage a été composé
par Nord Compo (Villeneuve-d'Ascq)

Imprimé en France par
Maury Imprimeur - 45330 Malesherbes
en avril 2017

N° d'impression : 216950
N° d'édition : 7381-3851-X
Dépôt légal : mai 2017